Am Steuer dieses Buches: Uwe Bahn, Reisejournalist, TV- und Radiomoderator – und Kreuzfahrer aus Leidenschaft

Willkommen an Bord!

Noch nie gab es so viele Kreuzfahrtschiffe. Und noch nie wurden so viele gebaut, vor allem für den deutschen Markt. In den nächsten Jahren wird sich die Zahl der Kreuzfahrtpassagiere hierzulande verdoppeln. Urlaub auf dem Wasser: Das ist der große Reisetrend. In einer Woche Rom, Cannes, Barcelona und Korsika – und das vertraute Hotel reist immer mit. Welcher andere Urlaub kann das bieten? Waren Kreuzfahrten einst nur für eine ältere, betuchte Klientel bestimmt, so hat sich das grundlegend verändert. Die Clubschiffe und die Freestyle-Cruiser der neuen Generation sind gerade für Jüngere attraktiv. Und: Schnupperreisen gibt es schon für unter 500 Euro.

Aber welches Schiff ist das richtige für Sie? Wir glauben: Dieses Buch wird Ihnen diese Frage beantworten. Und wir hoffen, ein neues Standardwerk für den Urlaub auf dem Wasser geschaffen zu haben. Neben aktuellen Reportagen und Informationen zu den schönsten Routen und Häfen finden Sie ausführliche Portäts der wichtigen Schiffe – zur See und auf den Flüssen. Sie werden das passende Schiff finden.

Der Kreuzfahrt-Guide 2007 ist für alle, die zum ersten Mal an Bord gehen wollen. Und für die anderen, die schon See-süchtig sind. So wie wir, die wir dieses Buch gemacht haben.

Herzlich, Ihr

FOTOS: privat, J. Bohmann, M. Kulka; TITEL: Frederking & Thaler Verlag, Holland America Line, MSC Kreuzfahrten, U. Bahn; ILLUSTRATION: G. Zbinden

Inhalt

140
Queen Elizabeth 2
CUNARD

16

Hamburg-Amerika-Linie
Reisen um die Welt
mit grossem Oceandampfer
Nov. 1911
Febr. 1912
von M. 2600 aufwärts
110 Tage

56

30

224

Anker auf!

Unter Segeln durch die Ägäis, mit Kindern durch die Ostsee, mit einer Königin über den Atlantik kreuzen. Wie vielseitig Seereisen sind, zeigen die folgenden Reportagen. Die große weite Welt der Schiffe – vor und hinter den Kulissen

Luxus, Lolli Landausflug

Mit Kindern eine Luxuskreuzfahrt unternehmen? Geht nicht, sagte jeder vorher. Geht wunderbar, sagen wir jetzt. Nicht zuletzt dank David, dem Butler, der gerade kleine Gäste über alles liebt

VON UWE BAHN

FOTO: Uwe Bahn

Pommes mit Silberbesteck:
David serviert in der Suite

Der Käpt'n erklärt die Brücke – da wird sogar der Pool zur Nebensache

Meine Kinder kommen ohne David nicht mehr klar. David hat ihnen jeden Wunsch von den Augen abgelesen. David hat ihnen Pommes gebracht, David wusste, wo das Schnuffeltuch liegt, David hat die Apfelschorle ans Bett gestellt. David war immer freundlich, hatte nie schlechte Laune. David war eigentlich der ideale Papi. Aber er war kein Papi, David war unser Butler. Vielleicht der beste Butler auf der Welt. Okay, wir hatten noch nie einen Butler. Aber von denen, die wir noch nicht hatten, war er mit Abstand der Beste. Das sehen unsere Kinder ganz genauso.

Berge, Sonne, Schiff: Kinderkunst auf Deck 7

Gemeinsam mit David sind wir zwölf Tage über die Ostsee gefahren. Auf der MS Europa von Kiel über Gdingen, Klaipėda, Tallinn, St. Petersburg, Kopenhagen und Flensburg wieder nach Kiel. Aber der Reihe nach. Als wir am Kieler Norwegenkai die Gangway betreten, wartet David schon auf uns. „Herzlich willkommen an Bord." Die einzigen Handgepäckstücke, die uns nicht abgenommen werden, sind der Teddy der Tochter und der Schnulli des Sohnes. Und dann zeigt David uns das Zuhause für die nächsten Tage: Penthouse-Suite Nummer 1.012, fünfundvierzig Quadratmeter, eigener Balkon, eigener Butler. David eben. „Ihr Sohn hat übrigens am selben Tag Geburtstag wie ich!" Seelenverwandte, auch das noch. David ist bestens auf seine Gäste vorbereitet, auch auf kleine. Ganz im Sinne der Europa, die immer mehr auf das Drei-Generationen-Konzept baut. „Reisen mit Greisen" – das ist es längst nicht mehr.

Und wir haben den Nachwuchs mit an Bord gebracht. Wochenlang hatten meine Frau und ich uns den Kopf zerbrochen: Kinder und Kreuzfahrt, passt denn das? Klettern die Kleinen über die Reling? Und nun ist das Gepäck verstaut, und wir gehen gemütlich zum Abendessen ins Lido Café – eines von vier Restaurants und am besten geeignet für unartige Kinder.

Legos – oder lieber Bilder malen? Der Kinderclub ist das Reich der Kleinsten

Aber auch dort gibt es, wie auf dem gesamten Schiff, ein Lieblingswort: „Gerne!" Haben Sie noch einen Rotwein für meine Frau – gerne! Könnten Sie mir noch ein Bier bringen – gerne! Darf unser Sohn noch etwas Ketchup kleckern – gerne! Obwohl nur fünf Kinder an Bord sind, gibt es jeden Abend um 19.15 Uhr das Kinderessen. Mit eigener Speisekarte. Große Sorge der Erziehungsberechtigten: Wollen die Lütten demnächst nur noch Kaviar auf dem Pausenbrot? Die Angst ist unbegründet: Wiener Schnitzel mit Pommes Frites, Bratwurst mit Kartoffelpüree und Spaghetti stehen zur Auswahl. Das Gewinnergericht kommt wie jeden Abend aus Italien.

Betreut werden die Zwerge auf der Reise von Sandra. Ihr Hauptarbeitsplatz ist auf Deck 7 der Kinderclub: Dort hängen auch die Nachwuchskunstwerke – Kinder malen die Europa. Clever. Danach liegen sie ihren Eltern so lange in den Ohren, bis diese mürbe werden und wieder eine Reise buchen. Unsere Tochter hat einen Anker gemalt. Mit viel Phantasie kann man ihn erkennen. Ältere Kinder können hier Stadt, Land, Fluss spielen und Schiffe versenken (!). Oder Monstermasken aus Gips bauen. Oder sie gehen als Piraten auf betreute Kinderexpeditionen an Land. Bei nur fünf Kindern fallen die Exkursionen auf dieser Reise leider aus. Also mit Papi und Mami auf Tour.

Der erste Landausflug: eine Überraschung. Kein Gast wusste von diesem spontanen Stopp. Nördlich von Bornholm ankert die Europa plötzlich vor einer kleinen Insel. Christiansø heißt sie und zählt zu den sogenannten Erbseninseln. Mit Kind und Kegel setzen wir mit den Tenderbooten über. Christiansø war bis 1855 eine Festung, die Reste der Mauer stehen immer noch. Auf der kleinen Insel wohnen heute knapp hundert Menschen. Und die haben Kinder. So verbringen wir auf dem Inselspielplatz die meiste Zeit. Eigentlich müsste Pippi Langstrumpf durch die Gässchen geritten kommen. Aber Christiansø gehört nicht zu Schweden, sondern zu Dänemark.

Wieder an Bord, wartet schon Butler David: „Darf ich Ihnen heute das Abendessen auf der Suite servieren?" David darf. Hungrig warten unsere Kinder mit Lätz- ►

Der letzte Abend: Overnight in Flensburg

Turmhoch: verglaste Aufzüge im Atrium

chen vorm Bauch und Tafelsilber in der Hand auf die Pommes. Wir haben uns um den Galaabend gedrückt, der heute im Europa-Restaurant stattfindet. David gestaltet für uns die Privatgala. Außerdem gibt es keinen Smoking für Zweijährige.

Den nächsten Landausflug nach Danzig schenken wir uns auch. Kinder und Kultur sind nur schwer vereinbar. Dafür wird der Besuch von Klaipėda zum nächsten Höhepunkt. Das ehemalige Memel ist Ausgangspunkt für die Fahrt zur Kurischen Nehrung, dem vielleicht schönsten Strandabschnitt der gesamten Ostsee. Ganz früher ostpreußisch, gehört die Kurische Nehrung heute zu Litauen. Ururgroßeltern bekämen feuchte Augen, wenn sie noch miterleben könnten, wie Ururenkel im alten Ostpreußen baden! Das ist den Kleinen schnurz. Sie suchen am Strand Bernstein und finden Muscheln, die sie für David am Abend in der Suite verstreuen. Zudem liegen Legosteine, Rennautos und Tiere vom Bauernhof aus dem Kinderclub vor dem Bett der Kleinen.

Einer von acht Häfen: die Europa an der Pier in Tallinn

Am nächsten Tag steht der bayerische Frühschoppen auf dem Programm. Auch die Europa schreckt davor nicht zurück. Auf der Fahrt nach St. Petersburg, ausgerechnet, stimmen wir uns mit Zithermusik auf den Zaren ein. Unser Sohn erscheint im Matrosenanzug am Brezel- und Radibuffet und gewinnt damit inoffiziell den Dresscode-Preis – jede noch so teure Perlenkette schlägt er um Längen. Und die Tochter hat endlich das ideale Plenum für das Lied, das ich ihr in mühevoller Kleinarbeit beigebracht habe: „Zieht den Bayern die Lederhosen aus!“ Die Wirkung hält bis zum Nachmittag in St. Petersburg an. Frau und Tochter schauen sich dort eine Ballettschule für den Nurejew-Nachwuchs an; ich erkläre derweil David in der Suite, wie man einen jungen Matrosen wickelt.

In Tallinn schauen wir uns die herrliche Altstadt an, schieben die Kinderwagen ►

FOTOS: Uwe Bahn (3)

KREUZFAHRT MIT KINDERN

Immer mehr Reedereien setzen auf die Kreuzfahrer von morgen. So hat zum Beispiel **MSC-Kreuzfahrten** auf jedem seiner Schiffe einen Mini-Club für Kinder von vier bis 13 Jahren. Dort kümmert sich geschultes Personal um den Nachwuchs, die Betreuung ist gratis. Zudem reisen Kinder zwischen zwei und 17 Jahren grundsätzlich kostenlos in der Kabine der Eltern mit. MSC bietet auch einen Babysitter-Service gegen Entgelt an.

Kinderfreundlich sind auch die vier **AIDA**-Schiffe. Dort werden die Jüngsten von der Kids-Crew in verschiedenen Altersgruppen betreut: Vier- bis Sechsjährige („Seepferdchen"), Sieben- bis Neunjährige („Delphine"), Zehn- bis Zwölfjährige („Sharks") und 13- bis 18-Jährige („Teens"). Die Kinder haben nicht nur ihren Club auf dem Clubschiff, sondern auch einen eigenen Pool, ein eigenes Showprogramm und eigene Tischzeiten.

Die großen amerikanischen Fun-Schiffe, voran die von **Disney Cruises**, haben ein riesiges Angebot für Kinder. Mehrsprachige Pädagogen betreuen Kinder im Alter von sechs Monaten bis zu 17 Jahren auf der **Freedom of the Seas**. Das Angebot reicht dabei von Mal-Workshops bis zur großen Kinder-Karaoke-Show.

Luxusschiffe wie die der Silversea-Flotte haben zu Kindern eher ein gespaltenes Verhältnis (O-Ton: „We don't kill them!"). Ausnahme: Die **Europa** setzt mit ihrem Drei-Generationen-Konzept auch auf Kinder. Neben der Betreuung im Kinderclub stehen spezielle Landausflüge für Kinder auf dem Programm, von der Piratenfahrt bis zum Besuch im Streichelzoo.

Segelschiffe wie die **Sea Cloud** oder die **Royal Clipper** und Expeditionsschiffe wie die **Hanseatic** sind für Kinder nicht geeignet.

FOTOS: Uwe Bahn (3)

Champagner an Deck

Pianomusik im Atrium

durch alte Hansegassen und suchen verzweifelt ein Geschäft, das rot-weiß-gestreifte Himbeerlollis führt. In Kopenhagen verbringen wir den ganzen Tag im Tivoli, fahren elfmal gemeinsam im Kinderriesenrad. Nach dieser Erfahrung bin ich sicher: Auch Windstärke acht auf der Europa kann unseren Kindern nichts anhaben.

Und dann werden wir am nächsten Morgen um sechs durch Böller und Schiffstuten geweckt. Die Europa ist in Flensburg angekommen: Ausflugsdampfer, Motorboote, Segelschiffe – sie alle sind in der Förde der Europa entgegengefahren. Was die Queen Mary 2 für Hamburg, das ist die Europa für Flensburg. Wir haben uns auf dem Balkon in Decken gehüllt, und meiner Frau kullern Tränen über die Wangen.

Jetzt ist es nur noch eine Handbreit Wasser bis nach Kiel. Am nächsten Morgen drückt David ein letztes Mal die Taste „Europa-Deck" im Fahrstuhl: Die Kinderkreuzfahrt ist zu Ende. Schön war's. Ich weiß gar nicht, ob David jetzt noch an Bord ist. Also, David: Sollten Sie diese Zeilen lesen, melden Sie sich doch mal. Meine Kinder haben Sehnsucht. Und hätten gerne einen Lolli. ■

Prominenter Werbeträger: Charlton Heston 1973 vor der Queen Mary

Der Weg ist das Ziel

Wind und Wellen spüren, an Bord alle Annehmlichkeiten genießen, genussvoll dem Fernweh frönen: Mit diesem Versprechen begeistert die Kreuzfahrt seit nunmehr 115 Jahren die Menschen. Ein Rückblick

VON GERRIT AUST

Traumkulisse Venedig: das Hapag-Kreuzfahrtschiff Ariadne in den sechziger Jahren

Vor 160 Jahren hätte niemand im Traum daran gedacht, freiwillig eine Seereise zu unternehmen. Denn noch befuhr man damals das Meer nur auf Segelschiffen – und war dabei jederzeit den Unbilden von Wind und Wetter ausgesetzt. Deshalb galt nur eine Maxime: Seinen Zielhafen suchte man in kürzester Zeit und möglichst ohne jeden Umweg zu erreichen.

Doch dann kam der Dampfantrieb, und schon bald wurden Schiffsreisen zum reinen Vergnügen denkbar. Bereits 1819 waren die ersten Dampfschiffe mit Schraubenantrieb auf dem Atlantik zu sehen, und bald wetteiferten vor allem englische und deutsche Reedereien darin, immer größere und schnellere Schiffe zu bauen. Der Komfort hielt Einzug an Bord, und man nahm eine Unterteilung in Klassen vor, deren höhere den Luxus großer Hotels auch auf See boten. Ab etwa 1850 wurde somit die atlantische Passagierschifffahrt zum lohnenden Geschäft, nicht zuletzt auch durch den Transport von Millionen europäischer Auswanderer, die in der Neuen Welt ihr Glück suchten. Dazu entwickelten die Reedereien eine perfekte Logistik, von der Schiffstechnik über die Fahrpläne und die Abfertigung bis hin zur Versorgung und der Verpflegung auf den Meeren.

Kaiserliche Pracht: Interieur der Augusta Victoria

Ihre eigentliche Geburtsstunde erlebte die Kreuzfahrt aber erst 1890. In jenem Jahr überraschte Albert Ballin, Direktor der Hamburg-Amerika Linie, mit einer völlig neuen Idee: Da am Atlantik die Schiffe in den stürmischen Wintermonaten meist in den Häfen lagen, beschloss er, das Flaggschiff seiner Hapag statt über den Atlantik ins Mittelmeer zu schicken. Und so begann am 22. Januar 1891 die erste Luxuskreuzfahrt auf der Augusta Victoria in Cuxhaven. 227 Passagiere hatten Ballins 57-tägige „Exkursion" in den Orient gebucht. Angelaufen wurden exotische Ziele wie Alexandria, Beirut und Konstantinopel. Kaiser Wilhelm II., der „rein zufällig" an diesem Tag in Cuxhaven war, geruhte vor dem Auslaufen das Schiff allerhöchstselbst zu inspizieren. Ein „Zufall", den Ballin, der später mit dem Kaiser befreundet ►

Luftschlangen zum Abschied: Die Orsova läuft 1955 in Genua nach Australien aus

war, zu seinem werbeträchtigen Geschäftsgeheimnis machte: Er kannte die Routen des „Reisekaisers“ stets im Voraus.

Die orientalische Traumreise, gewissermaßen im Kielwasser der kaiserlichen Yacht Hohenzollern, wurde ein voller Erfolg. Auch in den folgenden Wintern schickte man die Linienschiffe in den Süden, und anno 1900 stellte die Hapag das erste Kreuzfahrtschiff der Welt in Dienst, das nur für diesen Zweck gebaut worden war: die Prinzessin Victoria Luise. Auf sie folgte 1904 die Meteor. Ab Sommer 1894 hatte die Hapag die ersten Reisen nach Norwegen angeboten, ab 1896 Fahrten nach Westindien.

Diese ersten Kreuzfahrten blieben ausnahmslos vermögenden Gästen vorbehalten. Den Luxus, den die großen Transatlantikschiffe boten, gab es nun auch auf Schiffen, die nur zum Vergnügen der Passagiere touristische Ziele anliefen. Man flanierte an Deck und in den nobel gestalteten Salons. Es gab Kapitänsempfänge, Galaabende und musikalische Darbietungen, der festliche Rahmen war vorgegeben. Die konventionelle Kleiderordnung war Teil des Programms und gehörte zum täglichen Ritual.

Kreuzfahrtwerbung der dreißiger Jahre

Nach der Unterbrechung durch den Ersten Weltkrieg wurden ab 1923 Vergnügungsreisen zur See noch beliebter als in jenen Anfangsjahren. Statt der Bezeichnungen „Lustreise“, „Vergnügungsreise zur See“ oder „Exkursion“ wurde im Englischen („cruise“) wie im Deutschen der Begriff „Kreuzfahrt“ üblich, ein bildhafter seemännischer Ausdruck, der das „Kreuzen“, das Hin- und Herfahren zwischen den Häfen, beschrieb. Auch die Nationalsozialisten setzten später für ihre „Kraft durch Freude“-Propaganda Schiffe für Nordlandreisen ein, auf denen verdiente „Volksgenossen“ ein paar schöne Tage hatten. Kein einziger ausländischer Hafen wurde dabei jedoch angelaufen – KdF-Reisen waren deshalb keine Kreuzfahrten im eigentlichen Sinne.

Bademode der vierziger Jahre, an Bord der De Grasse

Luxus in den Tropen: die Bremen im Panamakanal 1939

Nach dem Zweiten Weltkrieg blieb die Linienschiffahrt lange die einzige Transportmöglichkeit über den Nordatlantik. Auf der Höhe des deutschen Wirtschaftswunders wurde dann aber die Kreuzfahrt wiederentdeckt: Als erstes deutsches Schiff unternahm die weiße Ariadne ab 1958 Traumreisen zu den schönsten Häfen des Mittelmeers. Und als ab 1960 die Reise mit dem Passagierflugzeug zunehmend die Schiffspassage ablöste, boten die Reedereien auch für Normalverdiener erschwingliche Fahrten in die Sonne an.

Ab den achtziger Jahren kamen neue Zielgebiete hinzu. Expeditionsreisen führen seither in die Arktis und die Antarktis, den Amazonas und den Orinoco hinauf. Selbst die legendäre Nordwestpassage rund um Kanada von Grönland bis Alaska, die nur in wenigen eisfreien Wochen im Sommer möglich ist, wird heute von diversen Schiffen unternommen, angelandet wird mit Schlauchbooten.

Noch heute bieten viele Ozean-Liner die klassische Kreuzfahrt im stilvollen Ambiente, mit festlichen Bällen, Gala-Diners und Kapitänsempfängen. Zugleich markieren aber auch zwei spezielle Entwicklungen deutliche Stilwechsel: zum einen der Aufstieg des zwangloseren, auch auf Familien mit Kindern ausgerichteten „Clubschiffs", dessen Karriere mit der Indienststellung der ersten AIDA im Jahr 1996 ihren Anfang nahm; und zweitens der Trend zu immer größeren Schiffen, der aus den USA nach Europa kam. Doch allen Konzepten gemeinsam bleibt: Das Schiff selbst mit seiner Atmosphäre ist das eigentliche Erlebnis. ■

DATEN EINER EPOCHE

22. Januar 1891 In Cuxhaven läuft das erste echte Kreuzfahrtschiff der Geschichte, die **Augusta Victoria**, mit 227 Passagieren zur „Exkursion in den Orient" aus

29. Juni 1900 Die Hapag stellt das erste ausschließlich für Kreuzfahrten gebaute Schiff in Dienst: die **Prinzessin Victoria Luise** für 192 Passagiere

14. April 1912 Bei ihrer Jungfernfahrt kollidiert die „unsinkbare" **Titanic** im Nordatlantik mit einem Eisberg. 1.504 der 2.208 Menschen an Bord sterben

1. Februar 1958 Als erstes deutsches Schiff nach dem Krieg geht die **Ariadne** auf Mittelmeerkreuzfahrt

FOTOS: Catherine Donzel, Legendäre Ozeanreisen, Frederking & Thaler Verlag (2), TV-yesterday (1), Hapag Lloyd Archiv (2)

27. September 2007:
Vor Ihnen taucht die Skyline von Chicago am Horizont auf.
www.hlkf.de

UDO LINDENBERG
Keine Panik auf der Europa: Der Rockmusiker entdeckte seine Leidenschaft für Kreuzfahrten

Promis an Bord!

Mit bekannten Namen und Gesichtern schmückt man sich gern. Deshalb laden die Reedereien oft Prominente zu Kreuzfahrten ein

DIE JUNGEN TENÖRE
Erholung, Erlebnis, Auftritt – die drei Sänger schätzen die perfekte Mischung eines Kreuzfahrt-Engagements

Udo auf der Europa! Nicht Udo Jürgens ist gemeint (der war allerdings auch schon Gast auf dem Luxusliner), sondern Panik-Udo. Passt ein Rockmusiker auf einen Nobeldampfer? Lindenberg hat da keinerlei Berührungsängste: „Da waren anfangs zwar ein paar Steiff-Tiere an Bord, aber die haben wir schließlich auch locker gekriegt." Seit seinem Ostseetörn 2005 ist er vom Kreuzfahrtvirus befallen: „Das war zwar Udos erste, aber bestimmt nicht seine letzte Seereise. Ich mag das Meer, die Schiffe und

MARLENE CHARELL Der Showstar ist Ehrenmitglied im „Club Columbus" für Stammgäste der Astor und der Astoria

HARDY KRÜGER Der Schauspieler, Globetrotter und Buchautor schätzt die angenehme Art des Reisens. Sein Tipp: die Antarktis

UDO JÜRGENS Der Entertainer ist ein gern gesehener Gast auf der Europa. Seine Shows sind legendär

die Häfen." Auf den großen Klassikern wie der Europa, der Astor oder der Deutschland sind mehrmals im Jahr prominente Passagiere an Bord. Meist ist es eine Mischung aus Einladung und Engagement. Die namhaften Gäste geben ein Konzert, veranstalten eine Lesung oder halten einen Vortrag – und genießen 14 Tage lang alle Vorzüge des Bordlebens. Udo Lindenberg kommt mit seinen 60 Lenzen jetzt langsam ins richtige Alter für prominente Kreuzfahrer. Und er ist in bester Gesellschaft. Zu den bekanntesten On-board-VIPs zählen: Helmut Schmidt, Hardy Krüger, Manfred Krug, Paul Kuhn, Roberto Blanco und Vicky Leandros. Auf den AIDA-Schiffen sind die Promi-Gäste etwas jünger. Hier wurden zum Beispiel schon Nena und der TV-Koch Tim Mälzer gesichtet.

Treffen der Königinnen: QE2 tauft QM2

PROMINENTE PATINNEN

Gern verpflichten die Reedereien auch bekannte Taufpatinnen für ihre Schiffe. Prominenz verleiht der Zeremonie noch ein bisschen mehr Glanz und lockt auch Journalisten und Fotografen an. Zu den bekanntesten deutschen „Patentanten" zählen neben der ehemaligen „Tagesthemen"-Moderatorin Sabine Christiansen (Sea Cloud 2) zwei frühere „Tagesschau"-Sprecherinnen: Dagmar Berghoff (Hanseatic, A-ROSA Mia) und Eva Herman (Swiss Corona). Auch zwei große deutsche Sportlerinnen haben schon Kreuzfahrtschiffe getauft: Steffi Graf die Navigator of the Seas und Katarina Witt die Voyager of the Seas. Renommierten Schauspielerinnen wird mitunter ebenfalls die Ehre zuteil, ein Schiff beim Stapellauf zu unterstützen: Iris Berben war Patin der AIDAblu, Sophia Loren wünschte der MSC Musica allzeit gute Fahrt, und Whoopi Goldberg erhob ihr Glas auf das Wohl der Serenade of the Seas. Männer sind als Taufpaten weniger gefragt. Ausnahme: Richard von Weizsäcker ist Pate der Deutschland. Die berühmteste Schiffspatin ist natürlich Ihre Majestät Queen Elizabeth II. Sie ließ 2004 den Champagner gegen den Bug der – wie sollte es anders sein – Queen Mary 2 krachen.

FOTOS: T. Acke (1), Transocean (1), H. Retzlaff (2), Hapag-Lloyd Kreuzfahrten (1), Cunard (1)

Die launige Diva

2.300 Arbeiter schweißen, hämmern, bohren an ihr: Im Frühjahr 2007 soll die AIDAdiva, der jüngste Neubau der Papenburger Meyer Werft, die Werkshallen verlassen. Eine Vorbesichtigung

VON UWE BAHN (TEXT) & ARNT HAUG (FOTOS)

Kamera läuft: Sogar Fernsehteams besuchen die neue Diva in der Werft

Michael Thamm kann es nicht mehr erwarten. Der Chef von AIDA Cruises will sein neues Schiff endlich im Meerwasser schwimmen sehen. Bis April 2007 muss er sich noch gedulden. Dann geht die AIDAdiva auf ihre Jungfernfahrt. Von Hamburg über Le Havre, Vigo, Lissabon, Cádiz, València und Barcelona nach Mallorca. Aber bis es so weit ist, müssen in der Papenburger Meyer Werft noch einige Nähte geschweißt werden.

Wie die Ameisen wuseln die 2.300 Werftarbeiter an dem logistischen Gesamtkunstwerk herum. Hier weiß jede Hand, was die andere tut. Nach dem Lego-Prinzip werden die Teile zusammengesetzt. Aus Stahlplatten werden Sektionen, die wiederum werden zu insgesamt 70 Blöcken, und daraus entsteht dann die AIDAdiva. Allein 800 Zulieferfirmen sind an dem Bau beteiligt. Aber langsam wächst zusammen, was zusammengehört: ein Clubschiff der neuen Generation. Vier solcher Schiffe hat die Rostocker Reederei in Papenburg bereits bestellt. Jedes kostet 315 Millionen Euro. Zum Vergleich: Die Vorgängermodelle AIDAvita und AIDAaura lagen bei je 180 Millionen Euro.

Höher liegt bei diesem Neubau nicht nur der Preis, sondern auch die Messlatte: Mit einer Bruttoraumzahl (BRZ) von 68.500 hat das neue Clubschiff deutlich mehr Tonnage als die Vorgängergeneration (BRZ 42.289). Gut 2.000 Passagiere finden jetzt Platz. Und der interessanteste Ort soll das „Theatrium" werden. Eine Mischung aus Theater und Atrium über drei Decks mit einer Showbühne, Bars, einem Café und einem TV-Studio. Ein Marktplatz, an dem sich alles trifft, so der Plan.

Auf jeden Fall ist es hell, das Theatrium: Von den Seiten flutet das Tageslicht durch zwei riesige Fensterfronten herein. „Es war für uns eine Herausforderung, so einen Glaskeil in die Mitte des Schiffs zu bauen", erzählt der Papenburger Werftchef Bernard Meyer. Genau an dieser Stelle muss das Schiff eigentlich am stärksten sein. Dafür haben die Werftprofis besondere Träger einbauen müssen. Aber in Statik kennen sie sich aus im Emsland: Schon 1872 baute man dort das erste Eisenschiff.

Gegründet wurde die Meyer Werft bereits 1795. Und jetzt boomt sie wie nie zuvor. Neun große Kreuzfahrtschiffe stehen für die nächsten Jahre in den Auftragsbüchern. Bis ►

Alter Seemannsbrauch: Micky Arison (M.) und Michael Thamm (r.) lassen zum Aufschwimmen den Bauplan im Rumpf verschweißen

2010 allein vier AIDAs, also jedes Jahr eine neue. Die AIDAdiva macht den Anfang.

Aber nicht nur in Papenburg bereitet sich alles auf den April 2007 vor. Schon jetzt wird fleißig an den Shows für das Theatrium gebastelt. Gar nicht so leicht für die Macher, schließlich kann man hier nicht einfach das Tageslicht ausknipsen, wenn die Vorstellung beginnt. Eine zweite Bühne steht im Amphitheater oben auf dem Sonnendeck. Während es an Seetagen auf den anderen AIDAs schon mal eng wird, scheint hier genügend Platz zu sein: Sonnenhungrige können sich auf drei Decks mit insgesamt 6.400 Quadratmetern Bräunungsfläche räkeln. Oder sich in drei Pools und vier Jaccuzzis aalen. Da kommt Freude auf.

Nein, diese Diva wird nicht launisch sein, sondern launig. Vielleicht sogar lauschig. Denn auch der private Bereich bekommt eine neue Qualität: 457 Kabinen haben einen Balkon. Und auf dem werden die Gäste – bei allem High Tech – eine echte Überraschung erleben: Draußen auf der Miniterrasse baumelt dann, kein Scherz, eine Hängematte. Wer auch immer bei AIDA diese Idee hatte, ihm gehört der Förderpreis für Kreativität 2006. Und das Beste: Die Gäste können „ihre" Hängematte nach dem Urlaub käuflich erwerben. Es muss also nicht immer ein Golfsimulator sein.

Obwohl es auch den an Bord gibt. Genauso wie ein Casino. AIDA gehört eben zu Carnival, dem größten Kreuzfahrtunternehmen der Welt. Und das kommt aus den USA. Trotzdem wird es amerikanischen Gigantismus so schnell auf deutschen Schiffen nicht geben. Carnival-Chef Micky Arison beim Aufschwimmen der AIDAdiva in Papenburg: „Ich glaube, AIDA ist sehr innovativ. Diese Philosophie würde mit 6.000 Leuten an Bord nicht funktionieren."

Bestens zu funktionieren scheint dagegen Wellness auf den Wellen. Auch da hat die Reederei sich noch einmal selbst übertroffen: Auf dem neuen Clubschiff sind 2.300 Quadratmeter nur für die Gesundheit reserviert, für „Body and Soul", wie es im AIDA-Jargon heißt. Das ganze Anwendungs-Kaleidoskop ist in 14 Behandlungskabinen untergebracht: von Shiatsu bis zur Hot Stone Massage. Wer nach der sanften Steinigung relaxen will, fin-

Noch ist der Rumpf mit Rostschutzfarbe bedeckt. Zeichnungen zeigen, wie die Interieurs einmal aussehen sollen

det eine Oase mit Palmen, tropischen Pflanzen, einem Whirlpool und – ja, auch hier – Hängematten vor. Bei schönem Wetter öffnet sich das Glasdach der Oase, und das Karibik-Feeling ist komplett. Auch wenn das Schiff in der ersten Saison noch nicht über den Atlantik fahren wird.

Die erste schwierige Passage führt von der Meyer Werft durch die Ems. An den Deichen Ostfrieslands vorbei wird sich die neue Riesin behutsam in die Nordsee schieben. Aber das haben vor ihr schon viel größere Schiffe geschafft, die Pride of Hawaii zum Beispiel oder die Norwegian Pearl. Und wie bei ihnen werden sich die Ufer der Ems mit Tausenden von Kreuzfahrtfans füllen, wenn zum ersten Mal ein AIDA-Kussmund von Papenburg überführt wird. In Wohnmobilen werden sie anreisen, vor Campingkochern auf dem Deich sitzen und warten.

Etwas größer als bei den Schaulustigen dürfte die Auswahl an Speisen auf der AIDAdiva selbst sein. Sieben Restaurants verteilen sich über die 14 Passagierdecks, darunter das Buffalo Steakhouse, eine Sushi-Bar und das Feinschmecker-Restaurant Rossini. Dazu ►

Die AIDAdiva im Modell: bunt wie ihre Schwestern

Schutzhelme sind Pflicht beim Turmbau zu Papenburg. Auch für die Wachmänner

elf Bars, von denen eine ganz besonders ist: Die Pier 3 Bar direkt an der Gangway. Sobald das Schiff frühmorgens angelegt hat, öffnet sich die Seite, und die Passagiere haben den ersten Blick auf den neuen Hafen.

Ob sie dann schon oder noch in der Bar sitzen, wird die Praxis zeigen. Für die Partyhungrigen wird es weiter die bekannten Treffpunkte geben: die AIDA-Bar auf Deck 10 und die bewährte Anytime Disco auf Deck 12 mit einer großzügigen Außenfläche im Heck des Schiffs. Neu ist die AIDA Lounge im Bug, eine entspannte Alternative zum Partygetümmel. Von dort aus haben die Gäste einen Ausblick wie Kapitän Przemyslaw Kurc. Der Pole wird das neue Clubschiff als Erster steuern. Er soll ein Dream-Team bilden mit Michael Rohr, dem Club-Direktor auf der AIDAdiva – und auch die beiden können es kaum noch erwarten.

SCHIFFE DER MEYER WERFT

Jahr	Name	Reederei	BRZ*
2010	N. N.	Celebrity Cruises	118.000
2009	Celebrity Equinox	Celebrity Cruises	118.000
2008	Celebrity Solstice	Celebrity Cruises	118.000
2010	N. N.	AIDA Cruises	68.500
2009	N. N.	AIDA Cruises	68.500
2008	N. N.	AIDA Cruises	68.500
2007	AIDAdiva	AIDA Cruises	68.500
2007	Norwegian Gem	Star Cruises/NCL	93.500
2006	Norwegian Pearl	Star Cruises/NCL	93.500
2006	Pride of Hawai'i	Star Cruises/NCL	93.500
2005	Norwegian Jewel	Star Cruises/NCL	93.500
2004	Jewel of the Seas	Royal Caribbean	90.000
2003	Serenade of the Seas	Royal Caribbean	90.000
2002	Brilliance of the Seas	Royal Caribbean	90.000
2001	Radiance of the Seas	Royal Caribbean	90.000
2002	Norwegian Dawn	Star Cruises/NCL	92.000
2001	Norwegian Star	Star Cruises/NCL	92.000
1999	Norwegian Spirit (Ex-SuperStar-Virgo)	Star Cruises	77.000
1998	SuperStar Leo	Star Cruises	77.000
2000	Aurora	P&O Cruises	76.000
1995	Oriana	P&O Cruises	69.000
1997	Mercury	Celebrity Cruises	77.700
1996	Galaxy	Celebrity Cruises	77.700
1995	Century	Celebrity Cruises	71.000
1992	Zenith	Celebrity Cruises	47.200
1990	Horizon	Celebrity Cruises	47.000
1988	Norwegian Crown (Ex-Crown-Odyssey)	Royal Cruise Line	34.000
1990	Costa Europa (Ex-Westerdam; Ex-Homeric)	Holland America	54.000
1986	Homeric	Home Lines Inc.	42.000

* Bruttoraumzahl = ca. 3,25 m^3

Das aktuelle Projekt: Im März 2006 wurde die AIDAdiva auf Kiel gelegt

Abenteuer, wohldosiert

Kreuzfahren auf Wolke sieben: Die Sea Cloud ist nach Meinung vieler das schönste Passagierschiff der Welt. Nicht trotz, sondern wegen ihres Alters: Sie ist 75 Jahre alt – und kein bisschen müde

VON JOHANNES BOHMANN

Nie war die Ägäis so blau wie heute. Irgendwann gestern Abend sind wir ausgelaufen. In Piräus, der grauen Stadt am Saronischen Golf, dessen Wasser ebenfalls grau war wie Asphalt. Und wie die Wolken, die den ganzen Tag über an der Akropolis klebten und uns lehrten: Auch über Athen scheint nicht immer die Sonne.

Dagegen heute: ein strahlender Himmel, ebensolche Gesichter rundum, im Wind knatternde Segel über mir – und unten vorm Bug ein Meer aus königsblauer Tinte. Am Horizont stehen die Scherenschnitte der Inseln, mit denen diese Weltgegend gesprenkelt ist. Ist das Kea? Oder Kythnis? Oder schon Serifos? Keine Insel ist hier mehr als 37 Kilometer von der nächsten entfernt. Karg, fast baumlos sind sie alle.

Ich bin spät aufgestanden, habe lange geschlummert im sanften Wiegeschritt dieses Schiffes, das nachts, damit die Passagiere ruhig schlafen können, unter Motor fährt. Dass schon früh heute morgen die Segel gesetzt wurden, habe ich nicht mitbekommen. Jetzt aber, bei meinen ersten Schritten über die frisch geschrubbten Teakdecks, wird mir die Magie dessen, was ich erlebe, allmählich bewusst: Ich bin unter 3.000 Quadratmetern Segelfläche im Ägäischen Meer unterwegs. Auf einem Schiff, das 75 Jahre alt ist – und noch immer der schönste Kreuzfahrer, der die sieben Meere befährt.

Sea Cloud heißt es. Seewolke also. Wolke sieben wäre auch ein schöner Name für die Lady. Dann auf keinem anderen Schiff verliert man leichter die Bodenhaftung als auf diesem in jeder Hinsicht formvollendeten Windjammer. Wenn man das nötige Kleingeld mitbringt, gewiss, denn mit den Sail- ►

FOTOS: Sea Cloud Cruises (2)

Segeln wie in alten Zeiten: Nur Wellen, Wind und die Hände der Crew steuern das Schiff

Training-Schiffen, die für grünes Bier zu guter Laune werben, hat die Sea Cloud wenig gemein. Sie bietet sanften, aber sehr exklusiven Luxus. Fünf-Sterne-Diners im eichengetäfelten Salon und Melodien vom Bordpiano in der Bacardi-Cola-Dünung. Höfliche Konversation über die Honeymooners in den Eignerkabinen und über die Herrschaften am Tisch des Kapitäns. Und ein paar Salzwasserspritzer nur, wenn die Beiboote zum Fototermin um die unter Vollzeug dahin gleitende weiße Lady kreisen. Abenteuer, wohldosiert.

Für Landgänger: Hafenzeiten auf der Tafel

Vor allem Simon und Bebot werden mir und allen anderen an Bord helfen, es bis in die Fingerspitzen zu genießen. Simon, der polnische Hotelmanager, der seit 21 Jahren auf der Bark zu Hause ist, und Bebot, der philippinische Barchef. Seit fast 25 Jahren mixt er hier seine Gin Tonics. „Sea Cloud is my life", sagt er – und irgendwie fragt man sich nach dieser Auskunft nicht mehr, warum der knapp 50-Jährige wie 30 aussieht. „Live slow, sail fast", las ich gestern abend auf dem Hemd eines der Matrosen, die sich Richtung Mannschaftskoje unterm Bugspriet in die Nachtruhe abmeldeten.

Jetzt sind sie alle oben. Von meiner Bank an der Steuerbordreling, den letzten Frühstückskaffe in der Hand, beobachte ich sie. In kurzen Hosen und blauen Shirts klettern sie in die Wanten und auf die Rahen, holen Segel ein, denn der Wind dreht. Gerhard Lickfett, der Kapitän, steht auf der Brücke, gibt Kommandos an die Offiziere. Zufriedener Blick: Sie läuft gut. Neun Knoten waren es eben, nur unter Segel. Geschwindigkeit, von nichts als Wellen, Wind und den Händen der Crew gemacht. Und nachdem alle Taue fest sind, der neue Kurs eingeloggt und

das Vorderdeck für die Passagiere wieder freigegeben ist, erklärt der Käpt'n an der Kreidetafel, was sie eben gemacht haben da oben. Ich stehe dabei. Meinen A-Schein muss ich vor Jahrhunderten gemacht haben.

Schon am ersten Tag erlebe ich so das eigentlich Faszinierende an diesem Schiff: Es *kann* nicht nur segeln – es *soll* segeln, und zwar so oft und so lange es geht. Das sollte es ja auch von Anfang an. Denn nicht als Passagierschiff wurde es erdacht, sondern als Yacht, mit entsprechend schnittiger Silhouette. Als Millionärsspielzeug kam es zur Welt und war schon damals ein exzentrisches Unikat. Wie sein Auftraggeber, der New Yorker Börsen-Tycoon Ed Hutton, der die Bark 1931 bei Krupp Germania in Kiel bauen ließ und sie seiner Gatttin, der (ebenfalls schwerreichen) Kaufhauserbin Marjorie Merriweather Post, als Morgengabe zu Füßen legte. Und das in einer Zeit, in der die Welt von einer Wirtschaftskrise zur nächsten schlingerte.

Turbulent wie jene Zeiten verlief dann auch das Leben der Seewolke. Allein fünf Namen hat sie getragen: Als „Hussar" lief sie vom Stapel, zur „Sea Cloud" wurde sie nach der Scheidung der Huttons, bei der das Schiff in Marjories Alleinbesitz überging. Als „IX 99" tat sie, ohne Masten und Taue und marinegrau gestrichen, im Zweiten Weltkrieg als Patrouillenboot für die US Coastguard Dienst. Als „Patria", später „Angelita", diente sie dann Rafael Trujillo, dem berüchtigten Diktator der Dominikanischen Republik, als Staatsyacht. Und seinem Sohn Ramfis als schwimmendes Privatbordell: Kim Novak, Zsa Zsa Gabor und Joan Collins sollen in den turbulenten Fifties mit dem Playboy auf der Yacht die Laken geteilt haben.

Anno 1978 aber war es mit dem Lotterleben endgültig vorbei. Die Bark, die irgendwann vergessen wurde und in einem Hafen in Panama vor sich hin rottete, landete dank des Einsatzes einer Gruppe von Hamburger Kaufleuten an der Elbe. Mittlerweile segeluntüchtig, musste sie über den Atlantik geschleppt werden. Doch mit hanseatischer Präzision wurde sie zu neuem Leben erweckt – ohne dass man ihr dabei die Seele nahm: In den beiden Eignersuiten, dem Allerheiligsten der Bark, ist jedenfalls bis heute alles so geblieben, wie Ed und Marjorie, ihre Erfinder, es wollten. Die Spur Dekadenz, die jedem Luxus anhaftet, inklusive. ►

FOTOS: H. Ohge (5), J. Bohmann (1)

Das Allerheiligste sind die Eignersuiten. Die Wasserhähne sind aus massivem Gold

Diese Eignersuiten und die weiteren sechs historischen Kabinen im Unterdeck zu bestaunen ist eine Pflichtübung bei jeder Begehung der Sea Cloud. Gleich am Nachmittag, als Cruise Director Tom Hook, der gestern Abend das Piano, Pardon, quälte, die Schiffstour anbietet, bin ich dabei. Und stehe ein wenig linkisch in den Räumen, in denen Hutton und seine Gattin die Hautevolee empfingen, die sich an den Piers drängte, wo immer die Bark auftauchte. Lastwagenweise hatte der Börsenmann Antiquitäten (und Kitsch) im Bauch der Yacht verstauen lassen, von marmorverkleideten Kaminen und französischen Himmelbetten über Chippendale-Gestühl bis hin zu den legendären, massiv goldenen Wasserhähnen. Sie sind noch da – sie sind echt. Das Paar aus London, das auf dieser Reise abends die Zähne unter ihnen putzt, lächelt galant.

Um die 850 Euro kostet diese „Owner Suite" pro Tag, gegenüber knapp 300 für die Standardkabinen auf dem Hauptdeck. Für alle gleich aber sind nicht nur der tadellose Service und die phantastische Küche, sondern auch die Gefahr, sich Letzterer wieder entledigen zu müssen, wenn Poseidon es will. Zweimal wird er das im Verlauf dieser Reise tun: Der Meltemi, der gefürchtete Nordwind der Ägäis, bringt die Bark ins Stampfen und die Mägen in Aufruhr. „Acht Beaufort", wird der Käpt'n bekannt geben, „das ist hier nichts Ungewöhnliches." Und beruhigend auch jedes Mal hinzufügen: „Auf der Sea Cloud sind wir so sicher wie in Abrahams Schoß."

Und so fühlen sich ohne Abstriche auch alle an jenem Abend, an dem wir Santorin anlaufen: Von Norden gleiten wir in das Kraterrund hinein, bei leichtem Wind noch fast unter Vollzeug, die Wangen warm von der Sonne, die das Dorf Oia auf dem Kraterrand in Theaterlicht taucht. Die Segel fallen sacht, die Kommandos klingen leiser als sonst – selbst die Offiziere scheinen vom Zauber dieser Einfahrt ein wenig gerührt. Und sogar Tom Hooks Piano hält sich bescheiden zurück. ■

FOTOS: H. Ohge (3), Sea Cloud Cruises (1)

DATEN & FAKTEN

Die **Sea Cloud** ist eine Viermastbark mit 30 Segeln von insgesamt rund 3.000 Quadratmetern Fläche. Ihr höchster Mast ist 54,2 Meter hoch. Unter Motor erreicht sie eine Geschwindigkeit von zwölf Knoten, unter Segeln bis zu 15 Knoten. Die Crew umfasst 60 Mitglieder aus aller Herren Ländern. Als Kapitäne steuern das Schiff ehemalige Marinekommandanten aus Polen (Ryszard Choiński), Deutschland (Gerhard Lickfett), Finnland (Henrik Karlsson) und Russland (Evgeny Nemerzhitskiy). Weitere Daten zum Schiff auf Seite 150.

Auf immer mit dem Schiff verbunden ist seine erste Besitzerin **Marjorie Merriweather Post** (Foto rechts). Für sie und ihre Tochter, die spätere Schauspielerin **Dina Merrill**, war die Sea Cloud bis in die 1950er Jahre das eigentliche Zuhause.

NARD
DIE GROSSEN OCEAN LINER DES 21. JAHRHUNDERTS
Queen Mary 2
Faszination
Transatlantik 2007
16 TERMINE ZWISCHEN SOUTHAMPTON UND NEW YORK, 6 NÄCHTE
Leistungsumfang:
• Linienflüge ab/bis Deutschland und Transfers • Atlantiküberquerung in der gebuchten Kabinenkategorie an Bord der Queen Mary 2 • deutschsprachige Betreuung an Bord
Bei Buchung bis 30.12.2006
Zweibettkabine innen pro Person ab
€ 1.590,-
4 TERMINE AB/BIS HAMBURG, 8 NÄCHTE
Von New York nach Hamburg
18. Juli und 15. August
Von Hamburg nach New York
26. Juli und 23. August
Bei Buchung bis 30.12.2006
Zweibettkabine innen pro Person ab
€ 1.980,-
BERATUNG & BUCHUNG IN JEDEM GUTEN REISEBÜRO

Zwischen den Ozeanen

Die Passage durch den Panamakanal gilt unter Kreuzfahrern als einzigartiges Highlight. Doch sie ist nicht nur für Passagiere aufregend: Kapitän und Lotse leisten absolute Maßarbeit

VON GEORG J. SCHULZ

FOTOS: H. Retzlaff (2)

Es ist 6.42 Uhr. Viel zu früh, um schon auf den Beinen zu sein, doch man will ja nichts verpassen. An Deck der Astor scheint die Luft förmlich zu stehen. Drückende Schwüle umgibt Körper und Sinne. Ein seltsames Klima, das schon dem Schriftsteller Stefan Zweig mächtig zusetzte. „Luft zischt herein, ohne zu kühlen", notierte er vor fast hundert Jahren. „Wie lauer Dampf fliegt sie einem über das Haar und die Hand."

Zweig besuchte am Panamakanal die damals größte Baustelle der Welt. Er sah, wie Ingenieure und Arbeiter Berge sprengten, wie sie mit gigantischen Dämmen Seen aufstauten, wie sie zwei riesige Ozeane schiffbar miteinander verbanden. Und erlebte somit die Verwirklichung eines uralten Traums: Schon im 16. Jahrhundert hatten spanische Konquistadoren den Durchstich in der Mitte Amerikas versucht. Von Kaiser Karl V. angeregt, plante als Erster Alvarado de Saavedra Colón ein solches Bauwerk. Doch es vergingen 350 Jahre, bis jemand anfing, der Idee konkrete Taten folgen zu lassen: Der Franzose Ferdinand de Lesseps, erfolgreicher Erbauer des Suezkanals, war überzeugt, auch dieser Mammutaufgabe gewachsen zu sein.

Allerdings unterschätzten de Lesseps und seine Finanziers die Gefahren, die im mückenverseuchten Dschungel lauerten. Malaria und vor allem Gelbfieber rafften zwischen 1881 und 1889 an die 22.000 Arbeiter dahin. Waggonweise wurden die Leichen abtransportiert – „zwei, drei, vier Züge am Tag, randvoll mit Toten", wie ein Zeitzeuge entsetzt berichtete. Zudem gingen 287 Millionen US-Dollar den Bach hinunter. Zu viel für die Geldgeber, die eine gigantische Pleite nicht mehr verhindern konnten. ►

Der Käpt'n gibt das Steuer an den Lotsen ab – und die Passagiere staunen

Was somit vom Großprojekt blieb, übernahmen Anfang des 20. Jahrhunderts die Vereinigten Staaten. Und weil die so einen Kanal nicht gern auf kolumbianischem Boden angesiedelt sahen, sorgten sie auch noch für eine Revolution, bei der sich Panama abspaltete und die Unabhängigkeit erlangte. Im Gegenzug wurden den Amerikanern umfangreiche Rechte innerhalb der Kanalzone eingeräumt, die bis Ende des 20. Jahrhunderts Gültigkeit hatten. Der 81,6 Kilometer lange und erst 1920 endgültig fertiggestellte Kanal sollte vor allem dem Welthandel nützen. Aber schon früh sah man auch touristisches Potenzial. „Schiffe mit Restaurants, Vergnügungslokalen, Schwimmbassins", mit Passagieren, die „friedlich beim Tee sitzen oder Bridge spielen", würden hier verkehren, schrieb Stefan Zweig. Und genau das tun sie noch heute.

Ein echtes Nadelöhr: die Gatún-Schleuse

Anders als de Lesseps, der von einem Kanal ohne Staustufen träumte, setzten die Amerikaner mehrere Schleusen ein, um den Höhenunterschied zwischen den Ozeanen zu überwinden. Deshalb können wir jetzt, nachdem wir am Morgen Colón und die Bahía Limón passiert haben, nicht einfach so weiterfahren. Beide Seiten der Gatún-Schleuse sind belegt: backbord vom Containerriesen Venice Bridge, steuerbord vom Kreuzfahrer Zandaam. In drei Stufen werden die Schiffe um insgesamt 26 Meter in die Höhe geliftet. Ist eine Stufe geschafft, darf der nächste dicke Pott folgen.

Irgendwoher aus dem Regenwald, der hier direkt bis ans Wasser reicht, kommen zwei grüne Papageien. Kreischend fliegen sie über die Astor hinweg. Minuten später nimmt ein Pelikan denselben Kurs. Weiter unten geht ein kleines Boot längsseits. Mit ihm kommen die Männer von ACP Pasacables an Bord. Sie sollen das Schiff mit armdicken Stahltrossen an

vier Elektroloks festmachen, damit es ohne Kratzer durch die 33,5 Meter breite Schleuse kommt. Auf der Brücke hat unterdessen der panamaische Lotse, leger gekleidet mit brauner Hose und hellblauem Hemd, das Kommando übernommen. Er sitzt ganz vorn auf einem Hocker und gibt seine Anweisungen. Kapitän Alexander Golubev muss zuschauen. „Nur in Panama und auf dem Kanal von Korinth genießen die Lotsen solche Privilegien", erklärt Golubev leicht verspannt.

Punkt 7.16 Uhr nehmen wir wieder Fahrt auf. Langsam steuert unser Schiff die erste Schleusenkammer an. Bordlektor Joachim Möller kommt ebenfalls auf Touren: Aus den Außenlautsprechern tönen seine mit pastoraler Stimme vorgetragenen Informationen zur Passage – dass er Pfarrer im Ruhestand ist, ist nicht zu überhören. Auch Teile von Stefan Zweigs Geschichte über die Bauphase liest er vor. Und er weiß zu berichten, dass heute pro Jahr um die 13.000 Schiffe den Kanal passieren. Wer durch Panama statt um Kap Hoorn fährt, spart bis zu 8.000 Seemeilen. Klar, dass sich dies beim Passagenpreis bemerkbar macht. Für die Astor zum Beispiel sind 130.000 Dollar fällig, also um die 260 ►

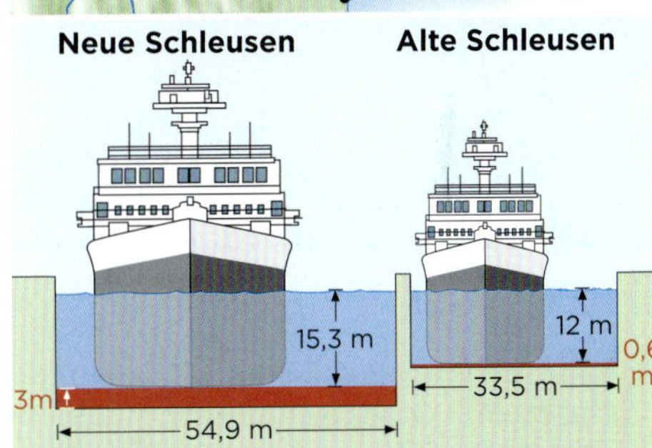

FOTOS: H. Retzlaff (4); KARTE: www.AxelKock.de

HISTORISCHER UMBAU

Der Panamakanal soll breiter werden

Fünf Prozent des Welthandels werden derzeit über den Panamakanal abgewickelt. China zum Beispiel schickt rund ein Viertel seiner Handelsgüter durch den Kanal in alle Welt, Japan 16 Prozent. Doch immer mehr Schiffe aus den ostasiatischen Megaports in Korea, Japan, Taiwan oder Singapur müssen ihre Frachterriesen durch den Suezkanal oder gar rund um Kap Hoorn nach Europa und Nordamerika schicken. Aus einem simplen Grund: Sie sind für den Panamakanal zu groß.

Das soll sich nun ändern: Für 5,5 Milliarden Dollar sollen der Kanal und seine Schleusen so weit vertieft und verbreitert werden, dass endlich auch die Supertanker der „Post-Panamax-Klasse" durch das Nadelöhr passen. Für die Wirtschaft des kleinen Staates ist das von fundamentaler Bedeutung. Jeder fünfte Panameño arbeitet am Kanal, und durch das Projekt sollen es noch viel mehr werden: Bis 2025, wenn der neue Kanal fertig sein soll, werden 240.000 neue Jobs versprochen.

Letztes Hindernis vor dem Pazifik: die Miraflores-Schleuse

Allgegenwärtig: Panamas Flagge

Dollar pro Bordgast. Bei Dunkelheit wäre es deutlich billiger gewesen – aber für die Passagiere natürlich nicht so spannend.

Noch einige Jahre darf Panama auf gute Geschäfte mit dem Kanal hoffen. Doch die Zukunft sieht nicht nur rosig aus. Inzwischen werden viele Schiffe gebaut, die über der sogenannten Panamax-Grenze – 294 Meter Länge, 32,3 Meter Breite und 12,04 Meter Tiefgang – liegen. Solche Riesen können den Kanal nicht mehr nutzen. Die Astor dagegen, vor 20 Jahren in Kiel auf Kiel gelegt, flutscht problemlos durch die drei Kammern der Gatún-Schleuse. Sie ist „nur“ 176,5 Meter lang und 23 Meter breit.

Um 8.55 Uhr erreichen wir den Stausee. Fortan folgt das Schiff mit sechs bis sieben Knoten der Fahrrinne und zieht gemächlich an den unbewohnten Mini-Inseln vorbei, die durch das Stauen des Río Chagres entstanden sind. Die Besatzung weiß, dass nicht alle Gäste damit zufrieden sind, nur über die Reling zu schauen und die Landschaft zu genießen. Deshalb startet in Kürze das Bordprogramm. Zur Wahl stehen „Fitness für Spätaufsteher mit Catrin auf dem Sportdeck“, „Yoga im Konferenzraum mit Elfi Ahrens“ und die Morgenandacht mit Pfarrer Stenzel im Captain's Club. Wer aber lieber Spanisch lernen möchte, geht zu Ricardo in das Auditorium.

Elf Uhr. Während vorn die Dschungelfreunde mit Fernglas und Teleobjektiv weiter Ausschau nach Aras, Krokodilen und Brüllaffen halten, geht's auf dem Lidodeck achtern zu wie auf dem Münchener Oktoberfest. Bordbarde Juan Tabasco darf „Guantanamera“ und andere Latino-Schnulzen trällern, dazu gibt's eine bayerische Brotzeit und norddeutsches Beck's. Inzwischen ist es auch sonnig und deshalb noch heißer geworden. Einer der Gäste frotzelt: „Liegt hier etwa der Weißwurst-Äquator?“ Länger als eine Stunde währt der „südamerikanische Frühschoppen“ unter Plastikgirlanden zum Glück nicht. Auch weil Bordlektor Möller wieder Neuigkeiten zu verkünden hat: „Vor uns sehen Sie den Culebra Cut. Eine der schwierigsten Stellen beim ganzen Kanalbauprojekt.“ Immer wieder brachten hier Erdrutsche die Ingenieure zur Verzweiflung. Erst seit wenigen Jahren sind die terrassenförmigen Abhänge dank einer Betoneinlage sicher.

Puente del Centenario, Brücke des Jahrhunderts: So heißt jenes Bauwerk, das nun ins

Blickfeld rückt. Zum 100-jährigen Staatsjubiläum 2003 geplant, aber erst 2005 in Betrieb genommen, stellt diese auf zwei je 178 Meter hohen Pylonen ruhende Brücke erst die zweite Landverbindung zwischen Nord- und Südamerika dar, nach der Puente de las Américas, die wir noch passieren werden. Ihre strategische Bedeutung ist immens.

Inwischen haben wir schon mehr als die Hälfte unseres Kanaltrips hinter uns. Nicht alle Passagiere sind noch bei der Sache. Das Mittagessen lockt. Ein Gast aus Belgien sagt: „Kanäle habe ich auch zu Hause. Da sind sie nur etwas kleiner." Die drei Damen aus Bayern, die sich mit ihren Liegen strategisch günstig im Schatten unter den Rettungsbooten postiert haben, zeigen sich stärker beeindruckt: „Das ist doch alles sehr spannend. Ein absoluter Höhepunkt unserer Kreuzfahrt."

Die nächste Schleuse wartet – Pedro Miguel. Sie bringt uns gegen 13 Uhr das erste Stück hinunter zum Pazifik. Die gut neun Meter Höhenunterschied sind vergleichsweise läppisch und schnell überwunden. Links und rechts des Kanals hat sich die Landschaft verändert. Statt dichten Urwalds sieht man nun Autos und Straßen – wir kommen der Hauptstadt Panama City näher.

Und eine Stunde später treffen wir auch die Venice Bridge wieder: Der Containerriese ist vor uns in die Miraflores-Schleuse gefahren, die das letzte Hindernis vor dem Pazifik darstellt. Auch für uns öffnen sich noch einmal 800 Tonnen schwere Schleusentore, noch einmal nehmen uns vier kräftige Zahnrad-Loks an den Haken. Dann strömen unzählige Hektoliter Süßwasser gurgelnd Richtung Pazifik, damit wir um knapp 17 Meter hinabklettern können. Das Ganze dauert etwa 40 Minuten.

Hinter der Puente de las Américas, der ältesten Kanalbrücke, ist die Passage fast geschafft. An Backbord rückt die Skyline von Panama City ins Blickfeld. Sie wirkt jetzt fast mächtiger als die von New York. „Spüren Sie die frische Brise?", fragt ein Crew-Mitglied. „Das ist schon der Pazifik." Und tatsächlich: Den Unterschied zur Karibik kann man jetzt sogar riechen. ■

BERÜHMTE KANALPASSAGEN

Kanal von Korinth

Schon vor 2.600 Jahren dachten die Griechen darüber nach, wie sie sich die 400 Kilometer rund um den Peloponnes ersparen könnten. 67 nach Christus soll Roms Kaiser Nero mit einem goldenen Spaten die Baustelle eröffnet haben. Bald darauf verstarb Nero, und die Nachfolger stellten das kostspielige Projekt ein. 1881 bis 1893 wurde der 6,3 Kilometer lange und 21 bis 24 Meter breite Kanal gebaut. Bis zu 84 Meter tief wurde gegraben.

Suezkanal

Auch der Suezkanal ist keine Erfindung der Neuzeit. Im 14. Jahrhundert vor Christus ließen Ägyptens Herrscher Verbindungen vom Nil zum Roten Meer graben. Auch Louis XIV. und Napoleon reizte der Gedanke, mit einem Kanal den Seeweg nach Indien abzukürzen. 1859 hatte Ferdinand de Lesseps genug Investoren gefunden, um mit dem Bau des 162,5 Kilometer langen Kanals zu beginnen. 1869 wurde er eingeweiht. 125.000 der 1,5 Millionen Arbeiter starben während der Bauzeit (vorwiegend an Cholera).

Nord-Ostsee-Kanal

1887 legte Kaiser Wilhelm I. in Kiel den Grundstein für den Bau eines Kanals zwischen Ostsee und Nordsee. 1895 konnte Wilhelm II. den knapp 99 Kilometer langen Wasserweg eröffnen. Bis zu 8.900 Arbeiter hatten in acht Jahren circa 80 Millionen Tonnen Erdreich bewegt. Erstaunlich: Die Kosten blieben exakt bei den anfangs kalkulierten 156 Millionen Goldmark. 1948 wurde der Kaiser-Wilhelm-Kanal in Nord-Ostsee-Kanal umbenannt.

FOTOS: H. Retzlaff (3), Hapag-Lloyd (1), Mauritius/World Pictures (1), Bildagentur Huber/Gräfenhain (1)

Karibik – Ziel der Sehnsucht

Mit der NKL Träume erleben

Reiselustige können mit ein bisschen Glück mit der NKL die Welt erkunden – auf Flugreisen in ferne Länder oder auf den sieben Weltmeeren

Auf der Wunschliste der Deutschen stehen Reisen ganz oben. Bei einer Emnid-Umfrage der NKL Nordwestdeutsche Klassenlotterie zum Thema Träume gab fast jeder zehnte Deutsche an, dass eine große Reise neben dem eigenen Haus der größte Lebenstraum ist, den man für Geld kaufen kann. Und die NKL erfüllt diesen Traum, so wie viele andere Träume auch.

Im Gewinnangebot der NKL finden sich neben Geldgewinnen auch zahlreiche Sachgewinne. In der am 1. April 2007 beginnenden 118. Lotterie, die bis zum 30. September 2007 läuft, geht es beispielsweise um über 700 Sachgewinne im Gesamtwert von 22,5 Millionen Euro. In der Ziehung am 6. April

MS Deutschland – das Traumschiff

Träume wahr werden lassen

2007 sind 150 Traumreisen im Gesamtwert von 750.000 Euro zu gewinnen. Außerdem gibt es einen Jackpot, der in der 118. Lotterie auf bis zu 16 Millionen Euro anwachsen kann. Damit ließe sich nicht nur eine Traumreise finanzieren.

Mit den Reisegewinnen erfüllt die NKL seit Einführung der Sachpreise im Jahr 1998 den Spielteilnehmern ihre Reiseträume. Seitdem gibt es in jeder Lotterie Reisen zu gewinnen. Die Traumreisen werden in Kooperation mit renommierten Reisepartnern angeboten. Zusätzlich werden auch immer wieder Kreuzfahrten ausgespielt.

Wer sich also demnächst auf einem Luxusliner wiederfinden möchte, um auf dem Sonnendeck das Rauschen des Meeres zu genießen, der kann mit einem NKL-Los seinem Glück ein bisschen auf die Sprünge helfen.

Günther Schneider, Sprecher des Vorstands der NKL

Fragen an Günther Schneider

Kreuzfahrt-Guide: Reisen Sie gern, Herr Schneider?

Günthter Schneider: Ja, sehr sogar. Wenn es meine knappe Zeit zulässt, reise ich gern in faszinierende fremde Länder.

Kreuzfahrt-Guide: Warum bietet die NKL Reisen an?

Schneider: Wir verstehen uns als die Spezialistin für die Erfüllung von kleinen und großen Träumen. In regelmäßigen Marktforschungen ermitteln wir, was sich die Menschen wünschen und wovon sie träumen. Diese Ergebnisse finden sich dann in unserem Gewinnplan im Sachgewinnspiel wieder. Hier gibt es neben Autos und Häusern auch Reisen zu gewinnen.

Kreuzfahrt-Guide: Welche Reisen bieten Sie an?

Schneider: Die Reiseträume sind so unterschiedlich wie die Spielteilnehmer. Deswegen lassen wir den Gewinnern die Freiheit, zu wählen, ob sie lieber mehrere Kurztrips machen möchten oder eine Fernreise.

Kreuzfahrt-Guide: ... oder eine Kreuzfahrt?

Schneider: Oder eine Kreuzfahrt. Wir arbeiten mit renommierten Reiseveranstaltern zusammen, die unter anderem auch Kreuzfahrten auf der MS Deutschland anbieten. Ein ganz besonders schönes Schiff.

Kreuzfahrt-Guide: Haben Sie selbst schon einmal eine Kreuzfahrt unternommen?

Schneider: Nein, bislang noch nicht. Aber das gehört definitiv zu meinen Träumen.

NKL-Traumhotline

Tel: 01805-150 300,
Internet: www.nkl.de

NKL
Wir machen Millionäre

Die Königin auf Kurs

Die Sehnsucht nach der goldenen Zeit der Kreuzfahrt scheint so groß wie nie: Die Queen Mary 2 hält die Tradition der Transatlantik-Liner wach. Wir fuhren mit – von Hamburg nach New York

VON UWE BAHN

Mehr Meer gibt es nirgendwo: Queen-Mary-Kabine mit Atlantikbalkon

Zweimal im Jahr bricht in Hamburg die Monarchie aus. Dann regiert die britische Königin die Stadt. Nein, nicht Elizabeth, sondern Mary die Zweite, die Königin der Meere. Hunderttausende bereiten ihr an der Elbe einen Staatsempfang. Die Queen Mary 2, das ist das neue Wahrzeichen der Hansestadt, der schwimmende Michel. Wenn sie spätabends unter Goldregen und bengalischen Feuern Hamburg verlässt, dann möchte die ganze Stadt am liebsten hinterherschwimmen. Oder noch besser: mitfahren. Hamburg ist für die Queen Mary 2 der Hafen der Herzen. Der Heimathafen ist das britische Southampton.

Genau dort gehe ich an Bord. Und mit mir 2.300 andere Passagiere, die sich diesen Traum erfüllen: sechs Tage mit der Queen Mary 2 über den Atlantischen Ozean nach New York. Auf der historischen Route, denn einst fuhren sie hier alle auf der Transatlantiktour, die großen Oceanliner. Die Schiffe der Hapag, des Norddeutschen Lloyd, der White Star Line oder der Cunard Line. Damals, als es noch keine Airbusse und keine Boeings gab. Nun ist es nur noch die Queen Mary 2, die diese Tradition wachhält.

FOTOS: Cunard (2)

Durch ein Spalier aus Stewards und Offizieren betreten wir das Schiff und stehen sofort in der Grand Lobby. Der Atem stockt das erste Mal: mächtige Marmorsäulen, stuckverzierte Decken, zwei riesige Freitreppen mit rotem Teppich, blank polierte Messinggeländer. Und gläserne Fahrstühle, in denen die Passagiere im gewaltigen Atrium sechs Decks hinauffahren können. Da wird so manches Grand Hotel blass.

Das Tuten des Nebelhorns verrät, dass wir abgelegt haben. Außer mir sind 400 andere Deutsche an Bord. Das Ehepaar Lausen zum Beispiel. Für Karin und ihren Ehemann Ernst ist es die erste Seereise. Die beiden kommen aus Füsing an der Schlei. In dem kleinen Dorf in Schleswig-Holstein wohnen gerade mal 300 Leute, hier an Bord ist mehr als das Zehnfache an „Einwohnern". Gebucht haben die Lausens die Reise über ihre Heimatzeitung. Für 1.490 Euro pro Person in der Innenkabine, inklusive Flug und Taxitransfer bis vor die Haustür.

Und nun sind sie auf dem Weg nach New York. So schnell werden Träume wahr. Große Trinkgelder kann die Crew von ihnen nicht erwarten. Und die Hemden und Hosen ►

Am nobelsten reist man in der Grand Duplex Suite. Hunde haben ein eigenes Revier an Deck

werden auch selbst gebügelt. „Einen Smoking haben wir nicht mitgenommen, der Anzug muss reichen. Nicht wahr?“ Ernst nickt. Holsteiner bleiben auch auf See bodenständig.

Eine Wäscherei gibt es auch. Ganz unten im Bauch des Schiffs werden alle Laken und Bettbezüge der 1.310 Kabinen gewaschen und gebügelt. Dazu die Tischdecken und Servietten aus den Restaurants. So fallen jede Woche weit über 10.000 Wäschestücke an, die Privatwäsche der Passagiere nicht mitgezählt. Die Wäscherei, das ist Chinatown. Wie auf jedem Schiff arbeiten hier nur Asiaten. Chef der Crew ist Mister Chew. Das Tageslicht sieht er genauso selten wie seine Heimat: „Ich arbeite jetzt schon seit 37 Jahren unter Deck auf Kreuzfahrtschiffen. Das ist mein Beruf, mein Leben“, erzählt der Mann aus Singapur.

Das Britannia-Restaurant hat 1.349 Plätze

Inzwischen schnuppere ich die ersten Atlantikbrisen und erkunde die Außendecks. Den Jogging-Parcours auf Deck zum Beispiel. Einmal um das Schiff herum, das sind 620 Meter, länger als eine Sportplatzrunde. Riesig ist auch das Royal Court Theatre mit über 1.000 Plätzen. Dort hat Betreuer Enrico alle deutschen Gäste versammelt. Auf seinem Schild steht „Host“, was so viel heißt wie „Gastgeber“. Dass ihn manche Gäste „Horst“ nennen, daran hat er sich gewöhnt. Von „Horst“ erfahren wir, dass heute Abend das neue Musical „Rock at the Opera“ aufgeführt wird, dass wir im Ballsaal Queen's Room lateinamerikanische Tänze lernen können und dass in der Grand Lobby ein Streichquartett spielt. Die Alternative zu all dem heißt: essen.

Im Britannia-Restaurant treffe ich die Lausens wieder. Gemeinsam nehmen wir unser Vier-Gänge-Menu ein. Wir, das sind

die Passagiere aus den einfachen Innen- und Außenkabinen. Immerhin 1.300 Gäste, die auf zwei Ebenen im Art-déco-Ambiente der zwanziger Jahre speisen. Auf der Karte steht als Hauptgang geröstete Ente à l'orange mit Haselnusskroketten und Grand-Marnier-Sauce. Die Bewohner der Suiten sitzen unter sich im Queen's Grill – das klingt zwar nach Imbiss, aber es schmeckt nicht nach Imbiss. Man tafelt dort bei Kaviar und Austern, zahlt aber auch für eine Woche in der Grand Duplex Suite 22.000 Dollar. Nächstes Mal.

Während wir die karamellisierten Birnen naschen, entspannt sich die Lage hinter den Kulissen. Küchenchef Jean-Marie Zimmermann beobachtet, wie die Kellner mit den letzten Desserts die Rolltreppen hinauf zu den Gästen fahren. Das Menu ist vollbracht: vier Gänge für über 2.000 hungrige Passagiere. „Jeden Abend werden hier 10.000 Essen von uns zubereitet und serviert", erzählt der Elsässer stolz. In der Tat eine logistische Meisterleistung.

Unsere Route von Southampton nach New York verläuft nördlicher als der Titanic-Kurs. Wer will, der kann die Geschichte jenes Untergangs auch hier an Bord nachle- ►

FOTOS: Cunard (4), U. Bahn (1)

DIE VORGÄNGERIN

Wer schon einmal in Long Beach bei Los Angeles war, kennt sie: Die **erste Queen Mary**, gebaut 1936 und bis zu ihrer Pensionierung 1967 eine Königin der Meere wie ihre Nachfolgerin, liegt dort als Hotel- und Museumsschiff an der Pier.

Auch sie war eine Gigantin: 310 Meter lang und 80.774 Bruttoregistertonnen schwer, beförderte sie bis zu 2.139 Passagiere. In ihrem Hauptrestaurant, in dem bis zu 800 Gäste speisen konnten, hätte man die Niña, die Pinta und die Santa María, also die gesamte Flotte des Kolumbus, unterbringen können. Stammgäste wie Richard Burton, Liz Taylor oder Charlton Heston ließen sich hier verwöhnen.

Und sie war schnell: 16 Jahre lang hielt sie das „Blaue Band", die Trophäe für die schnellste Überfahrt von New York nach Southampton – mit drei Tagen, 23 Stunden und 57 Minuten.

Jeden Abend werden rund 10.000 Essen serviert. In der Grand Lobby wird schon mal für die Gala trainiert. Und in der Bibliothek liest Herr Lausen in einem von 8.000 Bänden

sen. In der größten schwimmenden Bibliothek befindet sich unter den 8.000 Büchern reichlich Titanic-Literatur. Beruhigend: Die Queen Mary 2 ist dreimal so groß, und Eisberge gibt es hier auch keine. Nur die endlose Weite des Atlantischen Ozeans, der sich die ganze Woche über gnädig zeigt. Windstärke vier ist das höchste der Gefühle. Die Queen Mary 2 verzieht keine Miene. Dafür die amerikanischen Gäste. Sie treffen sich bei der täglichen Kunstauktion. Im Wintergarten auf Deck 7 kommen Ölgemälde, Aquarelle und Zeichnungen unter den Hammer. „Zum Ersten, zum Zweiten, zum Dritten!" Ein gerahmter Rembrandt-Druck wechselt für 700 Dollar den Besitzer.

Der letzte Abend an Bord ist für das Ehepaar Lausen ein ganz besonderer. Karin und Ernst wollen noch einmal heiraten. Zur Trauzeremonie versammeln sich 50 weitere Paare. Und dann erscheint der Bordprediger und ruft sie alle nacheinander auf. „Karin and Ernst Lausen!" Unter Tränen hauchen beide ein nicht ganz akzentfreies „Yes". Dazu wird eine Urkunde gereicht, die besiegelt, dass die Lausens und alle anderen ihr Eheversprechen erneuert haben. Nicht irgendwo, sondern auf der Queen Mary 2. Und die steuert dem Höhepunkt der Reise entgegen: der Ankunft in New York.

Es ist kurz nach vier Uhr morgens. Immer mehr Passagiere strömen auf das Oberdeck, reiben sich die Krümel Schlaf aus den Augen. Keiner will diesen Augenblick verpassen. Dann beginnt die spektakuläre Einfahrt. Vor uns überspannt die Verrazano-Narrows Bridge den Hudson River. Nur wenige Meter trennen den Schornstein der Queen Mary von der Brücke. Ganz knapp schiebt sich die Königin der Meere hindurch, fährt unaufhaltsam dem Ziel entgegen, lässt backbord die Freiheitsstatue liegen.

Und dann funkeln sie vor uns: die Lichter von Manhattan. Der Moment, auf den alle sechs Tage lang gewartet haben. Wir sind am Ziel: New York – die Stadt, die niemals schläft und doch gerade erst erwacht. Ein letztes Frühstück, dann nehmen wir Abschied von der Queen Mary 2. Der Trost: Es gibt ein Wiedersehen. Am 26. Juli und am 23. August 2007. Dann kommt die Königin nach Hamburg. Wohin sonst? ■

FOTOS: Cunard (1), U. Bahn (3)

DIE NEUEN HURTIGRUTEN
NORWEGEN, ARKTIS, ANTARKTIS & MEHR

Die neue große Freiheit

Die Freedom of the Seas ist nicht nur das größte Passagierschiff der Welt. Es ist auch ein Schiff der unbegrenzten Möglichkeiten. Ein amerikanischer Vorgeschmack auf die Zukunft der Kreuzfahrt

VON UWE BAHN

Eine schwimmende Stadt: Die Freedom hat Platz für 4.375 Passagiere

Udo Jürgens könnte in seiner Suite Klavier spielen. Für die Klitschkos stünde ein Boxring bereit. Und Reinhold Messner hätte extra einen Kletterfelsen. All das und noch viel mehr gibt es auf der Freedom of the Seas. Aber weder der Sänger noch der Boxer, geschweige denn der Bergsteiger, würden wohl mit dem Ozeanriesen fahren. Dafür durfte aber ich an Bord des größten Kreuzfahrtschiffes der Welt, das die Queen Mary 2 abgelöst hat – die ist nur noch die Königin der Herzen. Denn der neue Rekordhalter hat mehr Tonnage. Zwischen den 158.000 Tonnen haben die Amerikaner eine Welt geschaffen, wie es nur Amerikaner können: Las Vegas auf hoher See. Plus eine gehörige Dosis Disney.

Beginnen wir auf Deck 13, Außendeck am Heck. „Surfin' USA" dröhnt aus den Boxen, und tatsächlich surft ein Beachboy auf seinem Brett. In Bermudashorts tanzt er auf den Wellen. „Flowrider" heißt die Attraktion über zwei Decks. Pro Minute werden 129 Kubikmeter Wasser von Deck 12 auf Deck 13 gepumpt. Das ist die perfekte Welle. Wenn man's kann. Wie der Surfprofi, der es für die Passagiere demonstriert. Kein Gramm Fett steht hier auf dem Brett. Einem vollschlanken Texaner würde das Sportgerät schon nach Sekunden um die Ohren fliegen – es sind vor allem Amerikaner, die mit der Freedom fahren.

FOTOS: Royal Caribbean Cruises (2)

Sie sollten an Bord eigentlich auch Ski fahren können: Ursprünglich sollte über die gesamte Länge des Schiffs eine Skipiste gehen, auf immerhin mehr als 300 Metern. Doch die Reederei hat den Schnee erst mal auf Eis gelegt. Während sich der nächste Beachboy in die Fluten stürzt, entdecke ich die nasse Alternative: zwei gläserne Whirlpools. Sie ragen an beiden Seiten vier Meter über die Bordwand hinaus. Wer hier fast frei schwebend im Becken brodelt, hat unter sich nur noch das Meer. In 34 Metern Tiefe – möge die Aker-Finnyards-Werft bitte an dieser Stelle nicht gepfuscht haben. Mein frommer Wunsch wird erfüllt, es hält.

Zusammengeschweißt wurde das größte Kreuzfahrtschiff der Welt im finnischen Turku. Allein die Nähte entsprechen einer Länge von 1.630 Kilometern. Und mehr als doppelt so viele Elektrokabel wurden verlegt. Die brauchen sie auch, denn wie in Las Vegas glitzert und glänzt hier alles. Epizentrum des Entertainments ist die „Royal Promenade", eine Straße auf dem Schiff. Es gibt sie – ►

DAS INNENLEBEN DER FREEDOM OF THE SEAS

1 Hauptrestaurant
Das größte der zehn Restaurants an Bord – mit Platz für über 2.000 Gäste

2 Portofino
Fürs Candle-Light-Dinner: das italienische Spezialitätenrestaurant

3 Flow Rider
Künstliche Surfwelle, gespeist von 129 Kubikmetern Wasser pro Minute

4 Golf/Minigolf
Eine Neun-Loch-Anlage – nicht unbedingt für Profis, aber fürs Putten perfekt

5 Sportplatz
Basketball, Volleyball, Fußball u. v. m.

6 Kletterwand
Hinter dem Schornstein: die 13 Meter hohe Freeclimbing-Wand

7 Viking Crown Lounge
Beste Aussicht vom höchsten Punkt

8 H_2O Zone
Badespaß für alle – vor allem für Kinder

9 Pools & Whirlpools
Highlight: zwei gläserne Whirlpools, die über die Bordwand hinausragen

Die Nachfolgerin ist bereits im Bau: die Liberty of the Seas in der Werft

10 Casino
Mit 19 Spieltischen und 308 Automaten

11 Eislaufbahn
Tagsüber für Passagiere, abends für professionelle Revuen

12 Nachtclub
Eine der vielen Abendbars. Latino-Ambiente mit Mojitos, Caipirinhas usw. auf der Karte

13 Joggingpfad
Rund ums Schiff – auf Deck 11

14 Theater
Fünf Decks hoch und mit Platz für 1.350 Zuschauer. Die Bühne befindet sich im Bug des Schiffs

15 Day Spa
Zum Abschalten: Sauna, Massage, Aromatherapie, Pflegeanwendungen, Friseursalon etc.

16 Fitnesscenter
Laufbänder, Rudermaschinen, Ergometer – und sogar ein Boxring!

17 Brücke
Von hier aus steuert Kapitän William S. Wright den Giganten – per Joystick!

ich schwöre es. Wie eine Gräte durch den Fisch, so zieht sich der Boulevard durch die Mitte der Freedom. 135 Meter lang ist die Amüsiermeile. Da kann man als alter Europäer nur staunen. Unter Neonreklame flaniere ich die Straße rauf und runter. Vor dem Bull and Bear Pub bleibe ich stehen. Drinnen auf einem Hocker sitzt ein Straßenmusiker (so sieht er zumindest aus) und musiziert, als wäre er im urigsten Pub von Notting Hill. „Dirty Old Town“ für die Engländer, „Take Me Home, Country Roads“ für die Amerikaner. Dazu rauchen bärtige Männer Pfeife. Zur Erinnerung: Wir sind immer noch auf einem Schiff.

Ich schlendere weiter, vorbei an Eisdielen, Pizzabuden, Boutiquen, „Straßen“-Cafés und dem Barbier „A Clean Shave“. So ein Laden könnte auch irgendwo in Louisiana stehen. Dann kündigen Absperrungen Großes an: die Parade auf der Promenade. Über die Meile marschieren Mickymäuse, gefolgt von Kobolden auf Stelzen und anderen Phantasiewesen in bunten Kostümen. Ein amerikanisches Funkenmariechen wirft Küsschen nach links und Küsschen nach rechts. Das kennen wir doch aus dem Magic Kingdom von Orlando – Disney lässt grüßen.

Drei Arten von Kabinen kann man auf der Freedom buchen: Außenkabinen, Innenkabinen und – Kabinen zur Straße! Aus diesen Kabinen blickt man auf das Treiben auf der Royal Promenade. Natürlich sind gerade diese Unterkünfte als Erste vergriffen. ►

Für bis zu 14 Gäste: die Presidential Suite

FOTOS/ZEICHNUNG: Royal Caribbean Cruises (7)

Planschen, boxen, klettern – und abends eine Broadway Show

Während in der Karaokebar eine talentfreie Japanerin mit „My Way" den Tresen leer singt, führt die Backbordtreppe zum Broadway: Showtime im Arcadia Theater. Welch ein Kontrast. Jeder, der hier auf der Bühne steht, hat das Zeug zu einer internationalen Karriere. Alle 1.350 Plätze sind belegt. Zwei Decks tiefer die nächste Show: eine Eisrevue. Das Eisstadion im Bauch des Schiffs gehört längst zum Standard dieser Reederei. Tagsüber können hier die Passagiere ihre Kreise drehen. Am Abend folgt die Show der Profis, ein Hauch von „Holiday on Ice". Zehn Eisläufer sind auf dem Schiff fest angestellt.

Natürlich darf das Casino nicht fehlen. Es hat Las-Vegas-Maße: An 19 Spieltischen kann man sein Reisebudget verzocken. Oder an 308 einarmigen Banditen und anderen Münzautomaten. Ganz andere Geräte stehen auf Deck 11 im Shipshape Fitness Center, einem Dorado für Ausdauer- und Kraftsportler. Und zwischen Laufbändern, Ergometern und Rudermaschinen steht der Boxring. Hier kann man linke Haken und rechte Geraden trainieren, alternativ auch am Punchingball oder an Sandsäcken – die beste Voraussetzung für die Schlacht am kalten Buffet. Zehn Restaurants gibt es an Bord, das größte mit über 2.000 Plätzen, verteilt auf drei Decks. Wer individuelles Reisen liebt, gerät hier in eine Krise. Wer auf das Motto „There's no business like show business" schwört, will nie wieder an Land.

Wenn die schwimmende Stadt die Zukunft der Kreuzfahrt ist, dann pendelt diese zwischen Traum und Alptraum. In Turku wurden die Nachfolger der Freedom bereits auf Kiel gelegt. 2009 wird die Genesis-Klasse erstmals die 200.000 Tonnen überschreiten. Mit neuen Ideen und neuen Superlativen. Und die Amerikaner werden in den nächsten Jahren alles von Land auf See holen. Bis auf Udo Jürgens, die Klitschkos und Reinhold Messner. ■

There's no business like show business ...

FOTOS: Royal Caribbean Cruises (5)

Gruppenbild: die Besatzung der Astor

Das globale Dorf

250 Frauen und Männer aus 22 Nationen arbeiten und leben auf der Astor. Wie vertragen sich Menschen mit unterschiedlichen Sprachen und kulturellen Hintergründen auf so engem Raum?

20 Köche für bis zu 1.770 Mahlzeiten

250 FRAUEN UND MÄNNER BESATZUNG

250 bis 280 Menschen arbeiten und leben auf der Astor. Gut ein Drittel davon bildet die nautische Besatzung, das heißt Offiziere, Maschinisten, Techniker und Matrosen. Die anderen zwei Drittel sind Servicepersonal, also Hotel- und Gastronomie-Manager, Reiseleiter, Köche, Reinigungspersonal und so weiter.

22 NATIONEN

Das Personal der Astor stammt aus 22 Nationen. Den größten Anteil stellen die Ukrainer, darunter auch den Kapitän und die Offiziere. Die meisten wurden an der Marineakademie in Odessa ausgebildet. Die Hochschule genießt

In der Gemüseabteilung des Lagerraums

Die Offiziere stammen aus der Ukraine

weltweit einen erstklassigen Ruf. Die meisten Seeleute – rund ein Viertel der Besatzung – stammen von den Philippinen. Die leitenden Positionen in der Hotellerie, der Gastronomie und der Reiseleitung sind überwiegend mit Österreichern und Deutschen besetzt. Als Servicepersonal werden gern gut ausgebildete Damen und Herren aus Ungarn, Tschechien und den baltischen Staaten engagiert. Der Rest der Mannschaft kommt aus aller Herren Ländern.

1.000 Euro Lohn

Servicekäfte wie Kellner oder Kabinenstewardessen erhalten auf der Astor circa 1.000 Euro Heuer im Monat. Die meisten stammen aus Osteuropa und verdienen auf dem Schiff viermal so viel wie in ihrer Heimat. Weil Kost und Logis frei sind und so gut wie keine Steuern anfallen, sparen die meisten einen Großteil ihres Einkommens. Bewerbungen von Deutschen um diese Jobs sind laut Management äußerst selten.

6 Monate Vertragslaufzeit

Die meisten Crewmitglieder auf fast allen Kreuzfahrtschiffen werden nicht direkt von der Reederei, sondern von einer spezialisierten Personalagentur auf Zypern angeheuert. Die Regel sind Verträge über sechs Monate, dann folgen drei Monate Pause, dann wieder sechs Monate auf dem Schiff.

FOTOS: H. Retzlaff (3), C.-P. Haller (1)

60 Stunden pro Woche

An Bord gibt es kein Wochenende und auch keine Feiertage. Jedes Besatzungsmitglied arbeitet täglich acht bis neun Stunden. „Staff Members" haben Einzelkabinen, „Crew"-Mitglieder schlafen in Doppelzimmern. Auch wenn die Besatzung die Erlaubnis hat, die Lebenspartner für jeweils 14 Tage mitzunehmen: Erfahrungsgemäß ist der Job auf der Astor nur schwer mit der Ehe daheim zu vereinbaren.

20 Köche

Weißwurst und Brezeln bei der Panamapassage, Kasseler in der Karibik, Eisbein in der Antarktis – die bis zu 590 Passagiere der Astor sind exotischen kulinarischen Exkursionen zwar nicht abgeneigt, lieben aber bewährte deutsche Küchenklassiker. 20 Köche kochen, backen und braten rund um die Uhr in der heißen Küche.

2 Särge

Die Astor hat stets zwei Särge an Bord. Im Todesfall wird der Leichnam dann im Sarg in der Kühlkammer des Schiffs gelagert, bis geklärt ist, von welchem der nächsten Häfen aus die Rückführung stattfinden kann.

2 Weihnachtsfeste

Weil ein Großteil der Mannschaft aus der Ukraine stammt und orthodoxen Glaubens ist, wird an Bord der Astor gleich zweimal Weihnachten gefeiert: zunächst vom 24. bis zum 26. Dezember und dann noch einmal am 6. Januar.

1 Pastor

Zur Besatzung der Astor gehört auch ein Pastor. Meist ist dies ein pensionierter Geistlicher, der von der Kirche für seine langjährige Arbeit als Seelsorger belohnt wird. Außerdem auf Einladung an Bord: ein Arzt, eine Krankenschwester, ein Lektor (informiert über das Fahrgebiet) und eine Lehrerin (erteilt der Crew Sprachunterricht).

1 Schlüssel

Nur der Proviantmeister hat den Schlüssel zum Weinkeller. Auf See herrschen traditionell strenge Sitten: Fehlt etwas Hochprozentiges, haftet der Proviantmeister persönlich.

0 Pardon

Wird ein Besatzungsmitglied beim Diebstahl oder beim Drogenkonsum erwischt, erfolgt die fristlose Kündigung, und der/die Betroffene muss im nächsten Hafen von Bord gehen. Auch bei gewalttägigen Streitigkeiten innerhalb der Besatzung kennen die Offiziere kein Pardon.

Festlich-elegant: der Kapitänsempfang

Fettnäpfchen zur See

Das falsche Kleid im Koffer, die Bordkarte vergessen, die Essenszeit verpasst? Ein kleiner Knigge für Kreuzfahrtneulinge

☞ Dresscodes – was wird wann getragen?

Falls dies Ihre größte Sorge ist: Smoking und lange Robe werden nur noch auf wenigen Schiffen erwartet – ein dunkler Anzug und ein festliches Kleid tun es auch. Das gilt auch für „festlich-elegante“ oder „formelle“ Galaabende. An anderen Abenden wird, je nach Schiff, ein Jackett mit oder ohne Krawatte sowie ein Kleid, ein Kostüm oder ein Hosenanzug erwartet („sportlich-elegant“) – oder einfach nur korrekte Freizeitkleidung. Wenn „casual“ oder „informell“ im Tagesprogramm steht, geht es auch ohne Jackett. Viele Reedereien verzichten inzwischen aber auch ganz auf Dresscodes. Grundsätzlich sollte dennoch gelten: T-Shirts, kurze Hosen und Bauchfreies sind im Restaurant fehl am Platz.

☞ Captain's Table – für wen ist der?

Wenn es den Kapitänstisch gibt: Man setzt sich nicht ohne Einladung hinzu. In aller Regel wählt der Cruise Director jeden Abend die Gäste für die Kapitänsrunde aus.

☞ Trinkgelder – gibt es feste Regeln?

Falls Trinkgelder nicht ausdrücklich im Reisepreis enthalten sind, sollte man gegen Ende der Reise Kellnern und Kabinenstewards Trinkgelder hinterlassen. Über die Höhe entscheidet man je nach Zufriedenheit mit dem Service.

FOTOS: Visum/R. Niemzig (1), AIDA (1)

☞ Im Restaurant – wo will ich sitzen?

Auf den meisten Schiffen sind feste Restaurantplätze mit gleichbleibenden Tischnachbarn (noch) die Regel. Wer wo sitzt, wird am ersten Abend vom Maître festgelegt – natürlich unter Berücksichtigung individueller Wünsche. Je nach Größe des Schiffs wird zu einer oder zu zwei „Tischzeiten“ gespeist. Auf Clubschiffen (AIDA) oder Freestyle-Schiffen (zum Beispiel Norwegian Cruise Line) sind die Essenszeiten frei wählbar.

☞ Safety Drill – muss ich da mitmachen?

Klare Antwort: auf jeden Fall. Die Seenotübung, meist am ersten Reisetag abgehalten, ist internationale Vorschrift. Und meistens durchaus kurzweilig: Sie dauert nicht lange – und ins Wasser muss niemand.

☞ Landgänge – was muss ich beachten?

Vor allem dass die Liegezeiten Ihres Schiffs definitiv sind: Wer nicht spätestens eine halbe Stunde vor dem Auslaufen wieder an Bord ist, riskiert, dass das Schiff ohne ihn fährt. Und zweitens: niemals ohne Bordkarte das Schiff verlassen. Sie ist der Passersatz, die Eintrittskarte fürs Schiff – und oft auch der Kabinenschlüssel.

An Bord

Über 280 Kreuzfahrtschiffe befahren derzeit die Meere. Sie sind luxuriös oder sportlich, bieten Fun oder Kultur, fahren ins Eis oder in die Tropen. Wie soll man da das Schiff auswählen, das zu einem passt? 53 Schiffsporträts – zu Ihrer Orientierung

Sich verwöhnen lassen:
Frühstück auf dem Balkon

Spaß haben: Party
auf hoher See

Sport treiben:
Gymnastik an Deck

Abenteuer erleben:
Anlandung mit Zodiacs

Die Qual der Wahl

Welches Schiff passt zu Ihnen? Mit 53 Schiffsporträts möchten wir Ihnen die Auswahl erleichtern – so sind sie aufgebaut

VON JOHANNES BOHMANN

Kreuzfahrten sind: erstens exklusiv, zweitens teuer und drittens nur etwas für alte Leute. So jedenfalls lauten die Vorurteile – aber die sind längst Schnee von gestern. Mittlerweile nämlich gilt: Wer einen Urlaub auf dem Wasser erleben will, kann nicht nur aus einer riesigen Palette von Möglichkeiten auswählen – vom spaßorientierten Clubschiff über die sportliche Segelyacht bis zum noblen Luxuskreuzer –, sondern auch für kleines Geld an Bord gehen: Schon für weniger als 100 Euro pro Tag kann man heute eine Kreuzfahrt buchen. Zwar wird man dafür mit einer Innenkabine vorlieb nehmen müssen, doch darf man nicht vergessen: Kreuzfahrten sind All-inclusive-Reisen, bei denen alle Mahlzeiten an Bord inbegriffen sind.

Die Kosten also: Sie sind eines der Kriterien, bei denen die folgenden Seiten Orientierung bieten sollen. Bei allen 53 vorgestellten Seeschiffen werden die Mindest-, die Höchst- und möglichst auch die Durchschnittspreise pro Tag und Person genannt, basierend auf den reinen Passagepreisen ohne An- und Abreise sowie allen Extras, zu denen in der Regel auch die Landausflüge zählen. Die Angaben beruhen (wie die zu den ausgewählten Reisen 2007) auf den Auskünften der Reedereien; wo „k. A." (keine Angaben) vermerkt ist, war die entsprechende Information nicht erhältlich.

Warum diese 53 Schiffe? Die Auswahl folgt der Perspektive des deutschsprachigen Markts: Sie umfasst die Schiffe, die in Deutschland, Österreich und der Schweiz am bekanntesten sind. Weil sie von deutschen (oder anderen europäischen) Reedereien betrieben werden, weil an Bord (auch) Deutsch gesprochen wird oder weil sie im Jahr 2007 hauptsächlich in europäischen Häfen anzutreffen sind. Die großen US-Reedereien, deren Schiffe oft nur in der Karibik verkehren, sind dagegen (nur) mit wenigstens einem ihrer Schiffe vertreten.

Ein anderes, vielleicht sogar wichtigeres Kriterium ist: Welchen Kreuzfahrtstil verkörpert das jeweilige Schiff? Zumindest grob lassen sich sechs Typen unterscheiden:

1. Als „Luxusschiffe" bezeichnen wir jene Schiffe, auf denen die Kreuzfahrt auch ein gehobenes gesellschaftliches Ereignis ist und sein soll, mit Kapitänsempfängen, festlicher Robe, besonderer Gastronomie – und einem entsprechenden Preisniveau.

2. Fast das Gegenteil davon sind die „Fun-" oder „Clubschiffe", wie sie hierzulande unter dem Logo des AIDA-Kussmunds salonfähig wurden: Schiffe, auf denen Sport und Spaß im Vordergrund stehen, auf denen das Publikum jünger ist und auf denen Singles sich ebenso wohlfühlen wie Familien mit Kindern. Mangels besserer Zuordnung haben wir die Color Fantasy hier mit eingereiht, die aber auch in anderer Hinsicht ein Zwitter ist: Sie ist das einzige der hier vorgestellten Schiffe, das zugleich als Autofähre Dienst tut. ►

FOTOS: Princess Cruises (1), Uwe Bahn (1), Royal Caribbean International (1), Hapag Lloyd (1)

LUXUSSCHIFFE
Crystal Serenity, Deutschland (Foto), Europa, Seabourn Legend, SeaDream I, SeaDream II, Seven Seas Voyager, Silver Shadow, Silver Whisper

FUN- UND CLUBSCHIFFE
AIDAaura, AIDAcara, AIDAvita, AIDAdiva, Carnival Liberty (Foto), Color Fantasy, Constellation, Disney Magic, Freedom of the Seas, Norwegian Jewel, Voyager of the Seas

KLASSIKER
Amadea, Astor, Astoria, Columbus, Costa Classica (Foto), Costa Concordia, Delphin, Delphin Voyager, Golden Princess, Maxim Gorki, MSC Musica, Noordam, Queen Elizabeth 2, Queen Mary 2

3. Solide – sowohl auf die Preise als auch auf den Service und das Ambiente bezogen – sind die „Klassiker". Dazu gehören die Astor und die Astoria von Transocean ebenso wie die italienischen Costa-Schiffe – aber auch die Cunard-Liner Queen Elizabeth 2 und Queen Mary 2 an der Grenze zur Luxusklasse.

4. Für Abenteuerlustige sind die „Expeditionsschiffe" gemacht. Sie fahren ins Eis oder den Amazonas hinauf, sie bieten Fachvorträge statt Discozauber – und überraschen mit exotischen Anlandungen in Zodiac-Booten.

5. Als „Einsteigerschiffe" bezeichnen wir Schiffe, die vor allem preislich überzeugen – unter ihnen auch das zurzeit vielleicht schrillste Schiff, die easyCruise One. Auf ihr reist man zu Jugendherbergspreisen in die Karibik oder an die Côte d'Azur – mit im Schnitt 33 Jahre alten Mitreisenden.

6. Last but not least die „Segelschiffe" – ein Begriff, der sich selbst erklärt. Je nach Profil sind die Grenzen zu „Klassikern", „Luxusschiffen" oder „Clubschiffen" fließend.

So weit – so vordergründig? Natürlich muss man jedes Schiff noch viel genauer betrachten. Und deshalb haben wir alle Porträts mit einem „Profil" versehen, zu finden jeweils rechts unten auf den Seiten. Dort ►

FRÖHLING
VERREISEN SIE STETS
MIT ROBUSTEM GEPÄCK.
EVERY CASE TELLS A STORY.
RIMOWA

EXPEDITIONSSCHIFFE
Alexander von Humboldt, Bremen (Foto), Hanseatic, Marco Polo, Midnatsol, Nordnorge

EINSTEIGERSCHIFFE
Albatros, Arielle, easyCruise One, MSC Lirica, Paloma, Sapphire, Vistamar (Foto)

SEGELSCHIFFE
Club Med II, Royal Clipper (Foto), Star Clipper, Star Flyer, Sea Cloud, Sea Cloud II

werden in fünf Kategorien jeweils bis zu fünf Punkte („Anker") vergeben: 1. für das Sport- und Wellnessangebot; 2. für Entertainment und Infotainment (Vorträge, Kurse et cetera); 3. für das Niveau der Bordgastronomie; 4. für die Familienfreundlichkeit, das heißt die Einrichtungen für Kinder und Jugendliche; 5. für die Serviceleistungen – von der Kabine bis zu den Bars, den Restaurants und der Touristik.

Diese Aufteilung haben wir bewusst anstelle einer Gesamtbeurteilung nach Sternen oder Ähnlichem gewählt. Denn sie ermöglicht die individuelle Auswahl desjenigen Schiffes, das wirklich am besten zu Ihnen passt. Legen Sie zum Beispiel wert auf Spitzenleistungen in der Gastronomie, dann bieten sich Schiffe mit ganz unterschiedlichen Profilen an, von den intimen SeaDream-Yachten über klassische Traumschiffe wie die Europa oder die Deutschland bis hin zu den Sea-Cloud-Seglern. Wollen Sie aber sichergehen, dass auch Ihre Kinder mitreisen können, ohne sich zu langweilen, dann kommt unter den genannten Schiffen eigentlich nur die Europa in Frage.

Die wir übrigens, wie alle anderen Schiffe, nicht mit dem Kürzel „MS" für „Motorschiff" versehen haben. Die Auffindbarkeit nach dem Alphabet ist so besser gegeben.

Die AIDAvita ist baugleich mit der AIDAaura

AIDAaura & AIDAvita

Noch mehr Spaß im Zeichen des Kussmunds: Die baugleichen Schwestern setzen den Clubschiff-Trend konsequent fort

Die beiden baugleichen Schiffe sind die AIDAs der zweiten Generation. Auf ihnen wurde das Clubschiff-Konzept noch stärker umgesetzt. Beliebtester Treffpunkt ist – wie auf der AIDAcara auch – die AIDA-Bar auf Deck 8. Die sternförmige Anordnung des Tresens erleichtert den Kontakt der Gäste untereinander. Der Flirtfaktor ist hier besonders hoch. Im Heck der Schiffe treffen sich die Partygänger auf Deck 10 in der Anytime Bar, der stimmungsvollen Borddisco. Als Ergänzung zum Büffet im Markt- und im Calypso-Restaurant lässt es sich im Gourmetrestaurant Rossini vorzüglich speisen. Für das sterneverdächtige Menü müssen Passagiere 18 Euro extra bezahlen.

Blaue Stunde in der Anytime Bar

Fahrgebiete 2007

Die **AIDAaura** reist bis Ende März in Mittelamerika zwischen Jamaica, Kolumbien, Panama, Costa Rica, Belize, Honduras, Cozumel und Grand Cayman, bevor das Schiff den Atlantik nach Mallorca überquert. Von Palma geht es dann über Lissabon und Le Havre zum sommerlichen Basishafen Warnemünde. Dort startet das Schiff zu verschiedenen Ostseereisen bis Anfang September. Den Herbst verbringt es im Mittelmeer, u. a. in Barcelona, Rom, Valletta, Tunis und Cannes.

Die **AIDAvita** fährt bis Anfang April in der Karibik (von der Dominikanischen Republik aus u. a. nach Grenada, Trinidad, Tortola und zur Isla Margarita). Von dort aus geht es dann auf der Transatlantikreise nach Mallorca, danach über Barcelona, Cádiz, Lissabon und Le Havre zum erstmaligen Basishafen Hamburg. Ab dort führt die Route zwischen Mai und September elfmal ins Nordland zu Zielen wie Bergen, dem Geirangerfjord, Oslo, dem Eidfjord und Ulvik. Ende September fährt das Schiff ins westliche Mittelmeer, um im November wieder Kurs auf die Karibik zu nehmen.

Ausgewählte Reisen

OSTSEE MIT AIDAaura

Rundreise ab Warnemünde

Zwischen dem 9.5. und dem 27.8. bricht das Schiff elfmal von Warnemünde in die Ostsee auf, mit Stopps u. a. in Tallinn, St. Petersburg, Helsinki und Stockholm. Die alte Hansestadt Danzig und Kopenhagen runden die Reise ab, bevor das Schiff wieder in Warnemünde einläuft. **10 Tage; ab € 1.395 ab/bis Hafen**

TRANSATLANTIK MIT AIDAvita

Von Mallorca in die Karibik

Am 9.11. startet die Atlantiküberquerung in Palma de Mallorca, mit Stopps in Cádiz und auf Madeira. Nach fünf Seetagen Ankunft in Barbados. Über Grenada geht es weiter zur Isla Margarita und am 24.11. zum Basishafen Ocho Rios auf Jamaika. **15 Tage; ab € 1.690, plus € 690 für An-/Abreisepaket**

DATEN & FAKTEN

BRZ	42.289	**Bordsprache**	Deutsch
Länge	202,00 m	**Kabinen**	633 (422 außen, 211 innen), davon 60 mit Balkon, 2 Suiten
Breite	28,10 m		
Tiefgang	6,20 m		
Indienststellung	2002/03	**Passagierdecks**	12
Passagiere	max. 1.266	**Restaurants**	3
Crew-Mitglieder	418	**Bars**	5

Sport & Wellness	Pool, Golf, Basketball, Volleyball, Jogging, Tauchen, Biken, Fitnessgeräte, Fitnesskurse, Tischtennis
Info-/Entertainment	im Theater täglich wechselnde Vorstellungen des AIDA Showensembles, Poolpartys, Livebands, DJ, Disco
Dresscode	leger, sportlich-elegant
Info	AIDA Cruises, Rostock Tel. 01803 18 22 22-00 www.aida.de
Preis pro Tag	**€ 140 bis € 200** **Durchschnitt € 190**

PROFIL

Info-/Entertainment	⚓⚓⚓⚓⚓
Sport & Wellness	⚓⚓⚓⚓⚓
Gastronomie	⚓⚓⚓⚓
Familienfreundlichkeit	⚓⚓⚓⚓
Service	⚓⚓⚓

Markenzeichen: der Kussmund

AIDAcara

Pionier der Clubschiff-Flotte: lockerer, jünger, sportiver

Mit diesem Schiff begann 1996 die Erfolgsgeschichte der deutschen AIDA-Clubschiffe. Damals hieß es nur AIDA, nach dem Bau der weiteren Schiffe bekam es den Zusatz „cara". Auf der Ur-AIDA wurde das Konzept, das noch heute gilt, zuerst umgesetzt: kein Dresscode, kein Captain's Dinner, keine festen Tischzeiten. Stattdessen die neue Lockerheit auf See, es wurde und wird sich größtenteils geduzt. Das Durchschnittsalter ist deutlich niedriger als auf klassischen Kreuzfahrern. Die AIDAcara ist jetzt das kleinste Schiff der Flotte, baulich unterscheidet sie sich etwas von den Nachfolgern. Auch mit dem großzügigen Wellness- und Fitness-Bereich setzte die AIDAcara Trends: Kreuzfahrten wurden sportiver.

Eine Außenkabine und abendliches Buffet

AIDAcara

Fahrgebiete 2007

Im Frühjahr nimmt die AIDAcara erstmals Kurs auf die Scheichtümer am Arabischen Golf. Vom Ausgangspunkt Dubai aus werden auf Siebentagestörns Bahrain, Abu Dhabi, Fujairah und das Sultanat Oman besucht. Vom 2.3. bis zum 11.5. ist das Schiff dann im westlichen Mittelmeer unterwegs: Die siebentägigen Reisen ab Palma de Mallorca führen nach Barcelona, Tunis, Malta und Sizilien. Von Mallorca geht es dann nach Kreta, wo ab dem 18. Mai die siebentägigen Fahrten durchs östliche Mittelmeer starten. Bis zum 26. Oktober werden dann im wöchentlich wechselnden Rhythmus Destinationen wie Istanbul, Mykonos, Port Said/Ägypten, Limassol/Zypern, Rhodos und Marmaris/Türkei angesteuert. Ab dem 26.10. begibt sich die AIDAcara wieder auf die Reise nach Dubai, um dort den Jahreswechsel zu feiern.

Ausgewählte Reisen

MITTELMEER

Von Mallorca nach Kreta

Die Reise beginnt am 11.5. in Palma de Mallorca. Nach einem Seetag ist die erste Destination La Goulette/Tunis, wo u. a. das Künstlerdorf Sidi Bou Said besucht werden kann. Dann geht es weiter nach Valletta/Malta und nach Catania/Sizilien. Nach einem weiteren Seetag folgt Piräus, der Hafen Athens, danach Heraklion auf Kreta, wo die Reise am 18.5. endet. **7 Tage; ab € 1.095, plus € 320 für An-/Abreisepaket**

DURCH DEN SUEZKANAL

Von Mallorca nach Sharm el Sheikh

Im Herbst startet die AIDAcara von Mallorca aus in Richtung Orient. Die Reise beginnt am 16.11. in Palma und führt nach acht Tagen mit Stopps in Malta und Heraklion/Kreta durch den Suezkanal bis nach Adabya und ins Rote Meer. Am 24.11. endet sie in Sharm el Sheikh auf der Sinai-Halbinsel. **8 Tage; ab € 740, plus € 360 für An-/Abreisepaket**

DATEN & FAKTEN

BRZ	38.557	**Bordsprache**	Deutsch
Länge	193,30 m	**Kabinen**	590 (328 außen, 202 innen), davon 44 mit Balkon, 16 Suiten
Breite	27,60 m		
Tiefgang	6,00 m		
Indienststellung	1996	**Passagierdecks**	11
Passagiere	max. 1.180	**Restaurants**	3
Crew-Mitglieder	370	**Bars**	4

Sportangebot	Pool, Golf, Fitnesscenter/-kurse, Basketball, Volleyball, Jogging, Tauchen, Biken; für Landausflüge sind 40 Mountainbikes an Bord
Entertainment	Theater mit täglich wechselnden Vorstellungen des AIDA Show-Ensembles, Poolpartys, Livebands, DJ
Dresscode	leger, sportlich-elegant
Info	AIDA Cruises, Rostock Tel. 01803 18 22 22-00 www.aida.de
Preis pro Tag	**€ 140 bis € 200** **Durchschnitt € 190**

PROFIL

Entertainment	⚓⚓⚓⚓⚓
Sport & Wellness	⚓⚓⚓⚓
Gastronomie	⚓⚓⚓⚓
Familienfreundlichkeit	⚓⚓⚓⚓
Service	⚓⚓⚓

Das neue Flaggschiff im Modell

AIDAdiva

Aufbruch in eine neue Kreuzfahrtepoche: Die AIDAdiva ist das erste deutsche Schiff für mehr als 2.000 Passagiere

Gespannt wartet man auf die AIDAdiva, die momentan noch in der Meyer-Werft in Papenburg liegt. Am 20. April 2007 wird sie in Hamburg getauft, zehn Tage später läuft sie von dort zu ihrer Jungfernfahrt nach Mallorca aus (bis 11.5.). Mit der AIDAdiva beginnt eine neue Clubschiff-Epoche. Zentraler Anlaufpunkt auf dem Schiff ist das sich über drei Decks erstreckende Theatrium; für viel Tageslicht sorgen die beiden Glasfronten an den Seiten. Ein zweites Open-Air-Amphitheater befindet sich auf dem neuen Pooldeck. Außer aufs Entertainment setzt AIDA auch bei diesem Schiff verstärkt auf Fitness und Wellness. Der 2.000 Quadratmeter große Bereich hat ein gläsernes Dach, das bei schönem Wetter geöffnet wird. Wie schon auf der (verkauften) **AIDAblu** gibt es auf dem neuen Clubschiff ein Casino. Amerika lässt grüßen! Mehr Komfort bieten auch die Unterkünfte: Fast die Hälfte der Kabinen hat einen Balkon.

Fahrgebiete 2007

Nach der Jungfernreise fährt das Schiff von Palma aus ab dem 11.5. (bis zum 21.9.) auf zwei wöchentlich wechselnden Routen im westlichen Mittelmeer, unter anderem nach Rom, Korsika, Tunis, Neapel und Barcelona. Im September reist es weiter zu den Kanaren, wo es bis Frühjahr 2008 auf diversen Routen Madeira, La Palma, Fuerteventura, Lanzarote, Gran Canaria und Teneriffa besucht.

Modell des Rossini-Restaurants

Eine von insgesamt elf Bars (Modell)

Ausgewählte Reisen

WESTLICHES MITTELMEER

Rundreise ab Mallorca

Start jeweils freitags zwischen dem 11.5. und dem 21.9. ab Palma. Nach einem Seetag Stopp in Civitavecchia/Rom, von dort weiter nach Livorno und Cannes. Als Besonderheit folgt ein zweitägiger Aufenthalt in Barcelona, am letzten Tag Rückreise nach Palma de Mallorca. **7 Tage; ab € 995, plus € 290 für An-/Abreisepaket**

KANAREN UND MADEIRA

Rundreise ab Teneriffa

Vom Basishafen Santa Cruz/Teneriffa an diversen Terminen ab September. Zunächst Fahrt nach Funchal auf Madeira; von dort zu den Kanareninseln La Palma, Fuerteventura, Lanzarote und Gran Canaria, anschließend Rückkehr nach Santa Cruz/Teneriffa. **7 Tage; ab € 720, plus € 390 für An-/Abreisepaket**

DATEN & FAKTEN

BRZ	68.500	**Bordsprache**	Deutsch
Länge	252,00 m	**Kabinen**	1.025 (666 außen, 359 innen), davon 457 mit Balkon, 18 Suiten
Breite	32,20 m		
Tiefgang	7,30 m		
Indienststellung	2007	**Passagierdecks**	14
Passagiere	max. 2.050	**Restaurants**	7
Crew-Mitglieder	646	**Bars**	11

Sport & Wellness	Pool, Golf, Basketball, Volleyball, Jogging, Tauchen, Biken, Fitnessgeräte, Fitnesskurse, Tischtennis
Info-/Entertainment	im Theatrium täglich wechselnde Vorstellungen des AIDA Showensembles, Poolpartys, Livebands, DJ, Disco
Dresscode	leger, sportlich elegant
Info	AIDA Cruises, Rostock Tel. 01803 18 22 22-00 www.aida.de
Preis pro Tag	**€ 140 bis € 200** **Durchschnitt € 190**

PROFIL

Info-/Entertainment	Bewertung noch nicht möglich
Sport & Wellness	
Gastronomie	
Familienfreundlichkeit	
Service	

Auf hoher See

Albatros

Einst warb sie mit dem Slogan „Eine Klasse über der ersten Klasse", heute ist sie ein Wohlfühlschiff mit lockerer Atmosphäre

Als Royal Viking Sea gehörte sie mit ihren Schwestern zu den besten Kreuzfahrtschiffen der Welt. Die weitläufigen Außendecks, die geräumigen Kabinen (davon viele mit Badewanne) und den großzügigen Swimmingpool genießen die Passagiere nach wie vor. Allerdings ohne die Etikette von einst – „leger und ungezwungen", so lautet heute die Maxime an Bord. Das Restaurant bietet genug Platz für alle Passagiere, Frühstück und Lunch kann man wahlweise auch auf dem Lido-Deck einnehmen. Der kleine Hunger zwischendurch lässt sich in der bordeigenen Pizzeria stillen. Im Übrigen pflegt man die klassischen Kreuzfahrttraditionen – die heiße Bouillon an Seetagen ebenso wie das Galabüffet „Magnifique".

Entspannt: blaue Stunde an Bord

Fahrgebiete 2007

Zum neuen Jahr bereist die Albatros von Monte Carlo aus die Attraktionen des Orients (durch den Suez-Kanal nach Dubai). Danach geht es weiter nach Indien, Fernost, Indochina und ins Reich der Mitte. Durch die Inselwelt des Indischen und des Pazifischen Ozeans führt die Reise nach Australien, Neuseeland und zu den Atollen der Südsee. Um die Osterzeit kreuzt das Schiff zwischen Pazifik und Atlantik und durchfährt den Panamakanal. Von der Karibik geht es über den Atlantik nach Bremerhaven. Liebhaber des Nordmeers und des Baltikums kommen im Sommer auf zahlreichen Reisen nach Norwegen, Island, Spitzbergen und zur Ostsee auf ihre Kosten. Im Herbst kreuzt das Schiff im Mittelmeer und fährt zu den Kanaren, bevor es wieder in Monte Carlo einläuft.

Ausgewählte Reisen

PAZIFIK UND KARIBIK

Durch den Panamakanal in die Karibik

Kreuzfahrt ab Callao/Peru (Fluganreise nach Lima am 26.3.) längs der Westküste Südamerikas mit Stopps in Salaverry/Peru sowie Guayaquil und Manta in Ecuador. Höhepunkte sind die Äquatorüberquerung zwischen Manta und Balboa/Panama sowie die Fahrt durch den Panamakanal. Weiter geht die Reise zu den San-Blas-Inseln, darauf nach Cartagena/Kolumbien, Oranjestad/Aruba und La Guaira/Venezuela. Reisende am 9.4. in La Romana in der Dominikanischen Republik. **14 Tage; ab € 1.999, inkl. Hin- und Rückflug**

BALTISCHE IMPRESSIONEN

Zu den Metropolen der Ostsee

Diese klassische Reise zu den schönsten Zielen der Ostsee beginnt und endet in Kiel (Anreise am 5.9.). Erste Anlaufstation ist Visby auf Gotland. Dann folgen die Metropolen Stockholm, Helsinki und St. Petersburg. In der zweiten Hälfte der Reise geht es nach Tallinn/Estland, Klaipėda/Litauen und Gdynia/Polen, bevor der Weg am 13.9. wieder in heimische Gewässer führt. **8 Tage; ab € 599 ab/bis Hafen**

DATEN & FAKTEN

BRZ	28.000	**Bordsprache**	Deutsch
Länge	205,00 m	**Kabinen**	420 (359 außen, 61 innen), davon 9 mit Balkon, 56 Suiten
Breite	25,00 m		
Tiefgang	7,55 m		
Indienststellung	1973	**Passagierdecks**	8
Passagiere	max. 830	**Restaurants**	2
Crew-Mitglieder	ca. 340	**Bars**	5

Sport & Wellness	Pool, 3 Whirlpools, Sauna, türkische Dampfbäder, Fitnessstudio, Solarium/Massage gegen Gebühr
Info-/Entertainment	Showprogramme, Tageskünstler, Tanz, Musik
Dresscode	leger, zum Kapitänsempfang/-dinner schick und elegant. Abendgarderobe ist nicht vorgeschrieben
Info	Phoenix Reisen GmbH, Bonn Tel. (0228) 92 60–555 www.PhoenixReisen.com
Preis pro Tag	**€ 55 bis € 245** **Durchschnitt € 142**

PROFIL

Info-/Entertainment	⚓⚓
Sport & Wellness	⚓⚓
Gastronomie	⚓⚓⚓
Familienfreundlichkeit	⚓⚓⚓
Service	⚓⚓⚓⚓

Auf dem Amazonas

Alexander von Humboldt

Im Landhausstil auf Entdeckerkurs: Das Ambiente präsentiert sich very british – mit englischem Pub und einer riesigen Bibliothek

Ursprünglich unter dem Namen Okean für die sowjetische Marine aufgelegt, heißt der Liner jetzt in den Sommermonaten Alexander von Humboldt, während er von November bis März als Explorer II für den US-Spezialisten Abercrombie & Kent unterwegs ist. Für das Abenteurer- und Entdeckerschiff gibt es so gut wie keine Bekleidungsvorschläge – das Naturerlebnis steht im Vordergrund. Daran orientiert sich auch die Planung der Mahlzeiten und des Unterhaltungsprogramms. Es gibt keine feste Tischordnung, dafür aber lange Restaurant-Öffnungszeiten. Für die in hellen Holztönen möblierten Kabinen wünscht man sich in kälteren Regionen etwas mehr Stauraum.

Für Mußestunden an Bord: die Piano-Lounge

Fahrgebiete 2007

Die Route der Alexander von Humboldt beginnt in Feuerland und führt vorbei am Kap Hoorn in die Antarktis. Die Fahrt geht weiter über die Falkland-Inseln entlang der argentinischen und brasilianischen Küste zur Amazonasmündung. Das Schiff taucht dann in das größte zusammenhängende Regenwaldgebiet der Erde ein und befährt den Amazonas bis nach Iquitos/Peru. Nach Verlassen des Flusses setzt es die Reise über den Atlantik fort und umrundet die Britischen Inseln. Daraufhin führt der Weg ins Nord- und ins Polarmeer sowie ins Baltikum. Von Grönland geht es wieder nach Süden, entlang der nordamerikanischen Ostküste, weiter durch die Karibik und den Panamakanal, dann entlang der südamerikanischen Westküste und schließlich wieder in die Antarktis.

Ausgewählte Reisen

SÜDAMERIKA UND ATLANTIK

Dschungelabenteuer Amazonien

Fluganreise nach Manaus/Brasilien am 27.4. Kreuzen auf dem Amazonas und Fahrt nach Curua Una; Amazonas- und Urwaldfahrten mit Zodiacs. Weiter nach Belém und zum Rio Igarapé-Miri im Amazonasdelta (26.4.). Nach der Äquatorüberquerung geht es über den Atlantik zu den Kapverdischen Inseln, nach La Gomera und nach Madeira (6.5.). Nach einem letzten Stop auf der Kanalinsel Guernsey erreicht das Schiff am 17.5. Bremerhaven. **20 Tage; ab € 1.799 inkl. Hinflug**

ENGLAND, SCHOTTLAND, IRLAND

Rund um Großbritannien

Ab Bremerhaven (12.5.) rund um die Britischen Inseln: Nach Edinburgh sind neben Invergordon die schottischen Hebriden Mull und Iona sowie die schottische Inlandssee Anlaufstationen. Darauf folgen die irischen Metropolen Belfast und Dublin. Vorbei an den Isles of Scilly vor Land's End führt die Reise über Falmouth/England, Guernsey, Dover und IJmuiden/Amsterdam am 24.5. zurück nach Bremerhaven. **12 Tage; ab € 1.299 ab/bis Bremerhaven**

DATEN & FAKTEN

BRZ	12.500	**Bordsprache**	Deutsch
Länge	133,00 m	**Kabinen**	198 (138 außen, 60 innen), davon 12 mit Balkon, 23 Suiten
Breite	20,00 m		
Tiefgang	5,90 m		
Indienststellung	1996	**Passagierdecks**	6
Passagiere	max. 380	**Restaurants**	2
Crew-Mitglieder	ca. 240	**Bars**	2

Sport & Wellness	Pool, Sauna, Fitnesscenter, Massage gegen Gebühr
Info-/Entertainment	Abendunterhaltung, Vorträge und Länderinformationen
Dresscode	leger, zu besonderen Anlässen (Kapitänsempfang und Kapitänsdinner) festlich-elegant
Info	Phoenix Reisen GmbH, Bonn Tel. (0228) 92 60–555 www.PhoenixReisen.com
Preis pro Tag	**€ 65 bis € 275** **Durchschnitt € 182**

PROFIL

Info-/Entertainment	⚓ ⚓
Sport & Wellness	⚓ ⚓
Gastronomie	⚓ ⚓ ⚓
Familienfreundlichkeit	⚓ ⚓
Service	⚓ ⚓ ⚓ ⚓

Im norwegischen Eidfjord

Amadea

Das neue Phoenix-Flaggschiff mit exzellentem Raumangebot

Rund 14 Millionen Euro wurden investiert, um die zuvor „kühle" Japanerin in einen auf den deutschen Geschmack zugeschnittenen Kreuzfahrer zu verwandeln. Aus Karaoke-Bar und Kasino wurde ein zusätzliches Restaurant, ganz dem Anspruch „eine Tischzeit für alle Gäste" entsprechend. Dabei entscheidet der Gast, wann, wo und mit wem er speist. Im Vier Jahreszeiten werden die Mahlzeiten ausnahmslos serviert, im Amadea bedient man sich dagegen morgens und mittags am Buffet. Der großzügige Wellnessbereich verfügt über eine Ruhezone mit phantastischer Aussicht. Kleine Remineszenz an die Vergangenheit: Im Raum Asuka werden Teerituale zelebriert und Vorträge zu japanischen Themen gehalten.

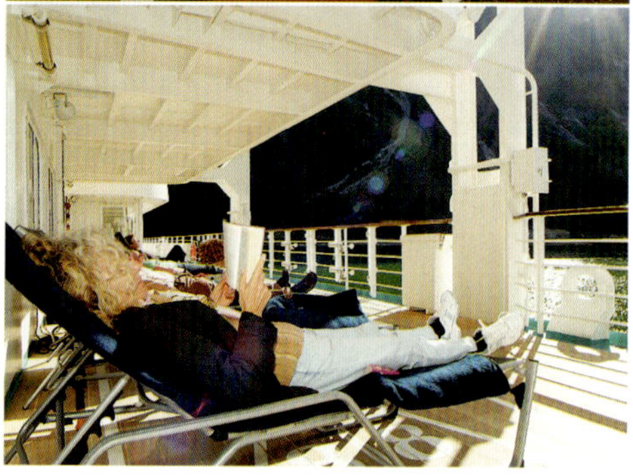

Restaurant Amadea, Ruhezone an Deck

Fahrgebiete 2007

Zum Jahreswechsel startet die Amadea von Nizza über den Atlantik nach Südamerika. Von Rio de Janeiro geht es weiter nach Feuerland und zu den Küsten Chiles. Durch die Südsee fährt das Schiff anschließend über Tahiti nach Japan. Nach den Höhepunkten in Fernost setzt es seinen Weg von Singapur über Indien zum Persischen Golf fort. Von Dubai geht es durch den Suezkanal ins Mittelmeer und rund um Westeuropa weiter nach Bremerhaven. Im Sommer erlebt man die Fjorde Norwegens, das Nordland, Spitzbergen, die Ostsee und auch Großbritannien und Westeuropa, bevor die Amadea schließlich zu stimmungsvollen Herbstreisen im Mittelmeer und im Schwarzen Meer aufbricht. Im Dezember legt sie wieder in Nizza an.

Ausgewählte Reisen

INSELN DER SÜDSEE

Von Chile nach Polynesien

Fluganreise nach Santiago de Chile am 25.1. Am nächsten Tag Beginn der Kreuzfahrt ab Valparaíso über die Robinson-Insel und die Osterinsel bis nach Pitcairn, der bekannten Insel der Bounty-Meuterer (3.2.). Weiter geht es zu den Tuamotu-Inseln in Französisch Polynesien mit den Trauminseln Bora Bora und Moorea. Ziel der Reise ist schließlich Papeete/Tahiti. Von dort Rückflug nach Deutschland am 10.2. **16 Tage; ab € 2.895 inkl. Hin- und Rückflug**

NORDLAND

Durch die Fjorde Südnorwegens

Von Kiel geht es am 21.9. über Göteborg/Schweden nach Oslo/Norwegen (23.9.). Danach Kreuzen im Oslofjord, daraufhin nach Stavanger und zum Lysefjord. Weitere Höhepunkte sind Bergen (25.9.), der Geirangerfjord und Ålesund, der Fjærlandfjord mit dem Bøya-Gletscher sowie Balestrand und der Sognefjord (27.9.). Nach einer Erholungspause auf See endet die Reise am 29.9. in Bremerhaven. **8 Tage; ab € 749 ab/bis Hafen**

DATEN & FAKTEN

BRZ	29.000	**Bordsprache**	Deutsch
Länge	193,00 m	**Kabinen**	309 (306 außen, 3 innen), davon 116 mit Balkon, 46 Suiten
Breite	25,00 m		
Tiefgang	6,50 m		
Indienststellung	1991	**Passagierdecks**	8
Passagiere	max. 600	**Restaurants**	2
Crew-Mitglieder	ca.280	**Bars**	5

Sport & Wellness	Golfabschlag, Pool, Whirlpools, Sauna, Dampfbad, Fitness-Center, Joggingpfad, Morgengymnastik; Massage/Spa/Wellness geg. Gebühr
Info-/Entertainment	Showprogramme, Tageskünstler, Tanz, Musik
Dresscode	leger, zum Kapitänsempfang/-dinner festlich-elegant
Info	Phoenix Reisen GmbH, Bonn Tel. (0228) 92 60–555 www.PhoenixReisen.com
Preis pro Tag	**€ 95 bis € 325** **Durchschnitt € 170**

PROFIL

Info-/Entertainment	⚓⚓
Sport & Wellness	⚓⚓⚓
Gastronomie	⚓⚓⚓
Familienfreundlichkeit	⚓⚓⚓
Service	⚓⚓⚓⚓

An der Pier von Çanakkale, Türkei

Arielle

Der jüngste Zuwachs zur Transocean-Flotte: ein gemütliches Familienschiff für bodenständige und preisbewusste Kreuzfahrer

Sie ist keine schicke Queen mit noblem Ambiente – am Abend gibt es gern mal Schweinesteak vom Grill. Aber die Arielle ist ein solider, klassischer Kreuzfahrer, der viel Schiff für wenig Geld bietet. Sie lief zwar bereits vor 35 Jahren vom Stapel, präsentiert sich aber in passablem Zustand. Viel Holz und kleine Sonnendecks machen das Schiff gemütlich. Nicht so ganz passen die Ritterrüstungen und die mittelalterlichen Motive an den Wänden – eine Marotte eines früheren Eigners. Die Kabinen erfüllen keine Luxuskriterien, sind aber sauber und zweckmäßig. Das Bad wünscht man sich größer. Die Verpflegung ist erstaunlich gut. Zu Ferienzeiten gehen gern Familien mit Kindern an Bord.

Fahrgebiete 2007

Die Arielle beginnt das Jahr im Mittelmeer. Auf fünf Routen, mit Zustiegen in Nizza oder auf Mallorca, besucht sie Marokko, Spanien, Tunesien, Frankreich, Italien, Kroatien, Griechenland und die Türkei, bevor sie am 19. Mai in Deutschland erwartet wird. Von Travemünde, Bremerhaven und Kiel führen die Reisen den Sommer über durch die Ostsee und das Nordland. Über die Atlantikhäfen Westeuropas, von Dover über Le Havre und Lissabon bis Cádiz, geht es im September zurück in den Süden. Ab Oktober legt das Schiff wieder zu Reisen durch das Mittelmeer und zu den Kanaren ab.

Arielle

Eine der 337 Außenkabinen

Meerwasserpool

DATEN & FAKTEN

BRZ	23.149	**Bordsprache**	Deutsch
Länge	194,30 m	**Kabinen**	525 (337 außen, 186 innen), davon 2 Suiten
Breite	24,60 m		
Tiefgang	6,70 m		
Indienststellung	1971	**Passagierdecks**	8
Passagiere	max. 1.050	**Restaurants**	2
Crew-Mitglieder	432	**Bars**	5

Sport & Wellness Fitnesscenter, Meerwasserpool, Sauna, Joggingpfad, Rücken- und Wassergymnastik

Info-/Entertainment Showprogramme, Tanz, Klassik, Vorträge

Dresscode sportlich-leger, festlich zum Kapitänsempfang

Info Transocean Tours Bremen
Tel. (0421) 33 36-181
www.transocean.de

Preis pro Tag **€ 80 bis € 263**
Durchschnitt € 179
Kinder bis 17 Jahre kostenfrei

PROFIL

Info-/Entertainment	⚓ ⚓
Sport & Wellness	⚓ ⚓
Gastronomie	⚓ ⚓ ⚓
Familienfreundlichkeit	⚓ ⚓ ⚓
Service	⚓ ⚓ ⚓ ⚓

Ausgewählte Reisen

MITTELMEER

Von Venedig durch das Mittelmeer

Spätabends am 11.4. legt die Arielle in Venedig ab und erreicht nach zwei Seetagen am 14.4. Athen. Anschließend führt die Route in die Türkei nach Çanakkale und Istanbul. Besuche auf Korfu (18.4.) und in Dubrovnik (19.4.) runden die Kreuzfahrt ab. Am 20.4. legt das Schiff wieder in Venedig an. **10 Tage; ab € 550 ab/ bis Venedig**

METROPOLEN DER OSTSEE

Rundreise ab Kiel

In Kiel beginnt diese Kreuzfahrt zu den Kulturmetropolen der Ostsee. Nach Tallinn/ Estland (7.8.) folgt der Höhepunkt der Reise: St. Petersburg (8.8.) an der Newa. Aber auch die Hauptstädte Helsinki (9.8.) und Stockholm (10.8.) sind den Besuch wert. Am 12.8. erreicht die Arielle wieder den Hafen von Kiel. **8 Tage; ab € 560 ab/bis Kiel**

Vor den Stränden Mexikos

Astor

Solider Weltenbummler mit familiärer Atmosphäre

Mit ihren fast 20 Jahren ist sie nicht mehr ganz taufrisch, aber immer noch ein schönes, gepflegtes Schiff. Die Astor ist ein echter Kreuzfahrer, der wechselnde Ziele rund um den Globus anfährt und originelle Themenreisen anbietet. Vor allem die ältere Generation fühlt sich hier wohl, und die vielen Stammgäste, darunter Prominente wie Marlene Charell und Dörthe Kollo, lieben ihre Astor und die persönliche, fast schon familiäre Atmosphäre. Einen großen Fitnessbereich und doppelstöckige Shopping-Malls gibt es hier nicht, dafür aber die klassischen Bordsportarten Shuffleboard und Tontaubenschießen sowie umfangreiche Kursangebote. Trinkgelder sind im Fahrpreis enthalten.

Nächtlicher Pool und eine Außensuite

Fahrgebiete 2007

In 148 Tagen umrundet die Astor ab Dezember 2006 die ganze Welt. Zum Jahreswechsel findet erstmals ein Abstecher in die Antarktis statt; anschließend fährt das Schiff im Januar entlang der südamerikanischen Küste über die Osterinsel in die Südsee. Von Australien aus führt die Weltreise über Bali und Indonesien zu den Philippinen. Auf dem Weg zum Suezkanal liegen im März und April Vietnam, Thailand sowie die Malediven. Nach einem Besuch auf den Kanarischen Inseln stehen ab Mitte Mai Reisen nach England, Irland und Schottland auf dem Fahrplan. Im Sommer 2007 wird die Astor neben vier Ostseefahrten auch das Nordkap und Spitzbergen ansteuern. Im Oktober beginnt in Hamburg die große Amazonasreise.

Ausgewählte Reisen

SÜDOSTASIEN

Von Kuala Lumpur bis Aqaba

Von Kuala Lumpur (Anreise am 24.3.) über Penang City und Phuket (27.3.) nimmt die Astor Kurs auf Indien und Colombo auf Sri Lanka (3.4.). Male auf den Malediven (5.4.) lädt zum Baden ein. In Richtung Suezkanal werden Aden (10.4.) sowie Hodeidah (11.4.) im Jemen angelaufen. Besuche in Sharm el Sheikh/Ägypten (14.4.) und Aqaba/Jordanien (15.4.) runden diese fernöstliche Kreuzfahrt ab. **23 Tage; ab € 2.990, inkl. Flügen ab/bis Frankfurt**

MITTSOMMER IM NORDLAND

Island, Spitzbergen, Nordkap

Start- und Zielhafen ist Bremerhaven, die Abfahrt erfolgt am 22.6. Nach einem Besuch auf den Orkney-Inseln (2.6.) erreicht die Astor Reykjavik (26.6.) und Akureyri auf Island. Spitzbergen (1.7.), der Magdalenenfjord und das Nordkap gehören zu den Höhepunkten der Reise, aber auch Tromsø (3.7.) und der Geirangerfjord (5.7.). Bergen, Norwegens zweitgrößte Stadt, ist die letzte Station vor der Rückkehr nach Bremerhaven am 8.7. **17 Tage; ab € 1.650 ab/bis Bremerhaven**

DATEN & FAKTEN

BRZ	20.606	**Bordsprache**	Deutsch
Länge	176,50 m	**Kabinen**	295
Breite	23,00 m		(167 außen, 96 innen),
Tiefgang	6,10 m		davon 32 Suiten
Indienststellung	1987	**Passagierdecks**	7
Passagiere	max. 590	**Restaurants**	2
Crew-Mitglieder	260	**Bars**	3

Sport & Wellness	Fitnessbereich, Innen- und Außenpool, Wellnessoase/Sauna, Volleyball, Tischtennis, Joggingpfad, Rücken- und Wassergymnastik
Info-/Entertainment	Showprogramme, Tanz, Klassik, Vorträge/Lesungen, Kursangebote (Computer, Sprachen, Yoga)
Dresscode	sportlich-leger, festlich zum Kapitänsempfang
Info	Transocean Tours Bremen Tel. (0421) 33 36-181 www.transocean.de
Preis pro Tag	**€ 109 bis € 360** **Durchschnitt € 216**

PROFIL

Info-/Entertainment	⚓ ⚓ ⚓
Sport & Wellness	⚓ ⚓
Gastronomie	⚓ ⚓ ⚓
Familienfreundlichkeit	⚓ ⚓
Service	⚓ ⚓ ⚓ ⚓

In der Karibik

Astoria

Ein Klassiker für Preisbewusste, die komfortabel reisen wollen

Wie die zwölf Meter längere, aber sonst praktisch baugleiche Schwester **Astor** ist die Astoria in der klassischen Kreuzfahrt zu Hause. Allerdings reist man auf ihr nicht ganz so luxuriös; das Showprogramm zum Beispiel muss ohne große Namen auskommen. Dafür sind die Tarife deutlich günstiger, und Trinkgelder sind bereits im Preis inkludiert. Das Innere der Astoria präsentiert sich edel-konservativ und mit viel Holz, das Publikum ist meist jenseits der 60. Viele Stammgäste schätzen die trotzdem legere Bordatmosphäre, das ordentliche Essen und den Service der großteils aus der Ukraine stammenden Besatzung. Für Nierenkranke gibt es spezielle Dialyse-Kreuzfahrten.

Beim Decksfrühstück; in der Sauna

Fahrgebiete 2007

Im Februar können Astoria-Passagiere in Nizza starten und neben Zielen an der spanischen Küste die Kanareninseln La Palma, Teneriffa, Gomera, Fuerteventura und Lanzarote besuchen. Eine elftägige Osterreise führt nach Libyen sowie nach Malta, Griechenland und Rom. Ein Klassiker unter den Kreuzfahrtzielen ist die Ostsee: Im Juni wird eine neuntägige Fahrt mit der Astoria nach St. Petersburg, Oslo und Kopenhagen angeboten. Und in den Sommerferien wird das Schiff erstmals von Bremerhaven aus die Kanarischen Inseln anlaufen.

Ausgewählte Reisen

OSTSEE

Auf den Spuren der Hanse

An zwei Terminen, dem 3.6. und dem 3.9., beginnt in Kiel diese neuntägige Kreuzfahrt in die Ostsee. Erste Station ist die estnische Hauptstadt Tallinn (5.6.). Mit einem Aufenthalt von zwei Tagen steht anschließend St. Petersburg (6. bis 7.6.) auf dem Programm. Weitere Metropolen der Ostsee sind Helsinki (8.6.) sowie Stockholm (9.6.). Nach einem erholsamen Seetag erreicht die Astoria wieder ihren Ausgangshafen Kiel (11.6.). **9 Tage; ab € 705, ab/bis Kiel**

MITTELMEER

Rundreise ab Nizza

Die Kreuzfahrt beginnt in Nizza am 28.9. und führt zunächst zur Hauptstadt Italiens, nach Rom (Ausflug ab Civitavecchia, 29.9.). Nach einem Abstecher in Sachen griechische Kultur nach Katakolon (1.10.; Ausflug ins antike Olympia) und Itéa (Ausflug nach Delphi) steht der Besuch der Altstädte von Dubrovnik (3.10.) und Split in Kroatien (6.10.) auf dem Fahrplan. Im weiteren Reiseverlauf werden neben Valletta/Malta (8.10.) und Sizilien (9.10.) auch Neapel (10.10.) und Livorno (11.10.) angesteuert. Am 12.10. macht die Astoria wieder im Naturhafen von Nizza zur Ausschiffung fest. **15 Tage; ab € 990, ab/bis Kiel**

DATEN & FAKTEN

BRZ	18.591	**Bordsprache**	Deutsch
Länge	164,50 m	**Kabinen**	259 (148 außen, 76 innen), davon 35 Suiten
Breite	22,60 m		
Tiefgang	6,20 m		
Indienststellung	1981	**Passagierdecks**	7
Passagiere	max. 500	**Restaurants**	2
Crew-Mitglieder	220	**Bars**	3

Sport & Wellness	Fitnesscenter, 2 Pools, Wellness/Sauna, Solarium, Volleyball, Tischtennis, Joggingpfad, Rücken- und Wassergymnastik, Nordic Walking auf Ausflügen
Info-/Entertainment	Showprogramme, Tanz, Klassik, Vorträge, Kurse
Dresscode	sportlich-leger, festlich zum Kapitänsempfang
Info	Transocean Tours Bremen Tel. (0421) 33 36-181 www.transocean.de
Preis pro Tag	**€ 98 bis € 434** **Durchschnitt € 195**

PROFIL

Info-/Entertainment	⚓ ⚓
Sport & Wellness	⚓ ⚓
Gastronomie	⚓ ⚓ ⚓
Familienfreundlichkeit	⚓ ⚓
Service	⚓ ⚓ ⚓ ⚓

In der Antarktis

Bremen

Das Expeditionsschiff für Kreuzfahrt-Abenteurer

Sie besitzt das Zertifikat „höchste Eisklasse" und kann sich damit weit in die Antarktis vorwagen. Für Anlandungen und besondere Expeditionen hat sie zwölf Zodiacs an Bord, und qualifizierte Lektoren begleiten die Reisen. 2007 läuft sie allein 30 Häfen und fünf Regionen erstmals an. Dank ihres geringen Tiefgangs kann sie auch auf Flüssen wie dem Gambia River oder dem Amazonas fahren. Kurzum: Die Bremen ist ein Schiff für alle, die abseits der bekannten Routen fahren wollen – ein gewisses Maß an Seetauglichkeit sollte man dafür allerdings mitbringen. Jüngst wurde die Bremen generalüberholt. Der Pool sowie der Fitness- und Saunabereich sind neu gestaltet, und die Panoramalounge wurde verschönert.

Außenkabine; im Kanal von Korinth

Fahrgebiete 2007

Nach der Antarktissaison fährt die Bremen entlang der Westküste Südamerikas. Mit der Möglichkeit eines Vorprogramms auf den Galapagosinseln beginnt am 15.3. die Expedition durch den Panamakanal, in die Karibik und weiter auf den Amazonas. Mit nur 4,80 Metern Tiefgang befährt die Bremen den „Strom des Lebens" bis ins peruanische Iquitos. Mit einem Schlenker nach Kuba führt die Route über den Atlantik nach Hamburg. Norwegen, Spitzbergen, Ostsee, Grönland und England heißen die Ziele des Sommers. Die Atlantikinseln liegen auf dem Weg nach Afrika, zur Premieren-Expedition auf dem Gambia River. Von dort aus fährt die Bremen in die Antarktis.

Ausgewählte Reisen

EXPEDITION AMAZONAS & KUBA

Von Iquitos nach Havanna

Anreise über Miami nach Iquitos (Ankunft 21.4.). Von dort aus Fahrt auf dem Amazonas mit Zodiac-Anlandungen in Pevas, Leticia und am Rio Jutai (22. bis 26.4.). In Manaus Besuch des Opernhauses (27.4.). Weitere Erkundungen sind geplant in Furo dos Botos, Parintins und Alter do Chão (28. bis 29.4.). Über die Île Royale geht es weiter nach Kuba mit Stopps u. a. in Santiago, Cienfuegos und Havanna (7. bis 12.5.). Rückflug ab Havanna am 13.5. **24 Tage; ab € 10.216 inkl. Flügen ab/bis Deutschland**

EXPEDITION GAMBIA RIVER

Von Teneriffa nach Dakar

Von Santa Cruz/Teneriffa (Anreise am 20.10.) geht es zunächst auf die Kapverden, wo die Inseln São Vicente, Santo Antão, Sal und Santiago besucht werden (23. bis 25.10.). Nach einem Seetag Expedition auf den Gambia River, u. a. mit einem Stopp in Gambias Hauptstadt Banjul sowie Zodiac-Anlandungen im Dorf Albreda und auf James Island (27. bis 31.10.). Rückflug am 1.11. **13 Tage; ab € 5.591 inkl. Flüge ab/bis Deutschland**

DATEN & FAKTEN

BRZ	6.752	**Bordsprache**	Deutsch
Länge	111,00 m	**Kabinen**	82 Außenkabinen, davon 16 mit Balkon, 2 Suiten
Breite	17,00 m		
Tiefgang	4,80 m		
Indienststellung	1990	**Passagierdecks**	6
Passagiere	max. 164	**Restaurants**	1
Crew-Mitglieder	100	**Bars**	1

Sport & Wellness	Pool, Fitnessraum, Schnorchelausrüstung, Nordic Walking
Info-/Entertainment	Künstler (klassische oder Unterhaltungsmusik), Lektoren (Experten verschiedener Fachrichtungen, Wissenschaftler), Schriftsteller
Dresscode	zwanglos
Info	Reederei Hapag Lloyd Kreuzfahrten Hamburg Tel. (040) 30 01-46 00 www.hlkf.de
Preis pro Tag	ab € 230 Durchschnitt ca. € 360

PROFIL

Info-/Entertainment	⚓⚓⚓
Sport & Wellness	⚓⚓⚓
Gastronomie	⚓⚓⚓⚓⚓
Familienfreundlichkeit	⚓
Service	⚓⚓⚓⚓⚓

Zuhause in der Karibik

Carnival Liberty

Typisch für Carnival und in jeder Hinsicht ein Fun Ship: Die Liberty bietet Spaß für jedes Alter. Langeweile ist hier ein Fremdwort

Amerikaner lieben Gambling und Shopping. Und wenn es dann noch bunt und riesig ist, sind sie erst recht happy. Carnival trägt dem Rechnung: Casino und Shopping-Mall sind überaus großzügig konzipiert, und insgesamt neun Restaurants stehen für „Carnival's Total Choice Dining" bereit. Je nach Gusto zwanglos oder formell, mal mit Aufpreis, mal inklusive – auf Wunsch auch rund um die Uhr. Im Spa gibt es auch für „ihn" ein ganzes Bündel spezieller Anwendungen. Sehenswert die Shows im Broadway-Stil. Oder die „Movies under the Stars", in lauen Karibiknächten auf einem 25 Quadratmeter großen LCD-Bildschirm mit einer 70.000-Watt-Tonanlage präsentiert.

Disco-Entertainment im Carnival-Stil

Carnival Liberty

Fahrgebiete 2007

Im Jahr 2007 ist die Carnival Liberty ausschließlich in der Karibik unterwegs. Vom Basishafen Fort Lauderdale führen ihre auf festen Routen verlaufenden Reisen abwechselnd für sechs Nächte/sieben Tage in die westliche Karibik mit Grand Cayman und der Küste Mexikos, für acht Nächte/neun Tage zu den Häfen der karibischen Festlandsküste von Mexiko, Costa Rica und Panama oder für acht Nächte/neun Tage in die östliche Karibik mit den Häfen St. Thomas/US Virgin Islands, St. John's/Antigua, Tortola/British Virgin Islands und Nassau/Bahamas. Auf allen Reisen gibt es bis zu vier „Vergnügungstage" auf See – Entertainment an Bord ist die Stärke aller 21 Schiffe der Carnival-Flotte, deren größte (Liberty, **Conquest**, **Glory**, **Valor**) bis zu 3.000 Passagiere befördern können. Im Frühjahr 2007 erhalten sie Verstärkung durch die baugleiche **Carnival Freedom**.

Ausgewählte Reisen

WESTLICHE KARIBIK

Rundreise ab Fort Lauderdale

Ganzjährig im Zwei-Wochen-Rhythmus wird diese Reise angeboten: 1. Tag Einschiffung in Fort Lauderdale/Florida; 2. Tag Freeport/Bahamas; 3. Tag Erholung auf See; 4. Tag Grand Cayman/Cayman Islands; 5. Tag Costa Maya/Mexiko, 6. Tag Erholung auf See; 7. Tag Ausschiffung und Reiseende in Fort Lauderdale. **7 Tage; ab € 449 ab/bis Hafen**

MEXIKO, COSTA RICA, PANAMA

Rundreise ab Fort Lauderdale

Ebenfalls das ganze Jahr über wird im Zwei-Wochen-Rhythmus folgende Route befahren: 1. Tag Einschiffung in Fort Lauderdale/Florida; 2. Tag Erholung auf See; 3. Tag Costa Maya/Mexiko; 4. Tag Erholung auf See; 5. Tag Limón/Costa Rica; 6. Tag Colón,/Panama; 7. Tag Erholung auf See; 8. Tag Ausschiffung und Reiseende in Fort Lauderdale. **8 Tage; ab € 690 ab/bis Hafen**

DATEN & FAKTEN

BRZ	110.000	**Bordsprache**	Engl./Deutsch
Länge	290,00 m	**Kabinen**	1.487 (577 innen, 355 außen), davon 503 mit Balkon/Veranda, 52 Suiten
Breite	35,00 m		
Tiefgang	8,30 m		
Indienststellung	2005	**Passagierdecks**	14
Passagiere	max. 2.976	**Restaurants**	9
Crew-Mitglieder	1.150	**Bars**	12

Sport & Wellness	Fitnesscenter, Tischtennis, Joggen, Golfsimulator, Basketball, Volleyball, Shuffleboard
Info-/Entertainment	Las Vegas Shows, Livemusik, Comedy und Kabarett, Motto-Abende, Pool- & Deckpartys
Dresscode	sportlich-leger, elegant zum Captain's Dinner und zum Galaabend
Info	Carnival Cruise Lines Tel. (089) 51 703 130 www.carnivalcruiselines.de
Preis pro Tag	**€ 75 bis € 300** **Durchschnitt: k. A.**

PROFIL

Info-/Entertainment	⚓ ⚓ ⚓
Sport & Wellness	⚓ ⚓ ⚓ ⚓
Gastronomie	⚓ ⚓ ⚓
Familienfreundlichkeit	⚓ ⚓ ⚓ ⚓
Service	⚓ ⚓ ⚓

Segler und Motorschiff zugleich

Club Med 2

Ein Clubschiff mit junger Atmosphäre und High-Tech-Touch: Die Segel werden hydraulisch per Knopfdruck gesetzt

Mit nur fünf Metern Tiefgang kann sie auch kleinere Häfen ansteuern. Ihre Stabilisatoren verhindern, dass sie schlingert (die Schräglage geht nie über drei Grad), und die Segel an ihren fünf Masten werden hydraulisch gesetzt. Echten Segelfans mag solche Technik ein Graus sein – Anhängern des Club Med, dessen Gute-Laune-Konzept hier auf dem Wasser umgesetzt wird, ist derlei egal. Sie schätzen das junge Ambiente und die vielen Wassersportmöglichkeiten. Das Publikum ist international, mit starker französischer Beteiligung; französisch ist auch die Küche. So bietet das Schiff eine Atmosphäre, wie sie auf anderen Kreuzfahrern kaum zu finden ist – die man aber auch mögen muss.

Fahrgebiete 2007

Die Club Med 2 kreuzt im Winter in der Karibik, im Sommer im Mittelmeer. Seit Oktober 2006 ist der Fünfmaster von Fort-de-France/Martinique aus in der Karibik unterwegs. Auf unterschiedlichen siebentägigen Routen besucht er unter anderem die Grenadinen und die Jungferninseln. Erstmals nimmt das Schiff auch Kurs auf Venezuela und ankert im November zwei Tage im Orinoco-Delta. Im April verlässt es die Karibik, um im Sommer 2007 wieder im Mittelmeer zu kreuzen. Hier werden auch vier- bis fünftägige Kurztörns angeboten, die besonders für Kreuzfahrteinsteiger ideal sind.

Sonnenliegen auf Deck H

Die Reedersuite

Ausgewählte Reisen

ÖSTLICHE KARIBIK

St. Lucia, Barbados und Grenadinen

Von Pointe-à-Pitre/Guadeloupe (5.1.) über Marie-Galante nach St. Lucia. Weiter über Barbados und Tobago Cays (9.1.) nach Mayreau/Grenadinen (mit Club-Med-Langustenpicknick am 10.1.) und Grenada (11.1.). Reiseende ist in Fort-de-France auf Martinique am 12.1. **8 Tage; ab € 2.223 ohne Flüge (Preise auf Anfrage)**

ÖSTLICHE KARIBIK

Jungferninseln und Puerto Rico

Von Fort-de-France/Martinique (16.3.) über Deshaies/Guadeloupe (17.3.) nach Virgin Gorda (18.3.). Von dort über Jost van Dyck (19.3.) und St. John (20.3.) nach San Juan/Puerto Rico (21.3.). Hier ankert die Club Med 2 über Nacht, um am 22.3. weiter zur Hauptstadt der Dominikanischen Republik (23.3.), Santo Domingo, zu segeln. **8 Tage; ab € 2.338 ohne Flüge (Preise auf Anfrage)**

DATEN & FAKTEN

BRZ	14.983	**Bordsprache**	Engl./Franz.
Länge	187,00 m	**Kabinen**	190 Außenkabinen, davon 6 Suiten
Breite	20,00 m		
Tiefgang	5,00 m		
Indienststellung	1992	**Passagierdecks**	6
Passagiere	max. 392	**Restaurants**	2
Crew-Mitglieder	200	**Bars**	3

Sport & Wellness	Wasserski, Kajak, Segeln, Schnorcheln, Aquafitness, Kardiotrainings- & Fitnessraum, gegen Gebühr Tauchen (je nach Ankerplatz)
Info-/Entertainment	Live-Musik, Abendshows, Themenkreuzfahrten
Dresscode	sportlich-elegant
Info	Club Med Tel. 01805 26 32 22 (12 Cent/Min.) www.clubmed.de
Preis pro Tag	**€ 298 bis € 390** **Durchschnitt € 320**

PROFIL

Info-/Entertainment	⚓⚓⚓
Sport & Wellness	⚓⚓⚓⚓
Gastronomie	⚓⚓⚓
Familienfreundlichkeit	⚓
Service	⚓⚓⚓

Unterwegs Richtung Oslofjord

Color Fantasy

Keine Fähre, sondern ein Kreuzfahrtschiff mit Autodeck. Aber auch mit Fitnessangeboten, Pool, Cafés und Bars – und Shopping-Mall

Sie fährt nur eine Route: Oslo–Kiel–Oslo. Und sie kann auch nicht verleugnen, dass sie für den Linienverkehr konzipiert ist. Anders als auf „richtigen" Cruiselinern ist die Verpflegung nämlich nicht im Passagenpreis enthalten. Hungern muss trotzdem niemand: ein Gourmet- und ein À-la-carte-Restaurant, ein skandinavisches Buffet, das italienische Mamma Bella, eine Tapas-Bar sowie ein Café und ein Schnellimbiss laden ein. Für ausgedehnten Shopping-Spaß gibt es die 160 Meter lange und drei Decks hohe „Fantasy Promenade". Wer lieber etwas für die Fitness tun will, geht ins Aqualand (mit Gegenstromanlage, Spiralrutsche, Jacuzzis, Dampfbad), in dem auch Kinder gern toben, oder in das ruhigere, 600 Quadratmeter große Color Spa & Fitness Center. Die beiden Einrichtungen befinden sich, bewusst räumlich voneinander getrennt, auf Deck 12 und 13.

Fahrgebiete 2007

Die Color Fantasy fährt ganzjährig jeden zweiten Tag im Linienverkehr ab Kiel. Sie ist somit das einzige Schiff, das ganzjährig die Möglichkeit bietet, von einem deutschen Hafen aus eine Kurzkreuzfahrt zu unternehmen. Im September 2007 wird ein zweites, neues Schiff auf dieser Linie eingesetzt: die **Color Magic**. Mit den nahezu baugleichen Schiffen besteht dann sogar täglich die Möglichkeit, auf Kurzkreuzfahrt zu gehen.

Eine Fantasy-Class-Kabine

Die Observation Lounge

Ausgewählte Reisen

KURZREISE NACH OSLO

„Fantasy Cruise" ab Kiel

Die zweitägige Kurzkreuzfahrt (mit zwei Übernachtungen an Bord) startet mittags in Kiel. Am Morgen des nächsten Tages Einfahrt in den Oslofjord; Ankunft in Oslo um 9.30 Uhr. Bis zur Abfahrt am selben Tag um 14 Uhr besteht die Gelegenheit zu Spaziergängen oder zu einer Stadtrundfahrt. Rückkehr nach Kiel am dritten Tag um 9.30 Uhr. **2 Tage/2 Nächte; ab € 173 ab/bis Kiel**

SILVESTERREISE NACH OSLO

Von Kiel nach Oslo und zurück

Diese Reise (Abfahrt am 30.12. in Kiel) bietet die Möglichkeit, Silvester an Bord des Schiffs im Osloer Hafen zu erleben. Am Mittag des Neujahrstags legt das Schiff wieder ab, und am nächsten Morgen trifft es in Kiel ein. Stadtrundfahrten in Oslo können zugebucht werden. **3 Tage/3 Nächte; ab € 540 ab/bis Kiel**

DATEN & FAKTEN

BRZ	74.500	**Bordsprache**	Deutsch, Norwegisch, Englisch
Länge	224,00 m	**Kabinen**	966 (343 innen, 604 außen), dav. 34 Suiten
Breite	35,00 m	**Passagierdecks**	10
Tiefgang	7,00 m	**Restaurants**	8
Indienststellung	2004	**Bars**	4
Passagiere	max. 2.750		
Crew-Mitglieder	k. A.		

Sport & Wellness	Color Spa & Fitness Center, Aqualand, Golfsimulator
Info-/Entertainment	Show Lounge, Pianobar, Pub, Observation Lounge, Casino, Kino, Shopping-Mall
Dresscode	sportlich bis elegant
Besonderheit	Das Schiff verfügt zusätzlich über Autodecks für 750 Fahrzeuge
Info	Color Line GmbH, Kiel Tel. (0431) 73 00-0 www.colorline.com
Preis pro Tag	**€ 87 bis € 300** **Durchschnitt ca. € 140**

PROFIL

Info-/Entertainment	⚓⚓⚓⚓
Sport & Wellness	⚓⚓⚓⚓
Gastronomie	⚓⚓⚓
Familienfreundlichkeit	⚓⚓
Service	⚓⚓⚓

Einfahrt nach Sydney

Columbus

Weltreisen mit Hapag-Lloyd – in der lockeren Variante

Die Columbus ist das Einstiegsmodell aus der Hapag-Lloyd-Flotte. Wem die Europa zu fein und die Hanseatic zu hanseatisch ist, der findet hier die lockere (und günstige) Alternative. Die Krawatte kann außer zum Kapitänsempfang im Schrank bleiben, und auch die jüngere Generation fühlt sich an Bord wohl. Die Columbus geht jedes Jahr auf Weltreise. Als einziges deutschsprachiges Schiff befährt sie im Indian Summer die großen amerikanischen Seen. Möglich ist das nur durch die kompakte Bauweise. Nachteil: Es gibt keine umlaufende Reling und keine Balkonkabinen (bis auf zwei Suiten mit Terrasse). Tipp: die originellen Kabinen mit den überdimensionalen Bullaugen (Deck 2, Kategorie 8).

Die versammelte Crew; Blick in die Suiten

Fahrgebiete 2007

Die Weltreise der Columbus endet nach 128 Tagen am 10.4.2007 in Venedig und führt die Passagiere durch Mittelamerika, nach Hawaii, in die Südsee, nach Australien, Indonesien, Malaysia und Indien, auf die Arabische Halbinsel sowie durch den Suezkanal. Das Mittelmeer und die Küste Westeuropas sind die Frühlingsziele der Columbus. Im Sommer kreuzt das Schiff in der Ostsee, an Norwegens Küsten und rund um England. Im September wird es bunt, wenn die Großen Seen Nordamerikas zum farbenfrohen Indian Summer auf dem Programm stehen. Nach vier All-inclusive-Karibikreisen startet das Schiff am 20.12. erneut zu einer 138-tägigen Weltreise, die als Ganzes oder in Teilstrecken gebucht werden kann.

Ausgewählte Reisen

GROSSE SEEN

Von Chicago nach Toronto

Von Chicago (Anreise 8.10.) auf dem Lake Michigan nach Traverse City und Mackinac Island (11.10.). Durch die Soo-Schleuse auf den Lake Superior nach Marquette und wieder zurück nach Sault Ste. Marie (13.10.). Nach der Fahrt in der Georgian Bay Besuch in Midland und Tobermory (15.10.). Weiter durch den Lake Huron nach Windsor (16.10.); Passieren der acht Schleusen des Wellandkanals, wobei die Columbus um fast 100 Meter abgesenkt wird. Rückflug von Toronto am 18.10. **11 Tage; ab € 2.910 inkl. Flügen ab/bis Deutschland**

KARIBIK

Von Miami nach Bridgetown

Von Miami (Anreise 20.12.) über Nassau/Bahamas nach Kuba; dort Besuche in Havanna (22. bis 24.12.), Isla de la Juventud und Cienfuegos. Montego Bay (27. 12.) und Ocho Rios (28.12.) heißen die Ziele auf Jamaika. Karibikflair herrscht auf Aruba, Curaçao (31.12. bis 1.1.), Grenada und Barbados. Rückreise von Bridgetown am 3.1. **15 Tage; ab € 3.682 inkl. Flügen ab/bis Deutschland**

DATEN & FAKTEN

BRZ	15.000	**Bordsprache**	Deutsch
Länge	144,00 m	**Kabinen**	205 (134 außen, 63 innen), davon 8 Suiten (2 mit, 6 ohne Balkon)
Breite	21,50 m		
Tiefgang	5,00 m		
Indienststellung	1997	**Passagierdecks**	6
Passagiere	max. 420	**Restaurants**	2
Crew-Mitglieder	170	**Bars**	2

Sport & Wellness	Fitnessraum, Fahrräder (gratis), Morgengymnastik, Pool
Info-/Entertainment	Band, Künstler, Unterhaltungsmusik, Lektorenvorträge, Tanz, Show, Alleinunterhalter
Dresscode	sportlich-leger
Info	Hapag-Lloyd Kreuzfahrten Hamburg Tel. (040) 30 01-46 00 www.hlkf.de
Preis pro Tag	**ab € 120** **Durchschnitt ca. € 199**

PROFIL

Info-/Entertainment	⚓ ⚓ ⚓
Sport & Wellness	⚓ ⚓ ⚓
Gastronomie	⚓ ⚓ ⚓ ⚓
Familienfreundlichkeit	⚓ ⚓ ⚓
Service	⚓ ⚓ ⚓ ⚓

Auf dem Atlantik

Constellation

„It is my pleasure to treat you famously“, lautet das Motto der US-Reederei Celebrity Cruises. Versprechen oder Realität?

Zumindest die Leser des „Condé Nast Traveler“ scheinen überzeugt: Sie haben die vier Schwestern der Millennium-Baureihe von Celebrity Cruises (Constellation, **Infinity**, **Millennium** und **Summit**) unter die Top Ten der „Best Cruise Ships in the World“ gewählt. Celebrity kooperiert eng mit dem Gourmetkoch Michel Roux und rühmt sich, auf den Einsatz von Convenience-Produkten gänzlich zu verzichten. Für das Dinner in den Spezialitätenrestaurants sollte man sich zwei bis drei Stunden Zeit nehmen. Und danach eine Kaffeespezialität im Cova Café Milano genießen, bevor man sich von den akrobatischen Meisterleistungen des weltbekannten Cirque du Soleil verzaubern lässt. Die Aqua Spas der vier Schwesterschiffe gehören zu den größten auf den Weltmeeren.

Fahrgebiete 2007

Bis April ist die Constellation in der Karibik unterwegs, vom 23. April bis zum 5. Mai überquert sie von Fort Lauderdale aus den Atlantik nach Dover, von wo aus sie wiederum im Sommer zur Kreuzfahrt in der Nord- und der Ostsee (u. a. Russland) aufbricht. Vom 20. bis zum 27. September fährt sie von Southampton nach Cape Liberty vor den Toren New Yorks zurück. Im Oktober geht es von dort aus zum Indian Summer nach Neuengland und Kanada. Ab November kreuzt die Constellation wieder in der Karibik (Start in Fort Lauderdale).

Ocean View Suite

Das Ocean Restaurant

DATEN & FAKTEN

BRZ	91.000	**Bordsprache**	Englisch
Länge	294,00 m	**Kabinen**	975 (780 außen, 195 innen), davon 536 mit Balkon, 44 Suiten
Breite	32,00 m		
Tiefgang	8,00 m		
Indienststellung	2002	**Passagierdecks**	11
Passagiere	max. 2.449	**Restaurants**	3
Crew-Mitglieder	999	**Bars**	7

Sport & Wellness	Elemis AquaSpa, Sauna/Dampfbad, Massageräume, Thalassotherapie, Fitness, Aerobic, Innen- & Außenpools, Joggingbahn, Golfsimulator, Basketball, Volleyball u. v. m.
Info-/Entertainment	Casino, Theater im Broadway-Stil, Livemusik, Nachtclub, Vorträge
Dresscode	zwanglos, abends mitunter formell
Info	Royal Caribbean Cruise Line A/S Tel. (069) 92 00 71-0 www.royalcaribbean.de
Preis pro Tag	**€ 100 bis € 749** **Durchschnitt € 150**

PROFIL

Info-/Entertainment	⚓⚓⚓⚓
Sport & Wellness	⚓⚓⚓⚓
Gastronomie	⚓⚓⚓⚓⚓
Familienfreundlichkeit	⚓⚓
Service	⚓⚓⚓⚓

Ausgewählte Reisen

NORDEUROPA

Skandinavien und Russland

Von Dover (19.5) geht es in zwei Seetagen nach Danzig und Klaipėda. Es folgen Stockholm, Tallinn und zwei Tage in St. Petersburg (26. bis 27.5.). Auf dem Rückweg legt das Schiff am 29.5. in Rostock an und danach für zwei Tage in Kopenhagen (30. bis 31.5.). Nächste Station: Helsingborg in Schweden. Nach einem letzten Seetag erreicht die Constellation am 2.6. wieder Dover. **15 Tage; ab € 1.867 ab/bis Hafen**

ÖSTLICHE KARIBIK

Rundreise ab Fort Lauderdale

Von Fort Lauderdale/Florida (13.4.) geht es in zwei Seetagen nach Philipsburg/St. Maarten, Castries/St. Lucia und Bridgetown auf Barbados (18.4.). St. Kitts und St. Thomas (20.4.) runden die Reise ab. Nach zwei Seetagen erfolgt dann am 23.4. die Rückkehr nach Fort Lauderdale. **13 Tage; ab € 1.000 ab/bis Hafen**

Typisch Costa: die gelben Schornsteine

Costa Classica

Eine neues Schiff für „deutschsprachige Kreuzfahrten, Italian Style“: Es geht deutlich weniger bunt zu als sonst bei Costa

Costa hatte sich gut vorbereitet: Vor dem Umbau wurden die Wünsche deutscher Passagiere abgefragt. Teppichboden und Vorhänge im Restaurant, eine größere Außenterrasse und eine neue Panoramalounge sind das sichtbare Ergebnis. Doch muss man wissen: Anders als die rein deutschsprachige Vorgängerin wird die Costa Classica international vermarktet, allerdings bei verstärktem Einsatz deutschsprachiger Reiseleiter und Servicekräfte. Von ihren farbenfrohen Schwestern der neuesten Generation unterscheidet sich die Classica grundlegend. Helles Holz, Glas, Chrom und Marmor dominieren. Der Wellness- und der Fitnessbereich sind für ein Schiff dieser Größe leider etwas klein geraten.

Fahrgebiete 2007

Den Winter verbringt die Costa Classica im Nahen Osten, erstmals unternimmt sie achttägige Kreuzfahrten ab Dubai (über Muscat, Fujairah, Abu Dhabi und Bahrain). Im Frühjahr und im Herbst stehen das östliche und das westliche Mittelmeer auf dem Programm. Das Schwarze Meer gehört dabei ebenso zu ihren Zielen wie die Kanarischen Inseln und Ägypten. Während des Sommers wechselt das Schiff für deutschsprachige Kreuzfahrten ins Nordland. Von Kiel aus besucht sie im Rahmen ihrer 13 Abfahrten die norwegischen Fjorde, die Metropolen des Baltikums sowie Island und Spitzbergen.

Buffet-Restaurant an Deck

Blick von oben in das Atrium

DATEN & FAKTEN

BRZ	53.000	**Bordsprache**	Dt., Ital., Engl.
Länge	220,00 m	**Kabinen**	654 (446 außen, 208 innen), davon 10 Suiten mit Balkon
Breite	31,00 m		
Tiefgang	k. A.		
Indienststellung	1991	**Passagierdecks**	11
Passagiere	max. 1.680	**Restaurants**	2
Crew-Mitglieder	557	**Bars**	9

Sport & Wellness	Fitnesscenter, Joggingpfad, Aerobic, 2 Swimmingpools
Info-/Entertainment	Theater mit abendlichen Shows, Kinderbetreuung, Livemusik, Internetcafé, Bibliothek, Spieleraum, Kasino, Shopping-Center
Dresscode	sportlich-leger; Galaabende zu Beginn und Ende der Kreuzfahrt
Info	Costa Kreuzfahrten Tel. (0381) 444 70 70 www.costakreuzfahrten.de
Preis pro Tag	**€ 66 bis € 294** **Durchschnittspreis k. A.**

PROFIL

Info-/Entertainment	⚓⚓⚓
Sport & Wellness	⚓⚓⚓
Gastronomie	⚓⚓⚓
Familienfreundlichkeit	⚓⚓⚓⚓
Service	⚓⚓⚓

Ausgewählte Reisen

ARABISCHER GOLF

Rundreise ab/bis Dubai

Zu Jahresbeginn startet die Costa Classica von Dubai aus zu Erkundungen der Emirate und Scheichtümer am Arabischen Golf. Den Auftakt bildet ein zweitägiger Aufenthalt in Dubai (20./21.1.), dann legt das Schiff nach Muscat in Oman ab (22.1.) und kehrt durch die Straße von Hormuz zurück in die Emirate Fujairah (23.1.) und Abu Dhabi (24.1.) sowie nach Bahrain (25.1.). Rückkehr nach Dubai am 26.1., Ausschiffung am 27.1. **9 Tage; ab € 649 (Frühbucherpreis) ab/bis Dubai**

NORWEGISCHE FJORDE

Rundreise ab Kiel

Von Kiel aus geht es am 24.6. nach Stavanger (25.6.), Eidfjord, Rosendal (26.6.), Bergen (27.6.), Vik und Flam (28.6.). Nach einem Seetag endet die Reise am 30.6. in Kiel. **7 Tage; ab € 699 (Frühbucherpreis) ab/bis Kiel**

Platz für 1.500 Kabinen: das neue Costa-Flaggschiff

Costa Concordia

Von Supermodel Eva Herzigova getauft: der Kreuzfahrer mit dem größten schwimmenden Spa der Welt und dem ersten Rennboliden

Sie ist nicht nur das größte je für eine italienische Reederei gebaute Schiff – sie verfügt mit dem Samsara auch über das weltweit größte schwimmende Spa. Im dazugehörigen Restaurant verwöhnt der italienische Sternekoch Ettore Bocchia die Gäste mit Kreationen aus der so genannten Molekularküche. Ebenfalls einzigartig ist der erste, für gut eine Million Euro gebaute Formel-1-Simulator an Bord eines Kreuzfahrtschiffs; bei bis zu 350 Stundenkilometern sind kräftige Adrenalinschübe garantiert. Romantischere Naturen bevorzugen „Movies under the Stars“: Dabei verwandelt sich das Pooldeck mittels einer riesigen Leinwand in einen spektakulären Kinosaal.

Champagner zum Empfang in der Suite

Costa Concordia

Die Costa Concordia ist das neue Flaggschiff der damit elf Schiffe umfassenden Flotte der italienischen Reederei Costa Crociere. Jumbos wie die **Costa Magica** (Baujahr 2004, maximal 3.470 Passagiere) oder die **Costa Fortuna** (2004, 3.470 Passagiere) kreuzen unter ihrem Namen ebenso wie die kleinere (und ältere) **Costa Marina** (1990, 2002 umgebaut, 963 Passagiere) und die 2006 renovierte **Costa Allegra** (1992, 984 Passagiere).

Fahrgebiete 2007

Die Costa Concordia ist für den ganzjährigen Einsatz im Mittelmeer konzipiert und gebaut worden. Deshalb verfügt das Schiff über zwei Pools, die bei Bedarf überdacht werden können. Von Januar bis Mitte April unternimmt es zwölftägige Reisen ins östliche Mittelmeer ab/bis Savona/Ligurien. Von Mitte April bis Anfang Oktober sieht der Fahrplan achttägige Törns durch das westliche Mittelmeer vor.

Ausgewählte Reisen

ÖSTLICHES MITTELMEER

Winterreise ab/bis Savona

Die Reise beginnt am 18.1. in Savona. Nach einem Seetag wird Katakolon (Ausflug Olympia) besucht (20.1.), danach Piräus (21.1.). Von dort geht es nach Izmir/Türkei (22.1.)und weiter über Rhodos (23.1.) und Zypern (Limassol, 24.1.) nach Alexandria/Ägypten (25.1.). Nach zwei weiteren Seetagen geht es über 28.1. Civitavecchia (28.1.) am 29.1. zurück nach Savona. **12 Tage; ab € 799 (Frühbucherpreis) ab/bis Savona**

WESTLICHES MITTELMEER

Sommerkreuzfahrt ab Savona

Die Fahrten ins westliche Mittelmeer beginnen und enden jeweils montags in Savona. Zum Beispiel: ab Savona am 16.4. nach Barcelona (17.4.), Palma de Mallorca (18.4.), Tunis (19.4.), Valletta/Malta (20.4.), Palermo (21.4.) und Civitavecchia/Rom (22.4). Die Rückkehr nach Savona erfolgt am 23.4. **8 Tage; ab € 749 (Frühbucherpreis) ab/bis Hafen**

DATEN & FAKTEN

BRZ	112.000	**Bordspr.**	Engl., Ital., Deutsch
Länge	290,20 m	**Kabinen**	1.500 (914 außen, 586 innen), davon 571 mit Balkon, 70 Suiten
Breite	35,50 m		
Tiefgang	k. A.		
Indienststellung	2006	**Passagierdecks**	13
Passagiere	max. 3.780	**Restaurants**	5
Crew-Mitglieder	1.090	**Bars**	13

Sport & Wellness	4 Pools, 5 Whirlpools, Sportplatz, Joggingpfad, Formel-1-Simulator, Wellnesscenter über 2 Etagen, u. a. mit Sauna, Dampfbad, Solarium
Info-/Entertainment	Theater, Kasino, Diskothek, Internet-Point, Bibliothek, Shopping-Center, Kinderschwimmbecken
Dresscode	sportlich-leger; Galaabende zu Beginn und Ende der Kreuzfahrt
Info	Costa Kreuzfahrten Tel. (0381) 444 70 70 www.costakreuzfahrten.de
Preis pro Tag	**€ 67 bis € 397** **Durchschnittspreis k. A.**

PROFIL

Info-/Entertainment	⚓⚓⚓⚓
Sport & Wellness	⚓⚓⚓⚓
Gastronomie	⚓⚓⚓
Familienfreundlichkeit	⚓⚓⚓⚓
Service	⚓⚓⚓

Unterwegs im Mittelmeer

Crystal Serenity

Luxus auf Amerikanisch: tadelloser Service, herausragende Gastronomie – und erstaunlich viel Platz für jeden Passagier

Sie ist in der Flotte der schneeweißen Crystal-Schiffe das bislang größte. Und dennoch bietet die Serenity eine Form von Luxus, wie man sie sonst nur von kleineren Schiffen kennt. Tadellos ist der Service, herausragend die Gastronomie (unter anderem mit einer Sushi-Bar des Starkochs Nobu Matsuhisa), erstaunlich das Platzangebot. Keine Kabine ist kleiner als 20 Quadratmeter, mehr als die Hälfte hat eine private Veranda, in einigen Penthouse-Suiten gibt es sogar einen Whirlpool mit Meerblick. Auf Crystal-Schiffen geben amerikanische Gäste den Ton an; zur Gala trägt man Smoking und lange Robe. Ein Manko: Die Routen und Landprogramme sind nicht so hochklassig wie alles andere an diesem Schiff.

Fahrgebiete 2007

Am 12. Januar geht die Crystal Serenity ab Miami auf Weltreise. Die Route: durch den Panamakanal, dann über Kap Hoorn rund um Südamerika und über Südafrika in den Indischen Ozean, weiter über Dubai ins Mittelmeer und von dort im April rund um Westeuropa nach London. Bis September kreuzt das Schiff im Mittelmeer (ab Rom, Istanbul, Venedig, Athen und Monte Carlo). Nach einem Abstecher ins Schwarze Meer folgen die Kanaren; von dort geht es im November über den Atlantik nach Miami und in die Karibik. Das Schwesterschiff **Crystal Symphony** fährt unter anderem in Asien, im Mittelmeer und im Baltikum.

Kabine der Kategorie A

An der Sushi-Bar

Ausgewählte Reisen

WESTEUROPA

Von London nach Rom

Von London/Southampton (Anreise am 1.5.) geht es über Irland (Dublin und Cork) durch die Biskaya nach Portugal (Porto und Lissabon). Über Gibraltar fährt das Schiff ins Mittelmeer nach Barcelona und von dort schließlich weiter über Monte Carlo zum Hafen Roms, Civitavecchia. Ausschiffung und Reiseende ist am 20.5. **13 Tage; ab € 3.830 ab/bis Hafen**

MITTELMEER & SCHWARZES MEER

Von Athen über Jalta nach Istanbul

Die Reise beginnt am 24.9. in Piräus. Von dort führt der Weg über Mykonos, Santorin und Kuşadası/Türkei durch den Bosporus ins Schwarze Meer. Dort werden Constanţa und Odessa sowie Jalta und Sochi auf der Krim besucht. Reiseende ist am 6.10. in Istanbul. **13 Tage; ab € 4.260 Euro ab/bis Hafen**

DATEN & FAKTEN

BRZ	68.000	**Bordsprache**	Englisch
Länge	250,00 m	**Kabinen**	540 Außenkabinen, davon 318 Penthouses und Suiten mit Veranda
Breite	32,20 m		
Tiefgang	7,60 m		
Indienststellung	2003	**Passagierdecks**	9
Passagiere	max. 1.080	**Restaurants**	7
Crew-Mitglieder	655	**Bars**	6

Sport & Wellness	2 Pools, Crystal Spa & Salon, Fitnesscenter, Golfabschlag und Putting-Anlage, 2 Tennisplätze
Info-/Entertainment	Shows, neueste Filme, Lernprogramme (Piano, Sprachen, Computer, Golf), Vorträge
Dresscode	leger, elegant oder informell
Info	www.crystalcruises.com Aviation & Tourism International Tel. (06023) 91 71 50, www.atiworld.de Vista Travel, Tel. (040) 30 97 98 40 www.vistatravel.de
Preis pro Tag	**ab ca. € 300, Durchschnitt € 500**

PROFIL

Info-/Entertainment	⚓ ⚓ ⚓ ⚓
Sport & Wellness	⚓ ⚓ ⚓ ⚓
Gastronomie	⚓ ⚓ ⚓ ⚓ ⚓
Familienfreundlichkeit	⚓ ⚓
Service	⚓ ⚓ ⚓ ⚓ ⚓

Feuerwerk vor Rio de Janeiro

Delphin

Sie hat schon einige Jahre auf dem Buckel, bleibt aber die Alte: überschaubar, preiswert, familiär und mit herzlichem Service

Ob als Belorussiya, Kazakhstan II oder Delphin – das Schiff hat seit Jahrzehnten seine Fans. Beliebter Treffpunkt sind die Achterdecks mit dem kreisrunden Pool, einem riesigen Sonnensegel, gemütlichen Sitzgelegenheiten aus edlem Holz und einer phantastischen Aussicht. Bei schönem Wetter nehmen hier die meisten Gäste Frühstück und Lunch ein. Das Restaurant Pacific bietet Platz für alle Passagiere, wenngleich es bei voller Belegung an den Buffets eng wird. Eng bestuhlt ist auch der Musiksalon, Alternativen sind die Delphin Lounge und der Sky Club. Das Fitnesscenter versteckt sich im Basement des Schornsteins, Sauna und Dampfbad sind dagegen tief im Schiffsbauch zu finden.

Fahrgebiete 2007

Die Delphin kreuzt im Jahr 2007 weltweit. Im Frühjahr besucht sie Brasilien, die Antarktis und die Karibik, im April folgt die Atlantiküberquerung nach Europa. Im Sommer fährt das Schiff in der Ostsee und im Nordmeer bis hinauf zum Polarkreis, im September geht es südwärts Richtung Mittelmeer, auch Abstecher ins Schwarze Meer stehen auf dem Programm. Im Dezember überquert die Delphin, ausgehend von Lissabon und mit Zwischenstopp auf den Kapverden, wieder den Atlantik, um bei dem berühmten Silvesterfeuerwerk über Rio de Janeiro dabei zu sein.

Eine Außenkabine

Auf dem Pooldeck

DATEN & FAKTEN

BRZ	16.214	Bordsprache	Deutsch
Länge	157,00 m	Kabinen	236 (129 außen, 107 innen)
Breite	21,80 m	Passagierdecks	7
Tiefgang	6,20 m	Restaurants	1
Indienststellung	1975	Bars	5
Passagiere	max. 500		
Crew-Mitglieder	200		

Sport & Wellness	Pool, Fitnessstudio, Volley- und Basketball, Shuffleboard, Joggingpfad, Tischtennis, Sauna, Massage
Info-/Entertainment	Animations- und Unterhaltungsprogramm, Lektorate, Themenreisen mit bekannten Künstlern
Dresscode	sportlich-leger, festlich zum Kapitänsempfang
Info	Hansa Kreuzfahrten GmbH Tel. (0421) 334 66-78 www.hansakreuzfahrten.de
Preis pro Tag	€ 135 bis € 225 Durchschnitt € 170

PROFIL

Info-/Entertainment	⚓ ⚓ ⚓
Sport & Wellness	⚓ ⚓
Gastronomie	⚓ ⚓ ⚓
Familienfreundlichkeit	⚓ ⚓
Service	⚓ ⚓ ⚓ ⚓

Ausgewählte Reisen

MITTELMEER & SCHWARZES MEER

Von Nizza über Odessa nach Venedig

Von Nizza (Anreise am 20.9.) über Palau/Sardinien und Malta nach Tripolis/Libyen (24.9.). Von dort über Santorin nach Odessa und Jalta (29.9.) in der Ukraine. Weiter über Samsun an der türkischen Schwarzmeerküste, Istanbul (1.10.) und Korfu nach Dubrovnik. Abschluss in Venedig; Rückflug von dort am 6.10. **16 Tage ab € 1.199 ab/bis Hafen**

ANTARKTIS

Von Ushuaia nach Santiago de Chile

Von Ushuaia/Argentinien (Anreise 20.1.2008) über Half Moon Island/Süd-Shetlands und die Paradise Bay nach King George Island/Süd-Shetlands (28.1). Von dort durch den Beagle-Kanal nach Punta Arenas (1.2.) und durch die chilenischen Fjorde nach Puerto Montt und Valparaíso. Rückflug von Santiago de Chile am 6./7.2. **19 Tage ab € 3.799 inkl. Flügen und Exkursionen**

Modellzeichnung

Delphin Voyager

Bordsprache Deutsch, Bordwährung Euro: Ein neuer „Delphin" wirbt um die Gunst der deutschen Kreuzfahrer

Die Delphin Voyager soll die Tradition der „alten" **Delphin** (Seite 104) und der **Delphin Renaissance** fortsetzen. Die ehemalige Orient Venus wird derzeit auf einer griechischen Werft umgebaut und künftig bis zu 650 Passagieren Platz bieten. Die meisten der insgesamt 324 Kabinen liegen außen, 75 werden über einen Balkon verfügen. Delphin Kreuzfahrten klassifizieren ihre Neue mit vier Sternen – man darf gespannt sein, was sie dafür bietet. Die Premierenreise beginnt am 1. Dezember 2006 in Athen und ist gleichzeitig Teil eins einer 170-tägigen Weltreise. Die bei Delphin-Stammgästen bereits Kult gewordene Partynacht ist für den 19./20. Mai 2007 in Hamburg geplant.

So wird das Foyer des Schiffs aussehen

Delphin Voyager

Fahrgebiete 2007

Die Jungfernfahrt führt die 2006/2007 komplett renovierte Delphin Voyager in 170 Tagen einmal rund um den Globus. Von Piräus geht es durch den Suezkanal und dann rund um Afrika. Vom Kap der Guten Hoffnung fährt das Schiff über den Atlantik und entlang der Küste Südamerikas um Kap Hoorn. Über die Osterinseln und Französisch-Polynesien erreicht das Schiff im März Neuseeland und Australien. Durch Melanesien geht es dann gen Indien und nach einer Umrundung der arabischen Halbinsel durch den Suezkanal ins Mittelmeer. Dann geht es in Richtung Hamburg, wo das Ende der Weltumrundung im Mai mit einer Partynacht zelebriert wird. Danach folgen auf 13 weiteren Etappen die klassischen Nordlandziele und das Mittelmeer.

Ausgewählte Reisen

SÜDOSTASIEN

Von Australien nach Sri Lanka

Von Cairns/Australien (Anreise am 28.3.) nach Papua-Neuguinea mit Stopps in Losuia, Madang und Wewak. Nach drei Seetagen wird Malaysia erreicht. Dort ankert das Schiff zwei Tage in Sandakan (6./7.4.) und fährt dann über Singapur nach Langkawi/Malaysia (12.4.). Daraufhin verbringt es drei Tage auf hoher See, ehe es zum Abschluss für zwei Tage in Colombo/Sri Lanka vor Anker liegt (16./17.4.). Rückflug am 17.4. **21 Tage; ab € 2.400 ab/bis Hafen**

NORDMEER

Rundreise ab Bremerhaven

Von Bremerhaven (Anreise am 12.7.) über die Shetlands nach Island mit Stopps in Reykjavík (16.7.) und Akureyri. Über die Jan-Mayen-Passage wird Spitzbergen mit Longyearbyen, Ayerfjord und Ny-Ålesund (22.7.) erreicht. Weiter geht es nach Honningsvåg am Nordkap (23./24.7.) und über Hellesylt und Bergen (27.7.) zurück nach Deutschland. Rückreise ab Bremerhaven am 29.7. **18 Tage; ab € 2.635 ab/bis Hafen**

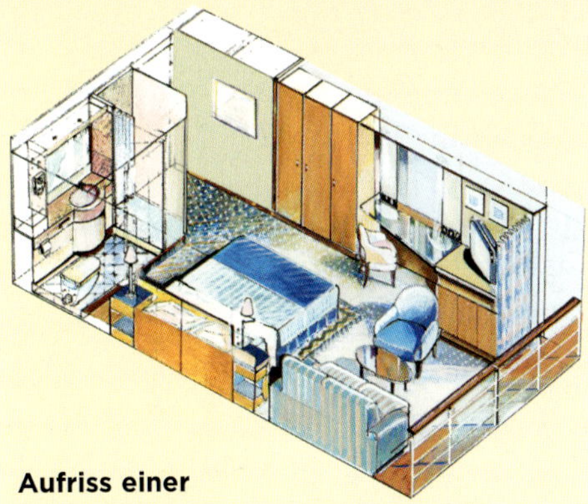

Aufriss einer Doppelkabine

DATEN & FAKTEN

BRZ	23.000	**Bordsprache**	Deutsch
Länge	174,00 m	**Kabinen**	326 (236 außen, 56 innen), davon 67 mit Balkon, 7 Suiten
Breite	24,00 m		
Tiefgang	6,50 m		
Indienststellung	1990	**Passagierdecks**	8
Passagiere	max. 650	**Restaurants**	1
Crew-Mitglieder	250	**Bars**	4

Sport & Wellness	Pool, Fitnesscenter (Meerblick) mit ständiger Anwesenheit eines Trainers, Joggingpfad, Tischtennis, verschiedene Kurse
Info-/Entertainment	jeden Abend Profi-Showtime, Lektorate, Kurse und Vorträge zu diversen Themen
Dresscode	sportlich-leger, abends formell, festlich zum Kapitänsempfang
Info	Delphin Kreuzfahrten GmbH Tel. (069) 80 08 86-88 www.delphin-cruises.com
Preis pro Tag	**€ 120 bis € 440** **Durchschnitt € 195**

PROFIL

Info-/Entertainment	Bewertung noch nicht möglich
Sport & Wellness	
Gastronomie	
Familienfreundlichkeit	
Service	

Auslaufen in Travemünde

Deutschland

Von diesem Schiff träumen Millionen Fernsehzuschauer – und viele erfüllen sich den Traum nicht nur „einmal im Leben"

Es ist jedes Mal wie im Film: Die Gäste sitzen in einem Salon wie aus der Zeit der großen Luxusliner, und herein marschiert, mit Wunderkerzen illuminiert, die Eisbombenbrigade. Die Gäste der Deutschland lieben diese Szene, im Fernsehen und im richtigen Leben, wenn sie sich auf diesem so stilvollen wie gemütlichen Schiff verwöhnen lassen. Mit viel Hang zur Nostalgie und Liebe zum Detail hat der verstorbene Reeder Peter Deilmann die Deutschland zum Traumschiff gemacht. Seine Töchter führen die Tradition fort, mit behutsamen Ergänzungen im Wellnessbereich und mit zeitgemäßen Themenreisen. Stammplatz der meisten „Repeater" aber bleibt die Bierbar Zum alten Fritz.

Immer im Blick: das Traumschiff-Logo

Fahrgebiete 2007

Unter karibischer Sonne feiern Passagiere der Deutschland den Silvesterball 2006. Dann durchqueren sie den Panamakanal und erkunden Peru und die Stätten der Inkas. Im Sommer der Südhalbkugel führt die Route zu den chilenischen Fjorden, nach Feuerland und bei 24 Stunden Tageslicht in die Antarktis. Argentinien und Brasilien folgen, dann im Frühling die Kanaren, Madeira und das Mittelmeer. Von Mai bis September ist das Fahrgebiet die Nord- und die Ostsee. England, Irland, Norwegen, Spitzbergen, Island, Grönland und Neufundland werden besucht, bevor der Kurs ins Mittelmeer führt und weiter durch den Suezkanal ins Rote Meer, in den Arabischen Golf und den Indischen Ozean. Zu Weihnachten folgen Thailand, Singapur und Sulawesi, Borneo, Bali und Hongkong.

Ausgewählte Reisen

NORDATLANTIK

Auf Entdeckerkurs in die Neue Welt

Von Hamburg führt die Route über die Orkney-Inseln und die Faröer (13./14.8.) zu Gletschern und Geysiren auf Island (16.8.), dann durch den Prins Christian Sund in Südgrönland zu den Inuit in Frederikshåb (19.8.) und Julianehåb (20.8.), via Labradorsee nach Neufundland und an die Ostküste Kanadas (23. bis 26.8.) sowie abschließend in der Alten Welt nach Cóbh und Glengariff an der Südküste Irlands. Danach Rückkehr nach Hamburg. **23 Tage; ab € 5.690, ab/bis Hamburg**

SÜDOSTASIEN

Inseln zwischen zwei Welten

Die Inseln, Palmenstrände, Tempel, Moscheen und Metropolen am Südchinesischen Meer sind Ziel dieser Reise. Sie führt ab Phuket/Thailand (19.12.) über Singapur (21./22.12.), Bali und Sulawesi (25. bis 29.12.) nach Borneo (zu Silvester) und zur Philippineninsel Palawan (zu Neujahr) – und sie endet in Hongkong (4. bis 6.1.), der einstigen Enklave des British Empire. **20 Tage; ab € 6.530 inkl. Flügen ab/bis Frankfurt**

DATEN & FAKTEN

BRZ	22.400	**Bordsprache**	Deutsch, Engl.
Länge	175,00 m	**Kabinen**	294 (224 außen, 50 innen), davon 2 mit Balkon, 18 Suiten
Breite	23,00 m		
Tiefgang	5,60 m		
Indienststellung	1998	**Passagierdecks**	8
Passagiere	max. 520	**Restaurants**	3
Crew-Mitglieder	280	**Bars**	5

Sport & Wellness	2 Pools, Wellness-Spa Deutschland, Fitnessbereich mit Trainer und Kursen, Golfabschlagplatz
Info-/Entertainment	Show- und Musikprogramme, Klassik, Tanz, Lektorenvorträge, Kreativkurse, Kinderprogramm
Dresscode	je nach Anlass von sportlich-leger bis festlich-elegant
Info	Peter Deilmann Reederei Neustadt in Holstein Tel. (04561) 396-0 www.deilmann.de
Preis pro Tag	**€ 250 bis € 1.050** **Durchschnitt € 385**

PROFIL

Info-/Entertainment	⚓⚓⚓⚓
Sport & Wellness	⚓⚓⚓⚓
Gastronomie	⚓⚓⚓⚓⚓
Familienfreundlichkeit	⚓⚓⚓
Service	⚓⚓⚓⚓⚓

2007 erstmals in Europa

Disney Magic

Der Name sagt's: Dieses Schiff ist für Kinder gemacht. Bisher nur in der Karibik unterwegs, kreuzt es 2007 erstmals in Europa

Die Rettungsboote sind „mickymausgelb" und nicht orange wie sonst üblich – schon daran erkennt man die Sonderstellung dieses Schiffs. Hier unterhalten Micky, Goofy, Donald & Co. die Kinder; wohl kein anderes Schiff auf der Welt hat ein derart buntes Unterhaltungsprogramm für Passagiere, die zwischen drei Monaten und zwölf Jahren alt sind. Was aber nicht heißt, dass an deren Eltern nicht gedacht wurde: Für sie gibt es Broadway-Musicals und Las-Vegas-Shows, drei exzellente Restaurants, großzügige Sport- und Wellnessangebote – und Kabinen, die den Platz bieten, den man nun mal braucht, wenn man mit Kindern reist. Und, sehr untypisch für ein amerikanisches Schiff: Es gibt kein Casino!

Fahrgebiete 2007

Die Disney Magic verbringt (wie ihr fast baugleiches Schwesterschiff **Disney Wonder**, Indienststellung 1999) die meiste Zeit des Jahres in der Karibik. Die jeweils einwöchigen Törns starten und enden in Port Canaveral/Florida, mit Stopps u. a. in Key West und Cozumel/Mexiko sowie auf St. Maarten und Castaway Cay, der zu den Bahamas gehörenden Disney-Privatinsel. Erstmals besucht die Disney Magic im Sommer aber auch Europa: Zwischen dem 26.5. und dem 8.8. verkehrt sie achtmal ab Barcelona auf zwei Routen (elf bzw. zwölf Nächte) im Mittelmeer. Zielhäfen sind u. a. Palermo, Neapel, Civitavecchia (Rom) und Marseille.

Fine Dining an Bord

Die große Showbühne

DATEN & FAKTEN

BRZ	83.000	**Bordsprache**	Englisch
Länge	293,80 m	**Kabinen**	877 (256 innen, 877 außen), davon 22 Suiten, 362 m. Balkon
Breite	32,00 m		
Tiefgang	k. A.		
Indienststellung	1998	**Passagierdecks**	11
Passagiere	max. 2.700	**Restaurants**	3
Crew-Mitglieder	950	**Bars**	7

Sport & Wellness	3 Pools, 6 Whirlpools, Vista Spa & Salon, Sportdeck mit Basketball, Sauna, Massage
Info-/Entertainment	Disney-Musicals im Broadway-Stil, Kinderanimation (Alter 3 Monate bis 12 Jahre), Feuerwerk auf See
Dresscode	ungezwungen
Info	Disney Cruise Line Lake Buena Vista, Florida Tel. +1 888 325 25 00 www.disneycruise.com
Preis pro Tag	**ab US-$ 113 (ca. € 89)** **Durchschnitt: keine Angaben**

PROFIL

Info-/Entertainment	⚓ ⚓ ⚓ ⚓ ⚓
Sport & Wellness	⚓ ⚓ ⚓ ⚓
Gastronomie	⚓ ⚓ ⚓
Familienfreundlichkeit	⚓ ⚓ ⚓ ⚓ ⚓
Service	⚓ ⚓ ⚓

Ausgewählte Reisen

WESTLICHE KARIBIK

Rundreise ab Port Canaveral

Von Port Canaveral aus startet das Schiff jeweils samstags an diversen Terminen bis Ende April und ab Mitte August. Die Route führt mit zwei Seetagen über Key West/Florida, Grand Cayman und Cozumel/Mexiko bis nach Castaway Cay/Bahamas. Jeweils samstags legt das Schiff wieder in Port Canaveral an. **8 Tage; ab US-$ 849 ab/bis Port Canaveral**

MITTELMEER

Rundreise ab Barcelona

Von Barcelona aus geht es jeweils mittwochs am 6.6., 27.6., 18.7. und 8.8. mit zwei Seetagen über Palermo, Neapel, Olbia/Sizilien, Civitavecchia (Ausflug nach Rom) und La Spezia (Ausflug nach Florenz und Pisa) nach Marseille und Villefranche. Jeweils samstags kehrt das Schiff wieder nach Barcelona zurück. **11 Tage ab/bis Barcelona; Preis steht noch nicht fest**

Volle Kraft voraus für ein neues Konzept

easyCruiseOne

Ein Schiff, das die Idee der Billigflieger auf dem Wasser umsetzt. Das Durchschnittsalter der Gäste ist mit 33 Jahren entsprechend niedrig

Die easyCruiseOne ist vor allem eines: unübersehbar. Knallorange liegt sie in den noblen Yachthäfen der Côte d'Azur, auf der Seite prangt in dicken Lettern die Internetadresse – gebucht wird ausschließlich online. Nur so lässt sich der konkurrenzlos günstige Preis bei frühzeitiger Buchung einer Zweibettkabine realisieren. Komfort kann man dafür nicht erwarten, die Kabinen sind zweckmäßig (und in der Regel fensterlos), jedes Extra an Bord wird auch extra berechnet: Kabinenreinigung, Frühstück, Abendessen, Getränke. Die easyCruiseOne setzt die Idee der Billigfluglinien auf dem Wasser um, und das Konzept geht offensichtlich auf: Der Blick von Bord der easyCruiseOne auf die angesteuerten Destinationen ist schließlich genauso mondän wie von jedem Luxusliner.

Fahrgebiete 2007

Von Dezember 2006 bis Juli 2007 fährt die easyCruiseOne in der Karibik. Fünf verschiedene Routen werden dort angeboten – vom dreitägigen Wochenendtörn (ab/bis St. Maarten über St. Barts und Anguilla) bis hin zur einwöchigen Cruise ab Antigua über Nevis, St. Maarten, St. Barts und Anguilla nach St. Kitts. Danach wird das Schiff voraussichtlich wie im Sommer 2006 vor der italienischen und der französischen Riviera kreuzen, Start ist in Nizza, Genua oder Im-

Alles orange – bis auf den Käpt'n

Vier Kabinen haben einen Balkon

peria. Diese Programme standen jedoch bei Redaktionsschluss noch nicht fest.

Bereits offiziell sind dagegen die Sommerrouten der **easyCruiseTwo**: eines Flussschiffes für 100 Passagiere, das in den Niederlanden und in Belgien verkehrt, mit Stationen wie Amsterdam, Antwerpen und Brüssel – zu unglaublichen Preisen ab circa 11 Euro pro Tag. Und im Bau ist bereits ein zweites Seeschiff, die **easyCruiseThree**. Den ersten veröffentlichten Plänen zufolge dürfte sie nicht nur deutlich größer, sondern auch ein wenig komfortabler ausfallen als die easyCruiseOne.

Ausgewählte Reise

KLEINE ANTILLEN

Rundreise ab St. Maarten

Start ist jeweils montags in St. Maarten. Von dort führt die Route über die Karibikinseln St. Kitts, Antigua, Nevis, St. Barts und Anguilla, ehe es wieder zurück nach St. Maarten geht.

7 Tage; ab ca. € 268 ab/bis St. Maarten

DATEN & FAKTEN

BRZ	4.077	**Bordsprache**	Englisch
Länge	88,30 m	**Kabinen**	82 innen (7 Vierer-, 74 Zweier-, 1 Behindertenkabine), 4 mit Balkon
Breite	15,60 m		
Tiefgang	3,80 m		
Indienststellung	2005	**Passagierdecks**	5
Passagiere	max. 170	**Restaurants**	1
Crew-Mitglieder	54	**Bars**	2

Sport & Wellness	Fitnessraum und Whirlpool
Info-/Entertainment	keine Programme
Dresscode	kein Dresscode
Besonderheit	Verpflegung an Bord (Fast-Food-Restaurant, Coffeeshop, Cocktailbar) ist nicht im Preis enthalten. Auch Frühstück und Kabinenreinigung sind extra zu zahlen
Info	easyGroup UK Ltd., London Buchung nur im Internet möglich unter www.easycruise.com
Preis pro Tag	**€ 45 bis € 68** **Durchschnitt ca. € 50**

PROFIL

Info-/Entertainment	⚓
Sport & Wellness	⚓
Gastronomie	⚓
Familienfreundlichkeit	⚓
Service	

Auf hoher See

Europa

Luxusyacht auf höchstem Niveau: 204 Suiten – und perfekter Service

Ob die Europa wirklich das beste Kreuzfahrtschiff der Welt ist, mag jeder für sich entscheiden. Fest steht: Mehr Service und Komfort auf See geht nicht. Hier weiß der Kellner am letzten Tag noch, welcher Passagier am ersten Tag zum Frühstück Holundertee getrunken hat. Nie aufdringlich ist der Service, aber immer da, wenn man ihn braucht. Luxuriös sind die Kabinen: Man wohnt ausschließlich in Suiten; in den De-luxe-Suiten kümmert sich ein persönlicher Butler um das Wohl der Gäste. Neu ist der kleine Kinderclub: Er lockt jetzt auch die Jüngsten an Bord. Klassisch gediegen geht es im Europa-Restaurant zu, lockerer im Lido-Café. Schönster Ort für den Sundowner ist die Sansibar im Heck.

Für sportliche Gäste: Fitness und Golf

Fahrgebiete 2007

Wie jedes Jahr ist die Europa auch 2007 auf Weltreise. Sie beginnt am 30. November 2006 in Madeira und endet am 7. Mai 2007 in Genua. Der Mindestpreis für die 157 Tage um den Globus beträgt 58.800 Euro. Die Mehrheit der Gäste bucht einzelne Etappen. Dabei fährt die Europa Traumziele (z. B. Bora Bora) ebenso an wie faszinierende Metropolen (z. B. Sydney). Wenn Zeit und Route es zulassen, gibt es zusätzliche Überraschungsstopps. Das Schiff macht in Häfen fest, die nicht im Programm stehen. Oder liegt auf Reede und bootet seine Gäste mit Zodiacs oder Tendern zu spontanen Landaufenthalten aus. Im Rahmen von Schnupperkreuzfahrten ankert die Europa auch 2007 wieder vor Sylt (20./21. Juli) und Heiligendamm (11./12. August). Im Sommer kreuzt sie durch das Nordland, die Ostsee und rund um die Britischen Inseln.

Ausgewählte Reisen

ABENTEUER AMAZONAS

Von Rio de Janeiro nach Manaus

Von Santiago de Chile (Anreise am 4.12.) entlang der brasilianischen Küste über Salvador da Baía, Maceió), Recife (9.12.) und Fortaleza zum Tor des Amazonas, nach Belém (13.12.). Auf der Flussfahrt bis nach Manaus Stopps in Rio do Cajari, Santarém und Boca da Valéria mit Anlandungen und Zodiac-Exkursionen auf den Amazonas-Seitenarmen. Rückflug ab Manaus am 19.12. **17 Tage; ab € 9.260 inkl. Flüge ab/bis Deutschland**

GENUSSREISE MITTELMEER

Von Monte Carlo nach Monte Carlo

Im mondänen Monte Carlo beginnt der viertägige Schnuppertörn (Anreise 30.9.). Dann lädt Bonifacio (1.10.) zur Entdeckung von der Wasser- oder der Landseite her ein. Auf Capri (2.10.) fällt die Entscheidung schwer: Axel Munthe Museum, Blaue Grotte oder lieber Cappuccino auf der Piazza? Napoleons Spuren folgt man auf Elba (3.10.), bevor die Reise am 4.10. wieder in Monte Carlo endet. **4 Tage; ab € 2.022 ab/bis Hafen**

DATEN & FAKTEN

BRZ	28.890	**Bordsprache**	Deutsch
Länge	198,60 m	**Kabinen**	204 Außensuiten, davon 168 mit Balkon, 12 Penthouse-Suiten
Breite	24,00 m		
Tiefgang	6,00 m		
Indienststellung	1999	**Passagierdecks**	7
Passagiere	max. 408	**Restaurants**	4
Crew-Mitglieder	275	**Bars**	6

Sport & Wellness	Pool, Fitnessraum, diverse Kurse, Personal Trainer, Golf, Golf Pro, Fahrräder (gratis), Tanzkurse, Nordic Walking, Schnorchelausrüstung
Info-/Entertainment	Stars der klassischen und der Unterhaltungsmusik, Comedians, Maler, Schauspieler, Lektoren, Orchester, Tänzer, Schriftsteller; Themenreisen
Dresscode	sportlich-elegant bis elegant
Info	Hapag-Lloyd Kreuzfahrten Hamburg, Tel. (040) 30 01-46 00 www.hlkf.de
Preis pro Tag	ab € 472, Durchschnitt ca. € 495

PROFIL

Info-/Entertainment	⚓⚓⚓⚓
Sport & Wellness	⚓⚓⚓⚓
Gastronomie	⚓⚓⚓⚓⚓
Familienfreundlichkeit	⚓⚓⚓⚓
Service	⚓⚓⚓⚓⚓

Im Hamburger Hafen neben der Cap San Diego

Freedom of the Seas

Das größte Kreuzfahrtschiff der Welt ist eine schwimmende Stadt. Wer sie erleben will, hat dazu nur in der Karibik die Gelegenheit

Es ist unglaublich, aber wahr: Auf der Freedom of the Seas können die Gäste surfen. Nicht nur im Internet, sondern auf richtigen Wellen. Der „Flowrider" im Heck macht es möglich. Wer nicht selbst auf das Brett steigt, kann auf den Tribünen dem „Surfin' USA" unter freiem Himmel zuschauen. Sogar Wintersport lässt sich an Bord betreiben: Auf der Eislaufbahn im Bauch des Schiffs laufen die Gäste tagsüber Schlittschuh, und abends steigen die Profis in einer Eisrevue auf die Kufen. Im Fitnesscenter stehen nicht nur die üblichen Kraft- und Ausdauergeräte, sondern auch, man glaubt es kaum: ein Boxring. Hobbybergsteiger finden auch die Rocky Mountains auf der Freedom: Ganz oben auf Deck 13 steht der Kletterfelsen, der höchste auf einem Kreuzfahrtschiff. Vom „Gipfel" bis zum Meeresspiegel sind es mehr als 60 Meter! Familien mit Kindern freuen sich über den großen H_2O-Poolbereich auf Deck 12 mit Springbrunnen, Wasserkanonen und künstlichen Dünen. Die Krönung des „American Way of Life" ist jedoch die Royal Promenade: eine Straße auf einem Schiff. 135 Meter lang und vier Decks hoch ist der Boulevard mit Bars, Shops und Cafés. Hier kann man bummeln und „draußen" sitzen. Sogar Innenkabinen mit „Blick auf die Straße" können gebucht werden.

Fazit: Mit der Freedom of the Seas hat endgültig die Zukunft der Kreuzfahrt be-

Aufzüge in der Lobby

Die zentrale Shopping-Arcade

gonnen. Allerdings: Eine Seereise mit über 5.000 Menschen an Bord ist wahrlich nicht jedermanns Geschmack. (Siehe auch die Reportage ab Seite 50.)

Fahrgebiete 2007

Die Freedom of the Seas fährt ab Miami/Florida im Wochenturnus in die westliche Karibik. Der Routenverlauf ist dabei festgelegt: Sonntags erfolgt die Abfahrt in Miami, montags ist Seetag, dienstags wird Cozumel/Mexiko angelaufen, mittwochs George Town auf Grand Cayman. Am Donnerstag geht es dann nach Montego Bay auf Jamaika und jeden Freitag nach Labadee, auf die Privatinsel der Reederei vor Haiti. Nach einem abschließenden Seetag am Samstag läuft die Freedom of the Seas dann zur Ausschiffung am Sonntag wieder nach Miami ein. Der Preis pro Woche variiert je nach Auslastung des Schiffs. **8 Tage; ab € 630 ab/bis Hafen**

DATEN & FAKTEN

BRZ	160.000	**Bordsprache**	Englisch
Länge	339,00 m	**Kabinen**	1.817 (1.084 außen, 733 innen), davon 842 mit Balkon, 120 Suiten
Breite	56,00 m		
Tiefgang	8,53 m		
Indienststellung	2006	**Passagierdecks**	15
Passagiere	max. 4.375	**Restaurants**	8
Crew-Mitglieder	1.360	**Bars**	13

Sport & Wellness	ShipShape Fitnesscenter – mit 126 Geräten auf insgesamt 1.161 Quadratmetern; Boxring, Basketball, Kletterwand, Wellenreitstadion u. v. m.
Info-/Entertainment	Theater mit 1.350 Plätzen, Kunstgalerie, Casino, Eisbahn, Kinderbetreuung, Musicals u. v. m.
Dresscode	ungezwungen, im Hauptrestaurant mitunter formell
Info	Royal Caribbean Cruise Line A/S Tel. (069) 92 00 71–0 www.royalcaribbean.de.de
Preis pro Tag	**€ 116 bis € 821** **Durchschnitt ca. € 100**

PROFIL

Info-/Entertainment	⚓⚓⚓⚓⚓
Sport & Wellness	⚓⚓⚓⚓⚓
Gastronomie	⚓⚓⚓
Familienfreundlichkeit	⚓⚓⚓⚓⚓
Service	⚓⚓⚓

Mit 2.600 Passagieren im Pazifik

Golden Princess

Das Riesenschiff hat die beste schwimmende Diskothek der Welt. Sie ist in dem riesigen Heckspoiler untergebracht

Die Golden Princess ist ein beliebtes Schiff der Princess-Flotte. Trotz einer Bruttoraumzahl von über 100.000 ist das Schiff gewollt kleinteilig. An Bord gibt es keinen Gigantismus wie etwa auf der **Freedom of the Seas**. Das Atrium wirkt mit einer Höhe von drei Decks fast zierlich. Das Horizon Court ist mit gerade mal 620 Plätzen das größte Restaurant an Bord. Etwas kitschig ist das Interieur der Spezialitäten-Trattoria Sabatini's (90 Sitzplätze). Ein spektakulärer Höhepunkt ist die Disco Skywalkers in 45 Metern Höhe im Heckspoiler des Schiffs, zu erreichen über eine Brücke mit einer Rolltreppe. Der Blick ist grandios. Wer zuvor noch kein Nachtschwärmer war, wird hier einer.

Perfekte Aussicht aus einer Balkonsuite

Golden Princess

Die Flotte von Princess Cruises umfasst 16 weitere Schiffe mit 30.000 (z. B. **Pacific Princess**, 670 Passagiere) bis 113.000 Bruttotonnen (z. B. **Caribbean Princess** oder die im Aril 2007 neu hinzukommende **Emerald Princess**, je 3.100 Passagiere). Die Golden Princess zählt zur „Grand Class" der Reederei. Sie ist weitestgehend baugleich mit der **Grand Princess** und der **Star Princess**.

Fahrgebiete 2007

Die Reise der Golden Princess beginnt im Januar in Südamerika. Von Rio de Janeiro geht es unter anderem nach Buenos Aires, Santiago de Chile und Acapulco in Mexiko. Im Mai zieht das Schiff nordwärts in kältere Gefilde: Von Seattle bricht es zu regelmäßigen Törns vor der Küste Kanadas und Alaskas auf. Auf der Inside Passage genießt man spektakuläre Ausblicke auf die mächtigen Gletscher der Region. Das Winterhalbjahr verbringt die Golden Princess dann im Pazifik vor den Küsten Mexikos: Von Los Angeles aus werden die vor allem bei amerikanischen Touristen überaus beliebten Seebäder Puerto Vallarta und Mazatlán sowie Cabo San Lucas an der Südspitze der wüstenartigen Halbinsel Baja California angelaufen.

Ausgewählte Reisen

KANADA UND ALASKA

Durch die Inside Passage ab Seattle

An 20 Terminen von Mai bis September ab/bis Seattle/USA: Gletscherkreuzfahrt durch die Inside Passage vor der Westküste Kanadas bis zum Glacier National Park in Alaska. Stationen sind Juneau, Skagway, Tracy Arm und Ketchikan in Alaska sowie Victoria in Kanada. **8 Tage; ab € 699 Euro ab/bis Hafen**

MEXIKANISCHE RIVIERA

Rundreise ab Los Angeles

Insgesamt zehnmal fährt das Schiff ab Oktober 2007 zur Pazifikküste Mexikos. Zielhäfen sind Puerto Vallarta, Mazatlán und Cabo San Lucas. **8 Tage; ab € 699 ab/bis Hafen**

DATEN & FAKTEN

BRZ	108.806	**Bordsprache**	Englisch
Länge	290,00 m	**Kabinen**	1.300 (218 außen, 372 innen), davon 502 mit Balkon, 108 Suiten
Breite	48,50 m		
Tiefgang	7,90 m		
Indienststellung	2001	**Passagierdecks**	14
Passagiere	max. 2.600	**Restaurants**	9
Crew-Mitglieder	1.150	**Bars**	11

Sport & Wellness	5 Pools, Fitnesscenter, Tischtennis, Jogging, Golfsimulator und 9-Loch-Putting-Green, Basket-/Volleyball
Info-/Entertainment	Princess Production Shows, Livemusik, Comedy und Kabarett, Mottoabende, Honeymoon Get Together; Pool- und Deckpartys
Dresscode	sportlich schick oder elegant
Info	Princess Cruises Tel. (089) 517 03 450 www.princesscruises.de
Preis pro Tag	**€ 100 bis € 400** **Durchschnitt: k. A.**

PROFIL

Info-/Entertainment	⚓⚓⚓⚓
Sport & Wellness	⚓⚓⚓⚓
Gastronomie	⚓⚓⚓
Familienfreundlichkeit	⚓⚓⚓⚓
Service	⚓⚓⚓

Kreuzen vor Grönland

Hanseatic

Expeditionsschiff auf höchstem Niveau mit großzügigen Kabinen

Wie die **Bremen** fährt die Hanseatic mit der höchsten Eisklasse in die Antarktis. Je nach Wetterlage überquert sie sogar den Südpolarkreis. In 14 Zodiac-Schlauchbooten kann man Pinguine, Robben und Wale hautnah erleben. Fachkundige Lektoren begleiten die Exkursionen. Auch in der entlegensten Gegend bleibt der Kontakt zur Außenwelt bestehen: Jeder Passagier erhält seine eigene E-Mail-Adresse (gratis). Sehr großzügig sind die Kabinen (22 Quadratmeter) und Suiten (44 Quadratmeter). In der Columbus Lounge klingt der Abend entspannt bei Klaviermusik aus. Das i-Tüpfelchen, gerade bei Antarktis-Touren, wäre eine Panorama-Sauna. Die auf der Hanseatic ist klein und fensterlos.

Natur hautnah: Antarktis und Arktis

Hanseatic

Fahrgebiete 2007

Die Antarktissaison 2006/07 endet mit einer 23-tägigen Reise, die die Antarktis, Südgeorgien und die Falklandinseln beinhaltet. Von Buenos Aires geht es über den Atlantik auf die „Expedition Wissen" zu den Kapverden, Kanaren und Azoren. Rund um Westeuropa dreht sich alles um Musik – mit Gewinnern von Steinway-Klavierwettbewerben. Die Ostsee und Norwegen stehen auf dem Programm, bevor eine Expedition der nächsten folgt: Spitzbergen/Weißes Meer, Grönland, Durchquerung der Nordwestpassage, Kamtschatka, Japan. Von Tokio aus werden exotische Ziele wie den Marianen-Inseln, Yap, Komodo und Papua-Neuguinea angesteuert, bevor es im November/Dezember zu bekannten und unbekannten Südseeparadiesen geht.

Ausgewählte Reisen

AZOREN UND MITTELMEER

Von Madeira nach Barcelona

Von Funchal auf Madeira (Anreise 12.4.) geht es zu den Nachbarinseln Faial und Pico (15.4.) sowie nach Terceira (16.4.) und São Miguel (17.4.). Nach einem Seetag Besuch der britischen Enklave Gibraltar (20.4.), weiter ins mondäne Marbella (21.4.) und zu den Baleareninseln Formentera, Ibiza (23.4.) und Menorca (24.4.). Der Rückflug ab Barcelona, dem Ziel der Reise, erfolgt am 25.4. **13 Tage; ab € 5.414 inkl. Flügen ab/bis Deutschland**

EXPEDITION ARKTIS

Von Tromsø nach Kangerlussuaq

Flug nach Tromsø (Anreise 18.7.), weiter zur Vulkaninsel Jan Mayen (20.7., vorbehaltlich Genehmigung) und nach Island (Akureyri, Ísafjördur, Reykjavík). Durch den Prins Christian Sund (26.7.) nach Grönland. Anlandungen geplant in Hvalsø und Qaqortoq (27.7.), Paamiut (28.7.), Nuuk (29.7.), Aasiaat (30.7.) und Sisimiut (31.7.) sowie Kreuzen in der Disko-Bucht (30.7.). Rückflug von Kangerlussuaq am 1.8. **14 Tage; ab € 6.367 inkl. Flügen ab/bis Deutschland**

DATEN & FAKTEN

BRZ	8.378	**Bordsprache**	Deutsch
Länge	122,80 m	**Kabinen**	92 Außenkabinen, davon 4 Suiten
Breite	18,00 m		
Tiefgang	4,80 m		
Indienststellung	1993	**Passagierdecks**	6
Passagiere	max. 184	**Restaurants**	2
Crew-Mitglieder	125	**Bars**	3

Sport & Wellness	Pool, Fitnessraum, Schnorchelausrüstung, Fahrräder (gratis)
Info-/Entertainment	Band, Künstler (klassische oder Unterhaltungsmusik), Lektoren, Wissenschaftler, Schriftsteller
Dresscode	sportlich-leger, sportlich-elegant
Info	Hapag-Lloyd Kreuzfahrten Hamburg Tel. (040) 30 01-46 00 www.hlkf.de
Preis pro Tag	**ab € 291** **Durchschnitt ca. € 395**

PROFIL

Info-/Entertainment	⚓ ⚓ ⚓
Sport & Wellness	⚓ ⚓
Gastronomie	⚓ ⚓ ⚓ ⚓ ⚓
Familienfreundlichkeit	⚓
Service	⚓ ⚓ ⚓ ⚓ ⚓

In der Antarktis

Marco Polo

So sahen Schiffe früher aus: geschwungene Linien und Aufbauten – und klassische Teakholz-Deckchairs auf klassischen Teakholz-Decks

Für rund 75 Millionen US-Dollar wurde die einstige Alexandr Pushkin zur Marco Polo umgebaut. Seit 1998 gehört Orient Lines zu Norwegian Cruise Lines. Zwar lässt sich deren „Freestyle"-Konzept auf einem klassischen Kreuzfahrer nicht komplett umsetzen, erste Schritte aber sind getan. So können die Passagiere täglich nach eigenem Gusto ihr Restaurant wählen. Frühstück und Lunch sind identisch, an den Abenden wartet das Raffles mit Themenbuffets auf, während im Seven Seas serviert wird. Von vier offenen Decks aus kann man einen spektakulären Rundumblick genießen. Die Gäste stammen hauptsächlich aus den USA, Australien, Neuseeland und Großbritannien.

Dinner auf dem Pooldeck

Fahrgebiete 2007

Den Winter verbringt die Marco Polo in Südamerika und fährt ab/bis Ushuaia durch die Antarktis sowie entlang der Küsten Südamerikas von Valparaíso in Chile bis nach Rio de Janeiro in Brasilien. Von dort aus überquert sie im Februar den Atlantik und nimmt Kurs auf Civitavecchia, den Hafen Roms. Von April bis Anfang Juni ist die Marco Polo zwischen Civitavecchia und Piräus auf verschiedenen Routen im westlichen und östlichen Mittelmeer unterwegs, bevor sie am 8. Juni Westeuropa umfährt und in Richtung Norden aufbricht. Bis August bereist sie die Nord- und die Ostsee, fährt an den norwegischen Fjorden entlang und steuert schließlich St. Petersburg an. Im Herbst kehrt das Schiff zurück ins Mittelmeer; es werden dann erneut verschiedene Kreuzfahrten im westlichen und östlichen Mittelmeer angeboten.

Ausgewählte Reisen

SÜDAMERIKA

Antarktische Halbinsel

Beginn dieser wöchentlichen Fahrten ist am 1., 9. und 17.1., Starthafen ist Ushuaia in Feuerland/Argentinien. Von dort aus geht es durch die Drake-Passage zur Antarktischen Halbinsel. Der genaue Reiseverlauf ist abhängig von Wetter, Eisbildung und Tierwelt, Ausfahrten finden per Zodiac statt. Am siebten Tag geht es um Kap Hoorn zurück nach Ushuaia. **8 Nächte; ab € 2.399, plus Flüge ab/bis Deutschland ab € 1.499**

MITTELMEER

Italien und die französische Riviera

Diese Reise findet an verschiedenen Terminen zwischen April und November statt. Von Civitavecchia bei Rom geht es über Portoferraio auf Elba nach Livorno (Ausflüge nach Florenz und Pisa). Weiter entlang der französischen Küste über Villefranche (Ausflug nach Nizza), Cannes und Toulon (Ausflug nach St-Tropez) sowie über Palma de Mallorca nach Barcelona. **7 Nächte; ab € 549, plus Flüge ab/bis Deutschland ab € 299**

DATEN & FAKTEN

BRZ	23.080	**Bordsprache**	Englisch
Länge	176,00 m	**Kabinen**	428 (293 außen, 129 innen), davon 6 Suiten
Breite	23,00 m		
Tiefgang	8,00 m		
Indienststellung	1965	**Passagierdecks**	8
Passagiere	max. 826	**Restaurants**	2
Crew-Mitglieder	350	**Bars**	5

Sport & Wellness	Pool, 3 Whirlpools, Mandara Spa & Fitness Center
Info-/Entertainment	Tagesprogramme, Abend- und Showprogramm, Casino, Landausflüge, Gentleman Host
Dresscode	sportlich-leger bis formell, je nach Tageszeit und Anlass
Info	Orient Lines/NCL (Bahamas) Ltd. Niederlassung Wiesbaden Tel. 01805 62 55 26 (€ 0,12/Min.) www.orient-lines.info
Preis pro Tag	**€ 68 bis € 335** **Durchschnitt € 115**

PROFIL

Info-/Entertainment	⚓⚓
Sport & Wellness	⚓⚓
Gastronomie	⚓⚓⚓
Familienfreundlichkeit	⚓⚓
Service	⚓⚓⚓⚓

Vor New York

Maxim Gorki

Die elegante Hamburgerin: Transatlantikliner, Fernsehstar und mit 33 Umrundungen des Globus klarer Weltreisen-Weltmeister

Getauft wurde sie auf den Namen Hamburg, als Hanseatic war sie mit Omar Sharif Hauptdarstellerin in „18 Stunden bis zur Ewigkeit“, als Maxim Gorki hat sie sagenhafte 33-mal den Globus umrundet. Und im aktuellen Prospekt sind bereits die Weltreisen Nummer 34 und 35 zu finden. Da kann kein anderes Schiff mithalten. Der Erfolg kommt nicht von ungefähr. Das Schiff bietet vor allem eines: Platz. Breite Gänge, großzügige Kabinen, reichlich Sonnen- und Schattenplätze. Und, auf Neubauten kaum noch zu finden, Innenpool und Kino. Die Stammgäste loben die Freundlichkeit des ukrainischen Personals. Viele buchen immer die gleiche Kabine, um von „ihrer“ Olga oder Svetlana betreut zu werden.

Fahrgebiete 2007

Die Jahresreise der Maxim Gorki führt von Bremerhaven zu den Kanaren und dann über den Atlantik in die Karibik. Weiter geht es längs der Westküste Mittelamerikas über Acapulco zu den Inseln der Südsee. Die nächsten Ziele sind Australien, Papua-Neuguinea, die Philippinen, Vietnam, Malaysia und Sumatra. Von Sri Lanka fährt das Schiff zu den Malediven und den Seychellen sowie durch den Suezkanal ins Mittelmeer. Nach der Fahrt um Westeuropa herum führt die Route durchs sommerliche Nordmeer und ins Baltikum. Im Herbst folgen Reisen rund um Großbritannien sowie zu den Azoren und den Kanaren.

Maxim Gorki

Fußball auf dem Sportdeck

Restaurant Odessa

DATEN & FAKTEN

BRZ	25.000	**Bordsprache**	Deutsch
Länge	195,00 m	**Kabinen**	322 (191 außen, 110 innen), davon 29 Suiten
Breite	27,00 m		
Tiefgang	8,50 m		
Indienststellung	1969	**Passagierdecks**	8
Passagiere	max. 630	**Restaurants**	3
Crew-Mitglieder	ca. 340	**Bars**	4

Sport & Wellness	Innen- und Außenpool, Sauna, Massage, Solarium und medizinische Bäder gegen Gebühr
Info-/Entertainment	Showprogramme, Tanz, Musik, Tageskünstler
Dresscode	leger, zu besonderen Anlässen (Kapitänsempfang/-dinner) festlich-elegant
Info	Phoenix Reisen GmbH, Bonn Tel. (0228) 92 605 555 www.PhoenixReisen.com
Preis pro Tag	**€ 60 bis € 279** **Durchschnitt € 162**

PROFIL

Info-/Entertainment	⚓ ⚓ ⚓
Sport & Wellness	⚓ ⚓
Gastronomie	⚓ ⚓ ⚓
Familienfreundlichkeit	⚓ ⚓
Service	⚓ ⚓ ⚓

Ausgewählte Reisen

FERNOST

Von den Philippinen nach Sri Lanka

Flug nach Manila am 16.3. Höhepunkte der ersten Etappe sind Sanya/Südchina und Vietnam. Weiter über Thailand, Kambodscha und Singapur nach Port Kelang/Malaysia. Interessante Eindrücke gewinnt man auf Sumatra und in der alten Seeräuberstadt Sabang/Insel We, bevor die Reise am 3.4. auf Sri Lanka zu Ende geht. **18 Tage; ab € 2.329, inkl. Hin- und Rückflug**

ZUM NORDKAP

Rundreise ab Bremerhaven

Von Bremerhaven am 12.5. nach Flåm/Aurlandsfjord und zum Sognefjord. Nach der Überquerung des Nordpolarkreises sind Honningsvåg, das Nordkap und der Altafjord die Ziele. Weitere Stationen sind Tromsø, die Lofoten, der Geiranger- und der Storfjord. Rückreise über Bergen nach Bremerhaven am 24.5. **12 Tage; ab € 999 ab/bis Hafen**

In den norwegischen Fjorden

Midnatsol

Wie für alle Hurtigruten-Schiffe gilt auch für die Midnatsol, die zu den neuesten und größten der Flotte zählt: Die Natur ist der Star

Getauft wurde die „Mitternachtssonne" 2003 in Hamburg von Rut Brandt. Seitdem fährt das Schiff auf der „schönsten Seereise der Welt" – die Bezeichnung aus dem Katalog ist nicht übertrieben. Bei schönem Wetter versammelt sich alles auf dem Sonnendeck zur Musik von Edvard Grieg und genießt die Einfahrt in den spektakulären Trollfjord. Beliebtester Platz unter Deck ist die Panoramalounge im Bug über zwei Decks. Durch ihre hohen Fenster hat man den besten Blick auf die Welt der Fjorde. Große Unterhaltung fehlt an Bord, sie würde vermutlich auch stören. Ein Tipp: Bei Touren in die Mitternachtssonne hilft eine fensterlose Innenkabine beim Einschlafen.

Fahrgebiete 2007

365 Tage im Jahr startet ein Hurtigruten-Schiff von Bergen aus nach Kirkenes mit Halt in 34 Häfen. Die klassische Rundreise führt in zwölf Tagen von Bergen nach Kirkenes und wieder zurück. Traditionsgemäß werden abgelegene Ortschaften und kleinste Häfen ebenso angelaufen wie die modernen Städte. Bei längerer Verweildauer können die Passagiere auf eigene Faust oder mit gebuchten Landausflugspaketen die Umgebung erkunden. Die Hurtigruten-Schiffe fahren unter anderem die Städte Ålesund, Trondheim und Tromsø (das „Paris des Nordens") sowie die Inselgruppe der Lofoten und Vesterålen an.

Promenadendeck

Panoramalounge

Ausgewählte Reisen

NORWEGEN

Von Kirkenes nach Bergen

Von Mai bis Ende August beginnt diese Reise regelmäßig in Kirkenes und führt entlang der Fjordküste nach Bergen. Fünf Nächte werden an Bord verbracht, in Kirkenes und Bergen wird je einmal im Hotel übernachtet. Vor-/Nachprogramme in Bergen und Kirkenes möglich; Ausflüge können dazugebucht werden. **8 Tage; ab € 1.795 inkl. Flug ab Düsseldorf oder München nach Kirkenes und Rückflug ab Bergen**

NORWEGEN

Rundreise ab Bergen

Von April bis August wird diese Rundreise von Bergen nach Kirkenes und zurück angeboten. Elf Nächte an Bord; drei Hotelübernachtungen in Bergen (wahlweise vor oder nach der Passage); Ausflüge sowie Vor- und Nachprogramm zubuchbar. **15 Tage; ab € 2.695 inkl. Flügen ab/bis Düsseldorf oder München**

DATEN & FAKTEN

BRZ	16.151	**Bordsprache**	Norw., Engl.
Länge	135,75 m	**Kabinen**	305 (244 außen, 61 innen), davon 15 mit Balkon/Erker, 17 Suiten
Breite	21,50 m		
Tiefgang	5,10 m		
Indienststellung	2003	**Passagierdecks**	6
Passagiere	max. 1.000	**Restaurants**	1
Crew-Mitglieder	ca. 80	**Bars**	2

Sport & Wellness	Fitnessraum, Jacuzzi, Sauna
Info-/Entertainment	Lektorenvorträge, Ausflugsprogramm, Aufführungen örtlicher Folkloregruppen, Chöre o. Ä. an Bord in einzelnen Häfen, abends Pianomusik an der Bar
Dresscode	sportlich, leger
Info	NSA Norwegische Schiffahrts-Agentur GmbH, Hamburg Tel. (040) 37 69 30 www.hurtigruten.de
Preis pro Tag	**keine Angaben**

PROFIL

Info-/Entertainment	⚓⚓
Sport & Wellness	⚓⚓
Gastronomie	⚓⚓⚓⚓
Familienfreundlichkeit	⚓⚓
Service	⚓⚓⚓⚓

Unterwegs in der Ostsee

MSC Lirica

Ein Schnäppchenschiff, das auch Kreuzfahrtneulinge anspricht. Allerdings: Gastronomie und Service sollten verbessert werden

Die Lirica ist ein italienisches Schiff für deutsche Urlauber und besonders für schmale Geldbeutel geeignet. Schmal ist leider auch die Kost an Bord. Von guter mediterraner Küche ist die Gastronomie doch einige Seemeilen entfernt. Kulinarische Klimmzüge können in keinem der vier Restaurants erwartet werden, Feinschmecker haben auf der Lirica nichts verloren. Auch beim Service in den Restaurants bleibt vor allem in Sachen Freundlichkeit noch Luft nach oben. Wer mit diesen Abstrichen leben kann, findet auf der Lirica trotzdem seinen Spaß, vor allem auf den großzügigen Außendecks. Beliebtester Treffpunkt dort ist La Canzone del Mare, die Poolbar auf dem Vivaldi-Deck. Gelungen ist auch der Fitnessbereich vorn auf demselben Deck. Von dort hat man fast eine bessere Sicht als der Käpt'n auf der Brücke. Großes Plus: Kinder bis 17 Jahren reisen umsonst in der Kabine der Eltern mit.

Fahrgebiete 2007

Die MSC Lirica wird im Sommer 2007 turnusmäßig ab Kiel auf zwei verschiedenen Routen in der Ostsee fahren. Zum einen werden die norwegischen Fjorde und die Städte Kopenhagen, Oslo, Kristiansand, Bergen sowie die Gemeinde Eidfjord besucht. Und auf der Route „Hauptstädte des Baltikums" wird das Schiff Kopenhagen, St. Petersburg,

MSC Lirica

In der Lounge

Suite mit Balkon

DATEN & FAKTEN

BRZ	59.058	**Bordsprache**	Italienisch, Englisch, Deutsch, Französisch
Länge	251,25 m		
Breite	28,80 m		
Tiefgang	6,45 m	**Kabinen**	765 (489 außen, 276 innen), davon 134 Suiten mit Balkon
Indienststellung	2004		
Passagiere	max. 2.065		
Crew-Mitglieder	700	**Restaurants**	4
Passagierdecks	9	**Bars**	7

Sport & Wellness	2 Pools, Fitnesscenter, Minigolf, Health Center, Dampfbad/Sauna, Solarium
Info-/Entertainment	Diskothek, Kasino, Theater, Kino, Kinderclub
Dresscode	kein Dresscode
Info	MSC Kreuzfahrten München Tel. (089) 85 63 55-0 www.msc-kreuzfahrten.de
Preis pro Tag	**€ 65 bis € 240** **Durchschnitt € 215** **2 Kinder bis 17 Jahre kostenfrei**

PROFIL

Info-/Entertainment	⚓ ⚓ ⚓
Sport & Wellness	⚓ ⚓ ⚓ ⚓
Gastronomie	⚓ ⚓
Familienfreundlichkeit	⚓ ⚓ ⚓ ⚓
Service	⚓ ⚓

Helsinki, Riga (oder Tallinn) und Visby auf Gotland anlaufen (und umgekehrt). Weitere Routen des kommenden Jahres standen bei Redaktionsschluss noch nicht fest.

Ausgewählte Reisen

NORWEGISCHE FJORDE

Rundreise ab Kiel

Von Kiel aus geht es ab dem 26.5. über Kopenhagen nach Oslo und von dort über Kristiansand und Bergen nach Eidfjord an Norwegens Küste entlang. Rückkehr nach Kiel am 2.6. **8 Tage; ab € 1.330 ab/bis Hafen**

HAUPTSTÄDTE DES BALTIKUMS

Rundreise ab Kiel

Auf dieser Kreuzfahrt ab Kiel (Beginn 11.8.) werden die Ostseehäfen Kopenhagen, St. Petersburg, Helsinki, Riga und Visby angesteuert. Reiseende ist am 18.8. wieder in Kiel. **8 Tage; ab € 1.330 ab/bis Hafen**

Das jüngste der MSC-Schiffe

MSC Musica

Ein vielseitiges Schiff für Fitnessfans und Familien

Bei der Konstruktion der MSC Musica haben ihre französischen Designer die Rundungen wiederentdeckt: Im Vergleich zu den Vorgängerinnen hat dieses jüngste Schiff der MSC-Flotte eine etwas fülligere, aber auch gefälligere Bugpartie. Ansonsten wird auf Fitness und Familienfreundlichkeit gesetzt. Es gibt zwei Pools, eine „Aloha Beauty Farm", einen Wellnessbereich, Golfanlagen und ein Sportdeck mit Tennis- und Basketballcourt. Darunter liegt das Kinderspielareal, das großzügiger ist als bisher bei MSC. Ebenfalls erkannt wurde aber auch das Ruhebedürfnis der Suitenpassagiere: Der Joggingpfad mit einer Galerie verläuft ein Deck höher als auf den älteren Schiffen der Flotte.

Das große Theater; eine Suite mit Balkon

Fahrgebiete 2007

Die MSC Musica wird bis zum 14.3.2007 auf zwei verschiedenen Routen turnusmäßig jeweils zwölftägige Reisen ab/bis Genua unternehmen. Die Reise durch das östliche Mittelmeer führt über Neapel, Piräus, Rhodos, Alexandria, Tripolis und Civitavecchia, während die Anlaufhäfen im westlichen Mittelmeer und dem Atlantik Barcelona, Casablanca/Marokko, Arrecife auf Lanzarote, Santa Cruz auf Teneriffa, Funchal auf Madeira und Málaga an der spanischen Costa del Sol sind. Danach wird das Schiff bis Anfang November die Häfen Neapel, Palermo, Tunis, Palma de Mallorca, Barcelona und Marseille anlaufen, Start- und Zielhafen ist erneut Genua. Diese Kreuzfahrten dauern je acht Tage.

Ausgewählte Reisen

ÖSTLICHES MITTELMEER

Rundreise ab/bis Genua

Start dieser Rundreise ist am 29.1. in Genua. Die erste Station ist Neapel, von wo aus Capri, die Amalfiküste oder Pompeji besucht werden können. Dann geht es weiter nach Piräus, zum Hafen Athens, und von dort durch die Ägäis nach Rhodos. In Alexandria/Ägypten besteht die Möglicheit, Kairo und die Pyramiden zu besuchen, danach folgt Tripolis, die Hauptstadt Libyens. Über Civitavecchia, den Hafen Roms, geht es nach Genua zurück. Reiseende ist am 8.2. **12 Tage; ab € 589 ab/bis Hafen, zwei Kinder unter 17 Jahren kostenfrei**

WESTLICHES MITTELMEER

Rundreise ab/bis Genua

Ebenfalls in Genua beginnt am 5.8. diese Kreuzfahrt ins westliche Mittelmeer. Über Neapel führt sie zunächst in Siziliens Hauptstadt Palermo, von dort hinüber nach Tunis. Nach Stopps in Palma de Mallorca (Overnight im Hafen), Barcelona und Marseille wird am 12.8. wieder der Ausgangshafen Genua angesteuert. **8 Tage; ab € 740 ab/bis Hafen, zwei Kinder unter 17 Jahren kostenfrei**

DATEN & FAKTEN

BRZ	89.600	**Bordsprache**	Italienisch, Englisch, Deutsch, Französisch
Länge	293,80 m		
Breite	32,20 m		
Tiefgang	8,00 m	**Kabinen**	1.275 (1.000 außen, 275 innen), davon 809 mit Balkon, 18 Suiten
Indienststellung	2006		
Passagiere	max. 3.013		
Crew-Mitglieder	987	**Restaurants**	4
Passagierdecks	13	**Bars**	11

Sport & Wellness	2 Pools, Fitnesscenter, Minigolf, Golfsimulator, Sportdeck, Joggingpfad, Health Center, Solarium, Dampfbäder/Saunas, Yoga
Info-/Entertainment	Disco, Casino, Theater, Kino, Kinderclub, Teens Club, Internetcafé, Vinothek
Dresscode	kein Dresscode
Info	MSC Kreuzfahrten München Tel. (089) 85 63 55 0 www.msc-kreuzfahrten.de
Preis pro Tag	**€ 165 bis € 220** **Durchschnitt € 193**

PROFIL

Info-/Entertainment	⚓ ⚓ ⚓
Sport & Wellness	⚓ ⚓ ⚓ ⚓
Gastronomie	⚓ ⚓
Familienfreundlichkeit	⚓ ⚓ ⚓ ⚓
Service	⚓ ⚓

Das Flaggschiff der Holland America Line

Noordam

Nagelneuer und stilvoller Kreuzfahrer aus den USA, auf dem sich Kosmopoliten wohlfühlen dürften. Die Bordsprache ist Englisch

US-Schiffen sagt man eine Tendenz zum Kitsch nach. Die nagelneue Noordam bildet da eine Ausnahme: In ihrem Inneren dominieren gedeckte Farben und Kunst an den Wänden, für die Kabinen und die öffentlichen Räume wurden viele hochwertige Materialien verarbeitet. Es ist ein stilvolles, fast dezentes Schiff. Entertainment und Gastronomie erreichen ein hohes Niveau. Der Wellnessbereich mit Meerwasser-Hydrotherapiepool lässt kaum Wünsche offen. Zwei Drittel der Kabinen haben einen Balkon. Allerdings sollte man gut Englisch können; die meisten Gäste stammen aus den USA, das Personal spricht kein Deutsch. Für Kosmopoliten ist die Noordam aber die richtige Wahl.

Fahrgebiete 2007

Die Noordam, das jüngste und modernste der mittlerweile 13 Schiffe umfassenden Flotte der Holland America Line, startet mit einer zehntägigen Kreuzfahrt durch die südliche Karibik in das Jahr. Durch den Panamakanal geht es dann im April entlang der Pazifikküste Mexikos und der USA nach Alaska, wo das Schiff den Sommer über unterwegs ist. Auf dem Programm stehen dort einwöchige Turnusreisen durch die „Inside Passage“ und in den Glacier-Bay-Nationalpark. Ende September kehrt die Noordam durch den Panamakanal in die Karibik zurück. Dort verbringt sie auch Weihnachten und Silvester.

Noordam

Penthouse-Suite

Hydro-Pool

DATEN & FAKTEN

BRZ	82.500	**Bordsprache**	Englisch
Länge	292,50 m	**Kabinen**	959 (806 außen, 153 innen), davon 641 mit Balkon, 162 Suiten
Breite	32,25 m		
Tiefgang	2,80 m		
Indienststellung	2006	**Passagierdecks**	11
Passagiere	max. 1.918	**Restaurants**	4
Crew-Mitglieder	800	**Bars**	8

Sport & Wellness	Pool, Fitnesscenter, Basketball, Volleyball, Greenhouse Spa & Saloon mit Thermal- und Hydrotherapie
Info-/Entertainment	Kinder- und Teenagerbetreuung, riesige Bordbibliothek, Lektorate, verschiedene Kurse (z. B. Kochen)
Dresscode	leger, abends mitunter formell
Info	UC Unlimited Cruises Tel. (04244) 96 62 59 www.unlimited-cruises.de www.hollandamerica.com
Preis pro Tag	**ab € 100 bis € 600** **Durchschnitt € 190**

PROFIL

Info-/Entertainment	⚓ ⚓ ⚓ ⚓
Sport & Wellness	⚓ ⚓ ⚓ ⚓
Gastronomie	⚓ ⚓ ⚓ ⚓
Familienfreundlichkeit	⚓ ⚓ ⚓ ⚓
Service	⚓ ⚓ ⚓ ⚓

Ausgewählte Reisen

KARIBIK

Von New York in die Karibik

An acht Terminen von Januar bis März (6.1., 27.1., 17.2., 10.3., 31.3.) sowie von Oktober bis Dezember (20.10., 10.11., 1.12.) startet das Schiff in New York zu einer elftägigen Reise in die Karibik. Stopps sind Tortola, St. Thomas, Roseau/Dominica, Barbados, St. Maarten und Puerto Rico. **11 Tage; ab € 1.243 ab/bis Hafen**

ALASKA

Rundreise ab Seattle

Nach Alaska bricht die Noordam an insgesamt 20 Terminen von Mai bis September auf. Von Seattle/USA geht es durch den Puget Sound nordwärts in den Glacier-Bay-Nationalpark in Alaska. Weitere Ziele der Reise sind Juneau, Sitka und Ketchikan an der Küste Alaskas, bevor das Schiff über Victoria/Kanada wieder nach Seattle zurückkehrt. **7 Tage; ab € 943 ab/bis Hafen**

In der Antarktis

Nordnorge

Expedition ohne Show: Hier ist die Natur der Hauptdarsteller

Wer Trubel scheut, ist hier richtig. Mit der Mischung aus Expeditionsschiff und modernem Kreuzfahrer liegt der Veranstalter auf dem Kurs seiner internationalen Passagiere. Statt Shows stehen Fachvorträge auf dem Programm – Tiere und die Natur sind die Stars. Opulente Garderobe darf daher getrost zu Hause bleiben, selbst beim Dinner reicht gepflegte Kleidung. Die Ausstattung ist schlicht, doch schaffen Messing, Holz und Bilder sowie Clubsessel in den Lounges mit Panoramaverglasung maritimes Flair. Nüchtern geraten sind dagegen die Kabinen, in denen striktes Rauchverbot herrscht. Fitnessraum, Sauna und Jacuzzi sind vorhanden, allerdings auf sehr geringem Raum.

Kurs Antarktis; Vestfjorden-Salon

Fahrgebiete 2007

An insgesamt 17 Terminen fahren die Nordnorge und ihr Schwesterschiff **MS Nordkapp** im Winter 2006/07 (dem Sommer auf der Südhalbkugel) in die Antarktis. Dabei besucht die Nordnorge auch die südchilenischen Fjorde; neu ist die Route über Puerto Natales im Süden Chiles, von wo aus ein Ausflug in den Nationalpark Torres del Paine angeboten wird. Auch die artenreiche Fauna der subantarktischen Falkland-Inseln und Südgeorgiens ist (besonders für Tierliebhaber) interessant. Beide Ziele werden auf zwei Reisen am Anfang und am Ende der Saison angefahren. Transferaufenthalte in den Metropolen Santiago de Chile und Buenos Aires runden die Programme auch kulturell ab.

Ausgewählte Reisen

SÜDAMERIKA UND ANTARKTIS

Ab Santiago oder Buenos Aires

Diese Reise führt an mehreren Terminen (bis zum 25.2.2007) von Santiago de Chile über die Antarktis nach Buenos Aires oder umgekehrt. Nach Ankunft in Santiago bzw. Buenos Aires Stadtrundfahrt und eine Hotelübernachtung; danach Flug zum Einschiffungshafen (je nach Route Punta Arenas/Chile oder Ushuaia/Argentinien). Von dort durch die Drake-Passage zur fünftägigen Seereise in die antarktische Region mit Anlandungen u. a. in Paradise Bay und Port Lockroy sowie auf Half Moon und Deception Island. Die Rückreise erfolgt in umgekehrter Reihenfolge. **19 Tage; ab € 5.730 inkl. aller Flüge, Übernachtungen, Transfers und Ausflüge**

FALKLANDS, SÜDGEORGIEN

Ab Ushuaia bis Buenos Aires

Diese Reise führt vom 21.2. bis 13.3. in die antarktische Region, nach Südgeorgien und zu den Falkland-Inseln. Sie beginnt in Ushuaia und führt über die genannten Stationen nach Buenos Aires; von dort Rückflug nach Deutschland. **21 Tage; ab € 6.860 inkl. aller Flüge, Übernachtungen und Ausflüge**

DATEN & FAKTEN

BRZ	11.386	**Bordsprache**	Deutsch, Englisch, Spanisch*
Länge	123,30 m	**Kabinen**	214 (193 außen, 21 innen), davon 14 Suiten
Breite	19,50 m	**Passagierdecks**	6
Tiefgang	4,70 m	**Restaurants**	1
Indienststellung	1997	**Bars**	1
Passagiere	max. 350*		
Crew-Mitglieder	ca. 80		

* auf Antarktisreisen

Sport & Wellness	Fitnessraum, Jacuzzi, Sauna
Info-/Entertainment	Lektorenvorträge, Ausflugsprogramm mit deutsch- und englischsprachigem Expeditionsteam
Dresscode	sportlich-leger
Info	Norden Tours GmbH Hamburg Tel. (040) 37 70 22 70 www.norden-tours.de
Preis pro Tag	**keine Angaben**

PROFIL

Info-/Entertainment	⚓⚓⚓
Sport & Wellness	⚓⚓
Gastronomie	⚓⚓⚓
Familienfreundlichkeit	⚓
Service	⚓⚓⚓⚓

Im Ärmelkanal vor Dover

Norwegian Jewel

Freestyle Cruising: Urlaub, wie ich will – ohne Zwang und ohne Vorschriften. Überall dort, wo Norwegian Cruise Lines Flagge zeigen

Zehn Restaurants laden ein. Buffet oder à la carte, drinnen oder draußen? Pasta in Mama's Italian Kitchen oder so richtig amerikanisch mit Burgern, Spare Ribs und French Fries? Das asiatische Chin Chin ist ebenso wenig zu verachten wie eine französische Zwiebelsuppe im Le Bistro. Wie wäre es mit Sushi oder mit feurigen Spezialitäten aus Mexiko? Das Cagney's lockt mit Steaks vom Angus-Rind, beide Hauptrestaurants mit mehrgängigen Menüs. Das Rennen macht schließlich das Teppanyaki – die Augen können den durch die Luft gewirbelten Messern kaum folgen. Live zu „erfahren" auf dem Mittelmeer oder der Ostsee, in der Karibik oder in Alaska, vor Hawaii oder Bermuda: Freestyle à la NCL.

Farbe ist Trumpf in der Fizz Lounge

Norwegian Jewel

Fahrgebiete 2007

Im Winter 2006/07 bricht die Norwegian Jewel von Miami aus in die östliche Karibik auf. Von dort aus startet sie am 22. April zu einer Atlantiküberquerung bis nach Athen. Nach vier Kreuzfahrten im östlichen Mittelmeer ist sie zwischen Juni und August im westlichen Mittelmeer unterwegs, Start- und Zielhafen ist Barcelona. Bevor das Schiff von dort aus am 20. Oktober wieder den Atlantik in Richtung Miami überquert, werden ab Anfang September nochmals an vier Terminen Reisen ins östliche Mittelmeer angeboten. Von Miami aus startet die Norwegian Jewel dann ab November wieder zu ihren abwechselnden Fahrten in die Karibik. Die Jewel ist das derzeit größte der insgesamt zwölf Schiffe zählenden Flotte von Norwegian Cruise Lines, die wiederum bis 2007 um zwei neue Megaliner mit Platz für jeweils bis zu 2.466 Passagiere erweitert wird: die **Norwegian Gem** und die **Norwegian Pearl**.

Ausgewählte Reisen

WESTLICHES MITTELMEER

Rundreise ab Barcelona

Diese Kreuzfahrt beginnt alle sieben Tage zwischen dem 24.6. und dem 26.8. Von Barcelona aus geht es über Messina/Sizilien nach Neapel, Civitavecchia (Ausflug nach Rom) und Livorno (Ausflüge nach Florenz und Pisa). Weiter über Villefranche (Besuch in Nizza); von dort Rückreise nach Barcelona. **8 Tage; ab € 819, plus Flüge ab/bis Deutschland ab € 219**

SÜDLICHE KARIBIK

Rundreise ab Miami

Diese Reise ab Miami/Florida startet alle 14 Tage zwischen dem 9.11.2007 und dem 11.4.2008. Erstes Ziel ist die Halbinsel Samaná in der Dominikanischen Republik, gefolgt von Tortola (British Virgin Islands) und St. Johns auf Antigua. Als südlichste Punkte folgen noch Barbados und St. Lucia, bevor es nach zwei Seetagen wieder nach Miami geht. **10 Tage; ab € 699, plus Flüge ab/bis Deutschland ab € 549**

DATEN & FAKTEN

BRZ	93.502	**Bordsprache**	Englisch
Länge	295,00 m	**Kabinen**	1.188
Breite	33,00 m		(235 außen, 398 innen),
Tiefgang	8,00 m		davon 178 Suiten
Indienststellung	2005	**Passagierdecks**	12
Passagiere	max. 2.376	**Restaurants**	10
Crew-Mitglieder	1.154	**Bars**	13

Sport & Wellness	2 Pools, 6 Whirlpools, Kinderpool, Spa- & Fitnessbereich, Jogging, Basketball, Volleyball, Tennis, Golf: Driving-Netz
Info-/Entertainment	Showprogramm, Casino, Tages- und Abendprogramm, Landausflüge, Splashdown-Kinderbereich
Dresscode	kein vorgeschriebener Dresscode
Info	NCL (Bahamas) Ltd. Niederlassung Wiesbaden Tel. 01805 62 55 26 (€ 0,12/Min.) www.ncl.de
Preis pro Tag	**€ 77 bis € 1.154** **Durchschnitt € 163**

PROFIL

Info-/Entertainment	⚓⚓⚓⚓
Sport & Wellness	⚓⚓⚓⚓
Gastronomie	⚓⚓⚓
Familienfreundlichkeit	⚓⚓⚓⚓
Service	⚓⚓⚓

Vor der Fjordküste Norwegens

Paloma

Preiswertes Einsteigerschiff mit legerer Atmosphäre

Eine Diva ist sie nicht – in ihrem ersten Leben diente die Paloma als Autofähre, und auch heute noch kann man seinen Pkw mit an Bord nehmen. Dennoch bietet das 1980 in Polen gebaute, im Jahr 2000 modernisierte Schiff ein ansprechendes Seereiseerlebnis. Es versteht sich als klassischer Kreuzfahrer, an Bord geht es jedoch sehr ungezwungen zu. Die aus der Ukraine stammende Besatzung ist freundlich, die Unterkünfte sind sauber und zweckmäßig, die Qualität des Essens überrascht. Mager ist das Sport- und Wellnessangebot; immerhin kann man Fahrräder mieten. Viele ältere Passagiere und Kreuzfahrtneulinge mögen den rustikalen (und bezahlbaren) Charme der Paloma.

Im Restaurant; in der Veranda Bar

Fahrgebiete 2007

Die Paloma steuert im Frühjahr, ausgehend von Palma de Mallorca, mehrfach die Kanarischen Inseln an. Danach wird auf verschiedenen Routen das Mittelmeer erkundet. Ein Höhepunkt ist dabei die Fahrt durch den nur 25 Meter breiten Kanal von Korinth. Im Mai geht es entlang der Küsten Westeuropas in die Ostsee, wo die schönsten Städte Skandinaviens und des Baltikums besucht werden. Ein besonderes Erlebnis ist dann im Juli das Beobachten der Mitternachtssonne am Nordkap. Ab September kreuzt das Schiff wieder im Mittelmeer und macht dabei einen Abstecher in das immer noch eher unbekannte Schwarze Meer. Den Saisonabschluss bildet im November eine Reise in die Ägäis mit einem Zwischenstopp im bisher kaum besuchten Albanien.

Ausgewählte Reisen

KANAREN & MAROKKO

Rundreise ab Mallorca

Von Palma de Mallorca (Anreise am 24.2. sowie zu zwei weiteren Terminen) über Cartagena, Málaga und Cádiz in Südspanien (27.2.) nach Funchal auf Madeira (1.3.). Von dort geht es über die Kanareninseln La Palma (2.3.), Teneriffa (3.3.) und Lanzarote (4.3.) nach Agadir an der Atlantikküste Marokkos (5.3.). Über Casablanca (6.3.) fährt die Paloma schließlich zurück nach Mallorca. Rückflug ab Palma de Mallorca am 8.3. **13 Tage; ab € 899 ab/bis Hafen**

OSTSEE

Rundreise ab Kiel

Ab Kiel (Anreise am 23.5) fährt die Paloma über Bornholm und Stockholm nach Helsinki (26.5.). Nach zwei Tagen in St. Petersburg (27. bis 28.5.) geht es entlang der Küste des Baltikums über Tallinn/Estland, Riga/Lettland und Klaipėda/Litauen nach Danzig (1.6.). Nach einem letzten Zwischenstopp bei der kleinen Meerjungfrau in Kopenhagen (2.6.) endet die Reise am 3.6. wieder in Kiel. **12 Tage; ab € 1.349 ab/bis Hafen**

DATEN & FAKTEN

BRZ	12.535	**Bordsprache**	Deutsch
Länge	140,00 m	**Kabinen**	177 (84 außen, 84 innen), davon 9 Suiten
Breite	21,00 m		
Tiefgang	5,80 m		
Indienststellung	1980	**Passagierdecks**	6
Passagiere	max. 380	**Restaurants**	1
Crew-Mitglieder	150	**Bars**	3

Sport & Wellness	Pool, Frühgymnastik, Außenfläche für Ballspiele, Kraftsportgeräte, Tischtennis, Entspannungstraining
Info-/Entertainment	Animations- und Unterhaltungsprogramme, Lektorate/Bildvorträge, Kinoraum
Dresscode	sportlich-leger, festlich zum Kapitänsempfang
Info	Hansa Kreuzfahrten GmbH Tel. (0421) 334 66-78 www.hansakreuzfahrten.de
Preis pro Tag	**€ 100 bis € 180** **Durchschnitt € 140**

PROFIL

Info-/Entertainment	⚓ ⚓
Sport & Wellness	⚓
Gastronomie	⚓ ⚓
Familienfreundlichkeit	⚓ ⚓
Service	⚓ ⚓ ⚓

Die klassischen Cunard-Farben

Queen Elizabeth 2

Mit Luxus, Flair und Patina rund um die Welt: Die „QE2", wie ihre Fans sie nennen, ist die Grand Old Lady der Kreuzfahrtschiffe

Mit ihren stolzen 37 Dienstjahren ist die Queen Elizabeth 2 eine Legende. Als erstes Passagierschiff überhaupt hat sie mehr als fünf Millionen Seemeilen zurückgelegt. Bis 2004, als ihre Cunard-Schwester Queen Mary 2 diese Route übernahm, fuhr sie im Transatlantik-Liniendienst; seither unternimmt sie Kreuzfahrten in aller Welt. Immer noch spürt man an Bord einen Hauch von British Empire. Etwa wenn pünktlich um fünf Uhr nachmittags zur Teatime geläutet wird und weiß behandschuhte Kellner Tee und Gebäck servieren. Stammgast ist eine betagte Multimillionärin, die ihren Platz im Altenwohnheim mit einer Luxus-Dauerkabine auf der QE2 getauscht hat. Die Atmosphäre ist gediegen, aber nicht steif – dafür sorgt schon der Pianist im Golden Lion Pub. Und für weiteres Entertainment gibt es neben sieben anderen Bars und sechs Restaurants auch einen Kinosaal mit 481 Sitzen.

Fahrgebiete 2007

Von Southampton aus bricht die QE2 am 2.1. zu ihrer 31. Weltreise auf. Diese führt unter anderem nach New York, Los Angeles, Honolulu, Fidschi, Sydney, Hongkong, Mumbai, Kapstadt und Namibia und endet am 21.4. in Southampton. Danach folgen insgesamt 20 Kreuzfahrten in aller Welt sowie zwei Kurztrips ins Nordland und ins Mittelmeer.

Eine Zweibettkabine innen

Im Panamakanal

DATEN & FAKTEN

BRZ	70.327	**Bordsprache**	Englisch (auch deutschspr. Betreuung)
Länge	293,50 m	**Kabinen**	950 (657 außen, 293 innen), davon 31 Suiten
Breite	32,00 m	**Passagierdecks**	10
Tiefgang	ca. 10,00 m	**Restaurants**	6
Indienststellung	1969	**Bars**	8
Passagiere	max. 1.778		
Crew-Mitglieder	1.015		

Sport & Wellness	Driving-Range/Golfabschlag, 2 Pools, Tischtennis, Laufpfad, Spa und Fitnesscenter
Info-/Entertainment	Casino, Theater/Kino, Nachtclub, Kindergarten, Teen Center, täglich wechselndes Showprogramm, Bingo/Spiele etc.
Dresscode	Tagsüber „casual", abends „formal" oder „informal"
Info	Cunard Line, www.cunard.de Tel. 00800 180 84 180
Preis pro Tag	**Durchschnitt € 282 auf Kreuzfahrten, € 309 auf Kurzreisen**

PROFIL

Info-/Entertainment	⚓⚓⚓
Sport & Wellness	⚓⚓⚓
Gastronomie	⚓⚓⚓⚓
Familienfreundlichkeit	⚓⚓⚓
Service	⚓⚓⚓⚓

Ausgewählte Reisen

KURZREISE WESTEUROPA

Von England nach Spanien und zurück

Von Southampton geht es am 23.5. nach La Coruña/Spanien, von dort durch den Golf von Biskaya nach La Rochelle/Frankreich und über die Kanalinsel Guernsey zurück nach Southampton. Reiseende am 28.5. **6 Tage; ab € 740 ab/bis Southampton**

KURZREISE NORDLAND

Von Southampton in Norwegens Fjorde

Ebenfalls in Southampton (Reisebeginn 24.7.) startet dieser Kurztrip, in dessen Verlauf die schönsten Ziele im Nordland angesteuert werden, darunter Bergen, Hellesylt und das berühmte Geiranger. Rückreise über Ålesund und Flåm nach Southampton. Reiseende am 31.7. **8 Tage; ab € 1.110 ab/bis Hafen**

Auslaufen aus New York

Queen Mary 2

Die Nachfolgerin der QE2 im Transatlantikdienst ist schon jetzt eine Legende. Vor allem in Deutschland hat sie viele Bewunderer

In der Tradition der alten Oceanliner fährt die Queen Mary 2 als einziges Schiff den Transatlantik-Liniendienst zwischen Southampton und New York. Zudem stehen auch Kreuzfahrten auf dem Programm (Karibik und Mittelmeer). Die Queen Mary 2 ist ein Schiff der Superlative: 870 Millionen Euro hat der Bau gekostet, getauft wurde die Königin der Meere am 8. Januar 2004 von Königin Elizabeth II. An Bord gibt es die größte schwimmende Bibliothek (über 8.000 Bücher) und das erste Planetarium auf See. Zum Fünf-Uhr-Tee trifft man sich very british im Ballsaal, dem Queen's Room. Dort führen auch professionelle „Hosts" alleinstehende Damen übers Tanzparkett.

150 Sitzplätze bietet das Planetarium

Beeindruckend sind die Grand Lobby über sieben Decks und das Britannia Restaurant im Art-déco-Stil der zwanziger Jahre. Hier diniert die Mehrheit der Passagiere. Gäste der Grill-Klasse speisen noch exklusiver im Queen's Grill. Genügend Platz gibt es im Wellnessbereich (Canyon Ranch SpaClub), denn dort sind nicht nur die Anwendungen, sondern bereits der Eintritt kostenpflichtig, also auch ein Saunabesuch. Schade.

Fahrgebiete 2007

Vom 10.1 bis 26.3 befindet sich die QM2 auf ihrer Jungfernweltreise. Das Schiff fährt von Fort Lauderdale nach Southampton und ist dabei u. a. in Rio de Janeiro, Acapulco, San Francisco, Sydney, Singapur, Dubai und Alexandria/Ägypten zu Gast. Danach folgt eine Transatlantiküberfahrt nach Fort Lauderdale (26.3.), von wo aus zwei achttägige Karibikkreuzfahrten anstehen. Vom 18.4 bis 31.10. bestreitet die QM2 ihren Transatlantikdienst, der mehrmals von Kreuzfahrten zu den Bahamas, nach Norwegen und ins Mittelmeer unterbrochen wird. Ab 31. 10. kreuzt sie in der Karibik, ehe am 20.12. die Weihnachts- und Neujahrskreuzfahrt beginnt.

Ausgewählte Reisen

TRANSATLANTIK KLASSISCH

Von New York nach Southampton

Vom 30.4. bis 6.5. fährt die Queen Mary 2 auf der klassischen Transatlantikroute von New York nach Southampton. **7 Tage; ab € 1.590 inkl. Flügen bei Buchung bis zum 30.12. 2006**

TRANSATLANTIK

Von New York nach Hamburg

Vom 15. bis 23.8 geht es von New York über Southampton nach Hamburg, wo die Queen Mary 2 seit ihrem ersten Besuch immer wieder besonders herzlich mit einem großen Volksfest empfangen wird. **9 Tage; ab € 1.980 inkl. Flügen bei Buchung bis zum 30.12. 2006**

DATEN & FAKTEN

BRZ	150.000	**Bordsprache**	Englisch (auch deutschspr. Betreuung)
Länge	345,00 m	**Kabinen**	1.310 (1.017 außen, 293 innen), davon 172 Suiten
Breite	41,00 m	**Passagierdecks**	13
Tiefgang	ca. 14,00 m	**Restaurants**	5
Indienststellung	2004	**Bars**	6
Passagiere	max. 2.620		
Crew-Mitglieder	1.254		

Sport & Wellness	Golfsimulator/Golfabschlag, div. Pools, Basketball, Laufpfad, Spa und Fitnesscenter
Info-/Entertainment	Planetarium, Casino, Theater/Kino, Nachtclub, Ballsaal, Kinderclub, täglich wechselndes Showprogramm, Bingo/Spiele etc.
Dresscode	Tagsüber „casual", abends „formal" oder „informal"
Info	Cunard Line, www.cunard.de Tel. 00800 180 84 180
Preis pro Tag	**Durchschnitt € 330 auf Transatlantikfahrten, € 218 auf Kreuzfahrten**

PROFIL

Info-/Entertainment	⚓⚓⚓⚓⚓
Sport & Wellness	⚓⚓⚓
Gastronomie	⚓⚓⚓⚓
Familienfreundlichkeit	⚓⚓⚓
Service	⚓⚓⚓⚓

5.000 Quadratmeter Segelfläche

Royal Clipper

Der größte Fünfmaster der Welt, bekannt durch die TV-Serie „Unter weißen Segeln", ist ein Nachbau der legendären Preußen

Für ein Segelschiff hat die Royal Clipper eine beachtliche Infrastruktur. Es gibt einen Wellnessbereich, in dem man vom Hometrainer aus durch Bullaugen auf die Unterwasserwelt blickt, und ein spektakuläres Atrium, das als Hauptrestaurant dient, über drei Decks geht und oben vom gläsernen Pool abgeschlossen wird. Man kann also beim Essen planschenden Passagieren zusehen – nicht immer ein appetitlicher Anblick. Ein Traum sind die Beach Barbecues in der Karibik; dafür bootet die Mannschaft die halbe Küche aus. Beliebter Sport an Bord: „Mastklettern". Von der Crew gesichert, kann man zum Krähennest klettern, einer Plattform in luftiger Höhe. Das Publikum ist international gemischt.

Fahrgebiete 2007

Von Januar bis April segelt die Royal Clipper ab Barbados im Wechsel zu den Windwards und den Grenadinen. Nach der anschließenden Atlantiküberquerung läuft sie erst Málaga, dann Rom an, wo am 20.5. Sieben-Tages-Törns zu den Häfen und Inseln um Sorrent beginnen. Ab dem 16.6. folgen Zehn-/Elf-Tages-Törns von Civitavecchia nach Venedig, mit Stopps an der kroatischen Küste. Am 20.10. legt das Schiff in Civitavecchia zur Fahrt in den Winterhafen Barbados ab, von dort segelt es ab dem 17.11. wieder zu den Windwards und den Grenadinen. Mit einer Silvesterreise durch den Panamakanal endet das Jahr.

Royal Clipper

De-luxe-Suite

Lieblingsplatz Bugspriet

Ausgewählte Reisen

MITTELMEER UND ATLANTIK

Von Rom nach Lissabon

Am 20.10. ab Civitavecchia über Korsika und nach Menorca. Weiter über Ibiza nach Motril (Ausflug nach Granada) sowie nach Safi/Marokko. Am 28.10. geht es über Casablanca nach Tanger und Cádiz (Ausflug nach Sevilla), danach über Portimão längs der Algarve nach Lissabon (1.11.). **12 Tage; ab € 2.815 ab/bis Hafen (€ 350 Frühbucherrabatt bis 31.3.07)**

ÖSTLICHE KARIBIK

Von Barbados nach St. Lucia

Zwischen dem 4.1. und dem 8.4. segelt das Schiff sonntags ab Barbados zu den Grenadinen, wo einen Tag geankert wird. Dienstags folgt Grenada, mittwochs ein Strandbarbecue vor den Tobago Cays, donnerstags St. Vincent mit Bequia, freitags Martinique und samstags St. Lucia (Ankern in der Marigot Bay), wo der Törn am Sonntag endet. **8 Tage; ab € 1.560 ab/bis Hafen**

DATEN & FAKTEN

BRZ	5.000	**Bordsprachen**	Englisch, Deutsch, Französisch
Länge	134,00 m		
Breite	16,00 m	**Kabinen**	110 (104 außen, 6 innen), davon 14 Suiten mit Balkon, 2 Eignerkabinen
Tiefgang	5,60 m		
Indienststellung	2000		
Passagiere	max. 227		
Crew-Mitglieder	106	**Restaurants**	1
Passagierdecks	4	**Bars**	2

Sportangebot	2 Pools, Morgengymnastik, Tauchen, Wasserski, Surfen, Dinghisegeln, Bananaboat, Fitnesscenter
Info-/Entertainment	Captain's Storytime, Nautikkunde, Knotenkunde, Krabbenrennen, Quiz, Talentshow, Modenschau etc.
Dresscode	kein Dresscode, zum Abendessen im Restaurant lange Hosen
Info	Star Clippers Kreuzfahrten Langenhagen, Tel. (0511) 726 65 90 www.starclippers.com
Preis pro Tag	**€ 246 bis € 640 Durchschnitt € 350**

PROFIL

Info-/Entertainment	⚓⚓⚓
Sport & Wellness	⚓⚓⚓
Gastronomie	⚓⚓⚓⚓
Familienfreundlichkeit	⚓
Service	⚓⚓⚓

Vor der Insel Patmos in der Ägäis

Sapphire

Fröhlicher Oldie mit jungem, internationalem Publikum

Auf den zweiten Blick wirkt dieses vor bald 40 Jahren gebaute Schiff gar nicht alt. Die Ausstattung ist modern und zeigt freundliche Farben, und die Gesellschaftsdecks sind komplett verglast. Im Hauptfoyer sind Duty-Free-Shops, eine Harry's Bar, der Bordfotograf und ein Spielcasino untergebracht. Dieser Treffpunkt wirkt dadurch weitaus lebendiger als auf anderen Schiffen. Die Verpflegung liegt über Drei-Sterne-Niveau, mit deutschsprachigem Service hapert es allerdings. Das Restaurant (zwei Sitzungen) verströmt Kantinenatmosphäre. Dafür sind die kalt-warmen Buffets am Pool mit extra Pasta-, Grill- und Dessertstationen umso beliebter. Auf den Decks ist viel Platz

Das Restaurant und das Sonnendeck

für Stühle und Sonnenliegen, doch leidet das Achterdeck unter dem Rußauswurf des Schornsteins. Die Kabinen sind unerwartet groß, haben aber keine Fernsehgeräte. Dafür gibt es ein Bordkino. Ihr internationales Publikum macht die Sapphire zu einem lockeren, legeren Schiff.

Fahrgebiete 2007

Ab Dezember 2006 geht die Sapphire im Roten Meer bis zum 15. April 2007 auf achttägige, wiederkehrende Kreuzfahrten ab und bis Safaga/Safaga. Dann wechselt sie für die Sommersaison ins Mittelmeer. Während dieser Zeit befährt sie zwei Routen (im westlichen Mittelmeer und – wesentlich häufiger – die elftägige Ostmittelmeer-Route), auf denen man sowohl in Marseille als auch in Genua zusteigen kann.

Ausgewählte Reisen

ROTES MEER

Sinai, Ägypten und Tauchexkursionen

In der Wintersaison, unter anderem auch auf einer Weihnachtsreise vom 24. bis zum 31.12.2006, kann man mit der Sapphire der ungemütlichen Zeit in Mitteleuropa entfliehen und auch Ägypten und den Sinai intensiv kennenlernen. Von Aqaba/Jordanien aus werden die legendäre Felsenstadt Petra und Wadi Rum besucht, von Sharm el Sheikh/Ägypten aus gibt es eine Sinai-Rundfahrt, und der Aufenthalt in Suez wird für eine Tour nach Kairo und zu den Pyramiden genutzt. Bevor im Endhafen Port Safaga noch ein Ausflug ins Tal der Könige (Luxor) wartet, stoppt die Sapphire für einen Tag im Tauchparadies Hurghada. **8 Tage; ab € 1.079 inklusive Flügen**

MITTELMEER

Rundreisen ab Marseille oder Genua

Die Routen, Terminpläne und Preise der geplanten Reisen ab Mitte April 2007 standen bei Redaktionsschluss noch nicht fest.

DATEN & FAKTEN

BRZ	12.263	**Bordsprache**	Engl., Franz., Ital., bedingt Deutsch
Länge	149,00 m	**Kabinen**	288 (88 innen, 200 außen)
Breite	21,50 m	**Passagierdecks**	7
Tiefgang	6,70 m	**Restaurants**	1
Indienststellung	1987	**Bars**	5
Passagiere	max. 570		
Crew-Mitglieder	250		

Sport & Wellness	Fitnessgeräte mit Meerblick, Gymnastik
Info-/Entertainment	Showprogramme, Bingo, Quiz, Tanzkurse etc.
Dresscode	sehr leger, zweimal festlich
Info	Air Maritime Seereisen GmbH, München Tel. 01805 38 42 20 www.air-maritime.de
Preis pro Tag	**€ 90 bis € 230** **Durchschnitt € 155**

PROFIL

Info-/Entertainment	⚓⚓
Sport & Wellness	⚓⚓
Gastronomie	⚓⚓⚓
Familienfreundlichkeit	⚓⚓⚓
Service	⚓⚓

Kreuzfahrer mit dem Ambiente einer Yacht

Seabourn Legend

Glamour im ganz großen Stil: Auf den kleinen, dafür aber umso feineren Seabourn-Yachten wird alles maßgeschneidert

Sie möchten, dass Ihr Lieblingschampagner schon auf Sie wartet? Dass das Briefpapier in der Suite Ihren Namen trägt? Dass ein Butler immer in der Nähe ist? Dann sind Sie auf der Legend (oder den Schwesterschiffen **Seabourn Pride** und **Seabourn Spirit**) richtig. Selbst verwöhnteste Ostküsten-Amerikaner kommen auf ihre Kosten. Eigens für Seabourn hat der Starkoch Charlie Parker über 200 Menüvariationen kreiert, bis hin zum Decks-Lunch mit Grillwürstchen und Cheeseburgern. Maßgeschneidert kann sogar das Entertainment sein: Wenn Stammgäste ihren Lieblings-Musicalstar an Bord haben wollen, macht Seabourn auch das möglich – das entsprechende Kleingeld natürlich vorausgesetzt.

Fahrgebiete 2007

Zu Jahresbeginn befindet sich die Seabourn Legend in der Karibik; sie befährt verschiedene Routen zwischen Costa Rica, den Kleinen Antillen und den Küsten Mexikos. Am 1. April beginnt die Atlantiküberquerung von Fort Lauderdale/Florida nach Lissabon. Von dort reist das Schiff weiter ins Mittelmeer, wo es von Ende April bis Anfang November zu verschiedenen, meist siebentägigen Kreuzfahrten aufbricht. Am 7. November sticht es von Lissabon aus wieder in See – in Richtung Fort Lauderdale. Von dort aus kreuzt es bis zum Jahresende erneut in der Karibik.

Seabourn Legend

Ausschließlich Außensuiten

Wasserspaß auf hoher See

DATEN & FAKTEN

BRZ	10.000	**Bordsprache**	Englisch
Länge	134,00 m	**Kabinen**	106 Außensuiten, davon 36 mit Balkon/Veranda
Breite	19,20 m		
Tiefgang	5,00 m		
Indienststellung	1992	**Passagierdecks**	6
Passagiere	max. 208	**Restaurants**	1
Crew-Mitglieder	164	**Bars/Lounges**	3

Sport & Wellness	Pool, Spa und Fitnesscenter mit Kursangeboten, Workout, Personal Training
Info-/Entertainment	Casino, Shows, Cabaret, Lesungen, Beauty-Salon
Dresscode	tagsüber „casual", mehrere Abende „formal", ansonsten im Restaurant „informal"
Info	Seabourn Cruise Line Tel. 00800 180 84 180 www.seabourn.com
Preis pro Tag	**€ 420 bis € 1.303** **Durchschnitt € 586**

PROFIL

Info-/Entertainment	⚓ ⚓ ⚓ ⚓
Sport & Wellness	⚓ ⚓ ⚓ ⚓
Gastronomie	⚓ ⚓ ⚓ ⚓ ⚓
Familienfreundlichkeit	⚓ ⚓
Service	⚓ ⚓ ⚓ ⚓ ⚓

Ausgewählte Reisen

KARIBIK

Zauber der Antillen

Diese siebentägige Kreuzfahrt im März führt zu den schönsten Inseln der Karibik. Von Charlotte Amalie/US Virgin Islands aus (4.3.) besucht das Schiff die Häfen von Fort-de-France/Martinique, Basseterre/St. Kitts, Charlestown/Nevis sowie St. Croix und Virgin Gorda (zu den amerikanischen bzw. britischen Jungferninseln gehörend). Rückkehr nach Charlotte Amalie am 11.3. **7 Tage; ab € 2.457 ab/bis Hafen**

MITTELMEER

Frühling an der Riviera

Ebenfalls sieben Tage dauert dieser Frühlingstörn durch das westliche Mittelmeer. Er beginnt am 28.4. in Monte Carlo und führt über Calvi/Korsika, Portoferraio/Elba, Livorno, Portofino und Portovenere nach Civitavecchia, dem Hafen von Rom (5.5.). **7 Tage; ab € 3.328, ab/bis Hafen**

Unter vollen Segeln in der Karibik

Sea Cloud

Klein, fein, einzigartig: Sea-Cloud-Reisen sind eine Klasse für sich

Kürzlich feierte sie ihren 75. Geburtstag: Die Viermastbark Sea Cloud wurde 1931 gebaut – schon dank ihrer Geschichte (siehe Seite 30) ist sie also einzigartig. Auf der Höhe unserer Zeit ist sie gleichwohl in puncto Service und Gastronomie. Über ihr Niveau kann man angesichts des engen Raums, auf dem die Crew arbeiten muss, nur staunen. Viel Platz haben dagegen die Bewohner der Eignerkabinen unter Deck. Wer hier residiert, spürt den Hauch der Historie. Gratis für alle ist die einzigartige (und bei maximal 63 Mitreisenden schnell familiäre) Windjammer-Atmosphäre: Sämtliche Segelmanöver werden noch von Hand ausgeführt. Ein Erlebnis, das man nicht wieder vergisst.

Das Lidodeck und eine der Eignersuiten

Fahrgebiete 2007

Wie jedes Jahr segelt die Sea Cloud auch 2007 im Mittelmeer und der Karibik sowie in den dazwischen liegenden Atlantikrevieren. Die Wintermonate verbringt sie zwischen den Kleinen Antillen. Im Frühjahr kommt sie ins Mittelmeer, zunächst zu den Küsten und Inseln Italiens. Ende Mai nimmt die Bark Kurs auf das östliche Mittelmeer und das Schwarze Meer (Mitte Juli), danach von Athen aus auf die griechischen Inseln. An der Küste Kroatiens, die mit ihren unzähligen Inseln eine perfekte Kulisse bietet, zeigt der Segler ebenso Flagge wie an der Küste Spaniens und vor den Balearen und den Kanaren. Im November segelt das Schiff über den Atlantik wieder zurück in die Karibik, wo es in Kolumbien, Honduras, Belize und Mexiko sowie auf Kuba, Grand Cayman und Jamaika Station macht und auch Weihnachten und Silvester verbringt.

Ausgewählte Reisen

KLEINE ANTILLEN

Von Barbados nach Antigua

Von Barbados (26.1.) geht es zu den Korallenriffs von Charlotteville/Tobago, dann weiter zur Gewürzinsel Grenada, nach Bequia, St. Lucia und zu den Îles des Saintes vor Gouadeloupe (1.2.). In Gustavia auf St. Barthélemy kann man elegant flanieren, im North Sound von Virgin Gorda (3.2.) im Felslabyrinth schnorcheln und baden. Abschluss in St. John's/Antigua am 4.2. **11 Tage; ab € 3.790 inkl. Ausflügen; Flug ab/bis Frankfurt € 1.080**

WESTLICHES MITTELMEER

Rundreise ab Nizza

Ab Nizza (8.5.) wird einen Tag gesegelt, dann werden Viareggio an der Küste der Toskana, Portoferraio auf Elba, Civitavecchia (mit Ausflug nach Rom) und die Vulkaninsel Ponza besucht. Danach folgt ein weiterer Segeltag, dann Stopps in Olbia/Sardinien (Ausflug an die Costa Smeralda) und in Calvi/Korsika. Über die Îles d'Hyères und St.-Tropez geht es am 19.5. wieder zurück nach Nizza. **12 Tage; ab € 4.840; Flug ab/bis Frankfurt € 475**

DATEN & FAKTEN

BRZ	2.492	**Bordsprache**	Deutsch und Englisch
Länge	109,50 m		
Breite	14,94 m	**Kabinen**	32 Außenkabinen, davon 2 historische Suiten
Tiefgang	5,13 m		
Indienststellung	1931	**Passagierdecks**	3
Passagiere	max. 64	**Restaurants**	1
Crew-Mitglieder	60	**Bars**	2

Sport & Wellness	Wasserski, Windsurfen, Schnorcheln (Ausrüstungen an Bord)
Info-/Entertainment	Vorträge, Pianist
Dresscode	sportlich-elegant
Info	Sea Cloud Cruises Hamburg Tel. (040) 30 95 92-0 www.seacloud.de
Preis pro Tag	**€ 285 bis € 850 Durchschnitt € 542**

PROFIL

Info-/Entertainment	⚓⚓
Sport & Wellness	⚓⚓
Gastronomie	⚓⚓⚓⚓⚓
Familienfreundlichkeit	⚓
Service	⚓⚓⚓⚓⚓

Westwärts, Kurs Karibik

Sea Cloud II

Auch die zweite Sea Cloud bietet Segelabenteuer de luxe – wenn auch noch nicht mit dem nostalgischen Charme der Vorgängerin

Wie ihr Vorbild, die 1931 gebaute **Sea Cloud**, ist auch die Sea Cloud II ein Segelkreuzfahrer für höchste Ansprüche. Die Unterschiede: Die „Zwei" hat Platz für 94 statt für 64 Passagiere, und außer im Mittelmeer und der Karibik kreuzt sie auch in der Nord- und der Ostsee. Was jedoch die Ausstrahlung angeht, reicht sie an das Original nicht heran; mit dem aufgesetzten Kabinendeck wirkt sie zudem ein wenig unelegant. Gleichwohl zeichnet auch dieses Schiff all das aus, was Segler von Motorschiffen unterscheidet: eine sportliche, schnell familiär werdende Atmosphäre, ein jüngeres Publikum und das hautnahe Erleben von Wind und Wellen. Und im Service werden, tyisch Sea Cloud Cruises, Höchstleistungen geboten.

Opulent möbliert: die zwei Suiten

Sea Cloud II

Fahrgebiete 2007

Im Winter fährt die Sea Cloud II im Wochenrhythmus von St. John's/Antigua aus zu den schönsten Inseln der Kleinen Antillen mit ihren weißen Stränden und abgelegenen Badebuchten. Im April und im Mai zeigt sich der Dreimaster im Mittelmeer vor den Küsten und Inseln Spaniens, Italiens und Frankreichs. Ein Schnuppertörn führt im Juli in die Ostsee. Der September bringt italienische Impressionen zwischen Rom, Elba, Portofino, Ischia und Capri. Im Oktober kreuzt das Schiff in der Adria, im Ionischen Meer sowie in der Ägäis zwischen Venedig und Piräus, dem Hafen Athens.

Ausgewählte Reisen

KLEINE ANTILLEN

Rundreise ab Antigua

Von St. John's/Antigua (2.4.) geht es auf nördlichem Kurs nach Virgin Gorda, wo das Schiff in der Traumbucht aller Segler, Gun Creek, vor Anker geht. Nach der Fahrt durch den Sir-Francis-Drake-Kanal ankert die Sea Cloud II vor dem früheren Piratenversteck Jost van Dyke (5.4.). Ein ausführlicher Badestopp folgt am 6.4. auf Anguilla. In Gustavia/St. Barthélemy (7.4.) stellt sich das Schiff dem Schönheitswettbewerb mit den elegantesten Yachten der Welt. Über St. Kitts geht es dann zurück nach Antigua. **8 Tage; ab € 2.550, Flug ab/bis Frankfurt € 1.050**

MITTELMEER

Von Rom nach Neapel

Auf dem Weg von Civitavecchia, dem Hafen Roms (Reisebeginn 23.9.), zur Insel Napoleons, Korsika, wird gesegelt wie zu alten Zeiten. Weiterreise von Korsika (25.9.) nach Sardinien mit einem Besuch der Weinanbaugebiete. Die kleine Insel Ponza (28.9.) im Tyrrhenischen Meer lädt zum Wandern und Baden ein. Ehe die Reise am 30.9. in Neapel endet, kann man von Sorrent aus am 29.9. einen Blick in die versunkene Welt Pompejis werfen. **8 Tage; ab € 2.680, Flug ab/bis Frankfurt € 495**

DATEN & FAKTEN

BRZ	3.849	**Bordsprache**	Deutsch und Englisch
Länge	117,00 m		
Breite	16,00 m	**Kabinen**	47 Außenkabinen, davon 2 Suiten
Tiefgang	5,40 m		
Indienststellung	2001	**Passagierdecks**	4
Passagiere	max. 94	**Restaurants**	1
Crew-Mitglieder	60	**Bars**	2

Sport & Wellness	Fitness, Sauna, Badeplattform; Windsurfen, Wasserski, Schnorcheln (Ausrüstungen an Bord)
Info-/Entertainment	Vorträge, Pianist
Dresscode	sportlich-elegant
Info	Sea Cloud Cruises Hamburg Tel. (040) 30 95 92-0 www.seacloud.de
Preis pro Tag	**€ 365 bis € 880** **Durchschnitt € 540**

PROFIL

Info-/Entertainment	⚓⚓
Sport & Wellness	⚓⚓⚓
Gastronomie	⚓⚓⚓⚓⚓
Familienfreundlichkeit	⚓
Service	⚓⚓⚓⚓⚓

In der Karibik

SeaDream

Zwei Yachten, ein Konzept: Kreuzen im kleinen Kreis

Zwei baugleiche Yachten tragen den Namen SeaDream. Sie kreuzen mit maximal 110 Gästen oft abseits der klassischen Routen und bieten höchst persönlichen Service. Man hat das Gefühl, mit Freunden zu reisen, von einer aufmerksamen Crew jederzeit bestens bedient. Die Suiten sind mit Flachbildschirmen, CD- und DVD-Playern und kostenlosen Minibars ausgestattet. Wer mag, diniert mit Freunden unterm Sternenhimmel – oder lässt sich Kaviar und Champagner auf den balinesischen Liegen am Pool servieren. Großgeschrieben wird der Wassersport: Kein Anmelden, kein Schlangestehen, einfach ein Zodiac buchen und auf Wasserskiern über die Wellen gleiten!

Top of the Yacht Bar; eine der Suiten

SeaDream I & II

Fahrgebiete 2007

In den Sommermonaten kreuzen die Yachten SeaDream I und SeaDream II im westlichen und östlichen Mittelmeer, im Winter in der Karibik und an der Küste Südamerikas. Die Routen der beiden Schwesterschiffe sind sehr individuell ausgearbeitet, wodurch fast keine Reise der anderen gleicht. Zwischen Start- und Zielhäfen wie Istanbul, Monte Carlo, Nizza, Civitavecchia, Rio de Janeiro, Buenos Aires, St. Thomas, San Juan oder Barbados warten die schönsten Hafenstädte der Welt. Für ihren Besuch ist immer reichlich Zeit vorgesehen.

Ausgewählte Reisen

SÜDAMERIKA

Karneval in Rio de Janeiro

Einschiffung und Übernachtung im Hafen von Buenos Aires (12./13.2.) auf der SeaDream I. Nach einem Zwischenstopp in Punta del Este in Uruguay (14.2.) und einem Seetag (15.2.) wird Brasilien erreicht; besucht werden dort Porto Belo (16.2.), Ilhabela (17.2.), Bahia Ilha Grande und Parati (18.2.). Höhepunkt der Reise ist der legendäre Karneval von Rio (19.2.). Danach folgt zur Entspannung ein Tag in der Bucht vor Buzios (20.2.), bevor die Reise am nächsten Tag in Rio endet (21.2.). **10 Tage; ab € 7.230 ab/bis Hafen**

WESTLICHES MITTELMEER

Von Monte Carlo nach Nizza

Einschiffung auf der SeaDream II (7.7.) im Hafen von Monte Carlo. Über Villefranche an der Côte d'Azur (8.7.) geht die Reise ins italienische Portofino (9.7.) und nach Viareggio (10.7.). Nach der Straße von Messina wird Portoferraio auf der Insel Elba (11.7.) erreicht. Am folgenden Tag führt die Reise nach Saint-Florent auf Korsika (12.7.). Am vorletzten Tag ist Zeit für beschauliches Ankern in der Bucht von Saint-Tropez (13.7.), bevor am 14.7. das Reiseziel Nizza erreicht wird. **8 Tage; ab € 5.930 € ab/bis Hafen**

DATEN & FAKTEN

BRZ	4.260	**Bordsprache**	Englisch
Länge	104,85 m	**Kabinen**	55 Außenkabinen, 1 Eignersuite
Breite	14,30 m		
Tiefgang	4,17 m		
Indienststellung	1984/85	**Passagierdecks**	5
Passagiere	max. 110	**Restaurants**	2
Crew-Mitglieder	90	**Bars**	3

Sport & Wellness	Fitnesscenter, Golfsimulator, Mountainbikes, Jetski, Kajaks, Wasserski, Schnorchelausrüstung, Banana Boat
Info-/Entertainment	Sallaway Champagner & Caviar Splash, Kino unter den Sternen, Musik- und Cocktailpartys
Dresscode	„Yacht Casual" (kein spezieller formeller Dresscode)
Info	SeaDream Yacht Club Oslo, Tel. +47 23 28 96 60 www.seadreamyachtclub.com
Preis pro Tag	**€ 200 bis € 2.000 Durchschnitt € 540**

PROFIL

Info-/Entertainment	⚓ ⚓ ⚓
Sport & Wellness	⚓ ⚓ ⚓ ⚓
Gastronomie	⚓ ⚓ ⚓ ⚓ ⚓
Familienfreundlichkeit	⚓ ⚓
Service	⚓ ⚓ ⚓ ⚓ ⚓

Vor der Küste Italiens

40°
0°
40°

Seven Seas Voyager

Amerikanischer Kreuzfahrer für gehobene Ansprüche. An Bord wird nur Englisch gesprochen – und die Drinks sind jetzt inklusive

Wer komfortabel kreuzen will und keine deutschen Schiffe mag, für den ist die Seven Seas Voyager vielleicht das Richtige: Der 1999 gebaute Kreuzer der US-Reederei Regent Seven Seas Cruises wartet mit viel Luxus auf. Die Kabinen und die öffentlichen Räume präsentieren sich geräumig und gepflegt. Die konservative Möblierung und die gedeckten Farben sprechen ein älteres Publikum an – obwohl das Alter der Gäste laut Reederei im Schnitt zwischen 40 und 60 Jahren liegt. Mit Platz für 700 Passagiere ist das Schiff auch noch nicht für den Massenbetrieb ausgelegt. Ab 2007 sind alle Getränke – inklusive ausgewählter Weine und auch Hochprozentigem – bereits im Reisepreis enthalten.

Fahrgebiete 2007

Am 9. Januar startet die Seven Seas Voyager ihre Weltreise in Fort Lauderdale/Florida. Sie führt über Rio de Janeiro und Kapstadt in den Indischen Ozean und dann über Oman ins Mittelmeer. Im April folgt die Transatlantikfahrt nach Fort Lauderdale; zurück geht es über Madeira und Marokko nach Barcelona. Ab dem 14. Mai ist das Schiff wieder im Mittelmeer, bevor es im Juni nach Norden steuert, um den Sommer in der Ostsee und in Norwegen zu verbringen. Über England geht es im September zurück ins Mittelmeer und im November über Madeira wieder nach Florida und in die Karibik.

Seven Seas Voyager

Blick in eine Master Suite

Die Observation Lounge

DATEN & FAKTEN

BRZ	46.000	**Bordsprache**	Englisch
Länge	204,00 m	**Kabinen**	353 Außensuiten mit Balkon, davon 88 mit Butler-Service
Breite	29,00 m		
Tiefgang	7,00 m		
Indienststellung	2003	**Passagierdecks**	6
Passagiere	max. 700	**Restaurants**	4
Crew-Mitglieder	447	**Bars**	4

Sport & Wellness	Pool, 2 Whirlpools, Beauty- und Fitnesscenter, Golf-Driving-Netz, Joggingpfad, Shuffleboard
Info-/Entertainment	Theater, Casino, Observation Lounge, Bibliothek, Internetcafé
Dresscode	je nach Anlass „country club casual", formell oder informell
Info	Vista Travel, Hamburg Tel. (040) 30 97 98 40 www.vistatravel.de
Preis pro Tag	**€ 250 (Frühbucherpreis) bis € 1.445; durchschnittlicher Frühbucherpreis € 370**

PROFIL

Info-/Entertainment	⚓ ⚓ ⚓
Sport & Wellness	⚓ ⚓ ⚓ ⚓
Gastronomie	⚓ ⚓ ⚓ ⚓
Familienfreundlichkeit	⚓ ⚓ ⚓
Service	⚓ ⚓ ⚓ ⚓ ⚓

Ausgewählte Reisen

TRANSATLANTIK

Von Fort Lauderdale nach Barcelona

Start der Atlantiküberquerung ist am 30.4. in Fort Lauderdale/Florida. Nach sieben Seetagen wird am 8.5. Funchal auf Madeira erreicht. Die nächsten Stopps sind Arrecife/Lanzarote sowie Agadir und Casablanca in Marokko. Über Málaga und València geht es schließlich nach Barcelona, wo die Reise am 14.5. endet. **15 Tage; ab € 4.370 (Frühbucherpreis) ab/bis Hafen**

OSTSEE

Von Stockholm nach Kopenhagen

Vier Starttermine (14.7., 28.7., 11.8. und 25.8.) gibt es für diese achttägige Kreuzfahrt zu den bekanntesten Häfen der Ostsee. Los geht es jeweils in Stockholm, Zielhafen ist Kopenhagen. Besucht werden auf dieser Reise Estlands Hauptstadt Tallinn, St. Petersburg, Helsinki und Visby auf Gotland. **8 Tage; ab € 4.570 (Frühbucherpreis) ab/bis Hafen**

Die Silver Whisper in der Adria

Silver Whisper/Shadow

Man gönnt sich ja sonst nichts: Die baugleichen Schwestern der italienischen Silversea Cruises stehen für Luxus ohne Kompromisse

Zum siebten Mal wurden Silversea Cruises von den Lesern des „Condé Nast Traveler" zur Nummer eins in der Kategorie „Small Ships" gekürt. Das kommt nicht von ungefähr: Die Passagiere logieren ausschließlich in Suiten – die meisten mit privater Veranda. Zum All-inclusive-Konzept gehören Champagner und erlesene Weine ebenso wie die von Relais & Châteaux geprägte Küche. Neben dem Hauptrestaurant stehen das La Terazza und das Le Champagne (mit Zuzahlung) zur Wahl. Bei den „Silversea Experiences" erlebt man auch an Land Außergewöhnliches, zum Beispiel ein Lagerfeuer-Dinner in der Wüste oder einen Kampfjetflug über Moskau. Trinkgelder werden nicht erwartet.

Fahrgebiete 2007

Die **Silver Whisper** fährt im Frühjahr von Asien über Dubai durch den Suezkanal ins Mittelmeer und verbringt dort den Sommer. Anfang November führt die Reise über Indien bis nach Australien. Die **Silver Shadow** ist im Frühjahr auf Weltreise von Florida über den Pazifik nach Australien und Asien, von dort ins Mittelmeer und nach New York. Im Sommer fährt das Schiff meist im Baltikum und in Nordeuropa und ab Herbst in der Karibik ab/bis Fort Lauderdale. Die kleineren Schwesterschiffe **Silver Cloud** und **Silver Wind** fahren in Asien, Südamerika, dem Mittelmeer, dem Indischen Ozean und rund um England.

Silver Suite

Veranda Suite

DATEN & FAKTEN

BRZ	28.258	**Indienststellung**	2000/01
Länge	186,00 m	**Bordsprache**	Englisch
Breite	24,80 m	**Kabinen**	180 Außensuiten
Tiefgang	k. A.	**Passagierdecks**	6
Passagiere	max. 382	**Restaurants**	4
Crew-Mitglieder	295	**Bars**	6

Sport & Wellness	Pool, 2 Jacuzzis, diverse Fitnessprogramme, Golf Pro an Bord
Info-/Entertainment	hochklassiges Entertainment durch ausgewählte internationale Künstler
Dresscode	leger bis elegant; ungezwungen
Info	Aviation & Tourism International Tel. (06023) 91 71 50 www.atiworld.de www.airtours.de www.silversea.com
Preis pro Tag	**ab ca. € 400** **Durchschnitt € 620**

PROFIL

Info-/Entertainment	⚓⚓⚓⚓
Sport & Wellness	⚓⚓⚓
Gastronomie	⚓⚓⚓⚓⚓
Familienfreundlichkeit	⚓
Service	⚓⚓⚓⚓⚓

Ausgewählte Reisen

INDISCHER OZEAN

Mit der Silver Whisper ab Dubai

Von Dubai am Arabischen Golf geht es im Dezember 2007 zur indischen Millionenmetropole Mumbai, dem einstigen Bombay. Start der Kreuzfahrt ist am 1.12., Stationen sind unter anderem das Emirat Fujairah, Khasab und Muscat in Oman. Reiseende ist am 9.12. in Mumbai. **9 Tage; ab € 3.570 ab/bis Hafen**

TRANSATLANTIK

Mit der Silver Shadow ab New York

Diese Reise beginnt am 22.5. in New York City. Die Route führt über Boston nach Halifax/Kanada. Danach folgen vier Seetage bis zur Ankunft auf den Azoren (La Horta und Ponta Delgada). Nach zwei weiteren Seetagen und Stopps in Cork und Waterford/Irland sowie in Plymouth/Südengland endet die Reise am 1.6. in Southampton. **17 Tage; ab € 5.191 ab/bis Hafen**

Die beiden Schwesterschiffe

Star Clipper & Star Flyer

Windjammer-Romantik: Auf den beiden Star-Clippers-Seglern darf man sich ein bisschen wie ein Abenteurer fühlen

Auf den Spuren der Entdecker über die Meere segeln, täglich Neues, vielleicht sogar Abenteuerliches erleben: Für solche Träume gibt es die Star Clipper und die Star Flyer. Sie sind traditionellen Großseglern nachgebaut, allerdings mit Anpassungen an die Anforderungen der Passagierschifffahrt: Die Segel können auch hydraulisch gesetzt werden. In den Kabinen dominieren Holz und Messing sowie Blautöne in allen Dekostoffen. Die Bars und Restaurants zeigen maritime Eleganz, verlangen aber nicht die Etikette eines Luxusliners. Die Atmosphäre ist sportlich, der Kontakt zwischen Mannschaft und Passagieren unkonventionell: Die Brücke steht den Passagieren täglich 24 Stunden offen.

Nur für Mutige: die Crew bei der Arbeit

Fahrgebiete 2007

Die **Star Clipper** segelt bis Ende März ab/bis St. Maarten in der Karibik. Die Atlantiküberquerung (ab 7.4.) führt über Lissabon nach Barcelona und endet nach einem Sieben-Tages-Törn zu den Balearen am 19.5. in Cannes. Von dort segelt das Schiff bis zum 29.9. im Wechsel durch das Ligurische und das Tyrrhenische Meer. Dann folgt das „Indian Crossing" über Athen nach Phuket, wo ab dem 17.11. Törns in die Andamanensee beginnen, unterbrochen von zwei Reisen nach Singapur und zurück (ab 8.12. und 15.12.).

Die **Star Flyer** segelt von Januar bis März in der Andamanensee und nach Singapur, Start- und Zielhafen ist Phuket. Ab 24.3. „Indian Crossing" Richtung Athen (Ankunft 30.4.). Im Mai, Juli und September segelt das Schiff ab/bis Athen in der Ägäis, im Juni und August ab Athen entlang der kroatischen Küste nach Venedig. Vom 29.9. bis zum 13.10. Atlantiküberquerung von Athen über Málaga nach Barbados. Am 4.11. geht es von Barbados aus durch den Panamakanal zu neuen Zielen in der Südsee. Ab 16.12. Sieben-Tages-Törns zu den Gesellschaftsinseln und den Marquesas ab Papeete/Tahiti.

Ausgewählte Reisen

STAR CLIPPER IN ASIEN

Von Phuket nach Singapur und zurück

An zwei Terminen (13.1. und 17.11.) segelt das Schiff von Phuket zur Butang-Gruppe und über Penang/Malaysia zu den Inseln Ko Lipe und Ko Khai Nok. Danach Ankern vor der „James-Bond-Bucht" Pang Nga und vor Similan/Thailand sowie Rückkehr nach Phuket.

8 Tage ab € 1.460 ab/bis Hafen

STAR FLYER IM MITTELMEER

Von Athen nach Málaga

Am 29.10. von Athen nach Mykonos, Santorin (1.10.), Githio und Katakolon (2.1.). Weiter nach Taormina/Sizilien (5.10.) und Palermo sowie nach Mallorca (9.10.) und Ibiza. Nach einem Seetag über Motril nach Málaga (13.10.).

14 Tage; ab € 3.195; € 450 Frühbucherrabatt bei Buchung bis zum 31.3.2007

DATEN & FAKTEN

BRZ	4.425	**Bordsprache**	Englisch, Deutsch, Französisch
Länge	115,50 m		
Breite	15,00 m	**Kabinen**	84 (78 außen, 6 innen), davon 8 Suiten, 1 Eignerkabine
Tiefgang	5,60 m		
Indienststellung	1991/92		
Passagiere	max. 170		
Crew-Mitglieder	70	**Restaurants**	1
Passagierdecks	4	**Bars**	2

Sport & Wellness	2 Pools, Morgengymnastik, Tauchen, Wasserski, Surfen, Dinghisegeln, Schnorcheln, Banana Boat
Info-/Entertainment	Captain's Storytime, Nautikkunde, Knotenkunde, Krabbenrennen, Quiz, Talentshow, Modenschau etc.
Dresscode	kein Dresscode, zum Abendessen im Restaurant lange Hosen
Info	Star Clippers Kreuzfahrten Langenhagen, Tel. (0511) 726 65 90 www.starclippers.com
Preis pro Tag	**€ 235 bis € 510 Durchschnitt € 320**

PROFIL

Info-/Entertainment	⚓ ⚓ ⚓
Sport & Wellness	⚓ ⚓ ⚓
Gastronomie	⚓ ⚓ ⚓
Familienfreundlichkeit	⚓
Service	⚓ ⚓ ⚓

Anlandung mit Schlauchbooten

Vistamar

Ein Expeditionsschiff – mit gutbürgerlichem Ambiente

Sie ist ein genialer Wurf des Schiffsarchitekten: Ein vier Decks hohes Vestibül trennt den vorderen Kabinenteil von den Gesellschaftsräumen im Heck ab. Und: Wo vorn vier Kabinendecks untergebracht sind, liegen achtern nur drei Gesellschaftsräume übereinander, die dank ihrer Deckenhöhe hell und luftig wirken. Das Menü im Restaurant Andalucia erinnert an das Angebot eines gutbürgerlichen Restaurants. Die Kabinen sind klein, aber zweckmäßig möbliert, mit übergroßen Betten. In den Innenkabinen simuliert ein beleuchtetes, fenstergroßes Dia an der Wand den Meerblick. Eistaugliche Expeditionsschlauchboote erlauben dem Schiff auch Anlandungen fernab der Zivilisation.

Das Restaurant und eine Außenkabine

Fahrgebiete 2007

Den Jahreswechsel 2006/2007 verbringt die Vistamar in der Antarktis, von dort geht es weiter bis ins Amazonasdelta und auf dem Amazonas bis Iquitos in Peru. Kreuzfahrten in die Karibik folgen im März. Über die Azoren fährt das Schiff dann zurück nach Europa und mit neuen Zielen ins Mittelmeer. Unter anderem über Sevilla (Fahrt auf dem Guadalquivir), Lissabon, Porto, London und Hamburg geht es gen Norden. Das Schiff fährt sowohl auf klassischen Routen (Ostsee und Norwegen) als auch auf Expeditionskurs bis nach Spitzbergen, Island und Grönland. Im Herbst folgen Fahrten ins Schwarze Meer und ins Mittelmeer, bevor im Winter wieder Fernziele angesteuert werden, darunter die Antarktis, Chiles Fjorde, Machu Picchu und der Panamakanal.

Ausgewählte Reisen

AMAZONAS UND KARIBIK

Von Iquitos nach Martinique

Von Iquitos/Peru (Anreise am 16.2.) fährt man zehn Tage auf dem Amazonas bis ins Delta mit Städten wie Leticia/Kolumbien und Manaus/Brasilien, aber auch winzigen Dörfern, die mit Expeditionsschlauchbooten erreicht werden. Von Belém (28.2.) nimmt die Vistamar Kurs auf die Karibik, vorbei an den Teufelsinseln (2.3.) bis nach Tobago und Martinique. Rückflug von dort am 5.3. **19 Tage; ab € 1.990, inkl. Flügen ab/bis Frankfurt**

NORWEGENS NATUR

Von Kiel nach Hamburg

Eine Route à la carte: von Kiel (7.6.) über Balestrand und Molde zum Svartisen-Gletscher (11.6.). Die dramatische Passage des Trollfjords, eine Ausflugsmöglichkeit von Narvik mit der Ofotbahn nach Schweden sowie Hammerfest und das Nordkap (13./14.6.) stehen auf dem Programm. Ebenso Tromsø, die Lofoten,Trondheim und der Geirangerfjord (17.6.), bevor die Reise über Bergen zurückgeht nach Hamburg, wo sie am 20.6. endet. **14 Tage ab € 1.530; ohne Anreise nach Kiel und Abreise ab Hamburg**

DATEN & FAKTEN

BRZ	7.500	**Bordsprache**	Deutsch
Länge	121,00 m	**Kabinen**	148 (125 außen, 23 innen), davon 10 mit Balkon/Veranda, 10 Suiten
Breite	17,00 m		
Tiefgang	4,50 m		
Indienststellung	1989	**Passagierdecks**	6
Passagiere	max. 290	**Restaurants**	1
Crew-Mitglieder	114	**Bars**	2

Sport & Wellness	Fitness, Frühsport
Info-/Entertainment	Lektorate, Showprogramme, Shuffleboard, Tanzkurse, Quiz, Radio, Bingo etc.
Dresscode	sportlich-leger, bei Galaabenden festlich
Info	plantours & Partner GmbH Bremen Tel. (0421) 17 36 90 www.plantours-partner.de
Preis pro Tag	**€ 100 bis 300** **Durchschnitt € 180**

PROFIL

Info-/Entertainment	⚓ ⚓
Sport & Wellness	⚓
Gastronomie	⚓ ⚓ ⚓
Familienfreundlichkeit	⚓ ⚓
Service	⚓ ⚓ ⚓

Ab Mai 2007 im Mittelmeer

Voyager of the Seas

Klettern, Skaten, Eislaufen oder Golfen – da bleibt kaum Zeit für den Landausflug. Das Konzept dieses Schiffs sieht es auch so vor

Jahrelang konnten sich die Voyager und ihre Schwestern (**Adventurer**, **Explorer**, **Mariner** und **Navigator of the Seas**) das Attribut „größtes Kreuzfahrtschiff der Welt" an den Bug heften – mittlerweile wurden sie konzernintern von der **Freedom of the Seas** überholt. Die Schiffe sind in erster Linie Vergnügungsparks: Sie bieten Eislauf in der Karibik, Freeclimbing in 70 Metern Höhe, Basketballturniere, Inlineskating, Minigolf, ein riesiges Kasino und eine nicht minder riesige Shopping-Mall. Ein Plus: Im Rahmen des „Adventure Ocean" werden Youngsters zwischen drei und 17 Jahren offenbar so gut betreut, dass sie ihren Eltern und den anderen Passagieren höchstens noch beim Essen begegnen.

Fahrgebiete 2007

Im Winter ist das Schiff ab Miami zu einwöchigen Touren in der Karibik unterwegs (auch zwei Touren kombinierbar). Ziele sind die Bahamas, St. Thomas, Puerto Rico, Labadee/Haiti, Jamaica, Grand Cayman und Cozumel/Mexiko. Am 3.5. startet die Voyager in Barcelona, um im Mittelmeer zu kreuzen. Nach diversen Kurztrips (drei, vier oder sechs Nächte) geht es ab dem 26.5. auf Sieben-Tages-Törns nach Villefranche, Livorno, Civitavecchia, Neapel, Capri, Palermo, Valletta und Palma de Mallorca. Am 17.11. fährt die Voyager von Barcelona zu den Kanaren, am 8.12. in 15 Tagen ab Barcelona nach Galveston/Texas.

Grand Suite

Royal Suite

DATEN & FAKTEN

BRZ	138.000	**Bordsprache**	Englisch
Länge	311,00 m	**Kabinen**	insgesamt 1.557 (939 außen, 618 innen), 757 mit Balkon, 119 Suiten
Breite	48,00 m		
Tiefgang	8,80 m		
Indienststellung	1999	**Passagierdecks**	15
Passagiere	max. 3.114	**Restaurants**	9
Crew-Mitglieder	1.186	**Bars**	15

Sport & Wellness	Kletterwand, Eislaufbahn, Joggingpfad, Basketball, Golfsimulator, Inlineskating, Fitnesscenter/Spa (4.500 Quadratmeter) u. v. m.
Info-/Entertainment	Theater für 1.362 Gäste, Shows auf Broadway-Niveau, Konzerte, Casino, Eisrevuen, Kinderbetreuung
Dresscode	ungezwungen, im Hauptrestaurant allerdings mitunter formell
Info	Royal Caribbean Cruise Line A/S Tel. (069) 92 00 71-0 www.royalcaribbean.de
Preis pro Tag	**€ 75 bis € 743** **Durchschnittspreis € 100**

PROFIL

Info-/Entertainment	⚓⚓⚓⚓⚓
Sport & Wellness	⚓⚓⚓⚓
Gastronomie	⚓⚓⚓
Familienfreundlichkeit	⚓⚓⚓⚓
Service	⚓⚓⚓

Ausgewählte Reisen

ÖSTLICHE KARIBIK

Rundreise ab Miami

Am 6.1. von Miami nach Nassau/Bahamas (7.1.). Am 8.1. folgt ein Seetag, am 9.1. Charlotte Amalie/St. Thomas, danach San Juan/Puerto Rico (10.1.). Am 11.1. Besuch der Privatinsel Labadee vor Haiti. Nach einem weiteren Seetag kehrt das Schiff am 13.1. nach Miami zurück. **7 Tage; ab € 522, plus Flüge (Preise auf Anfrage)**

WESTLICHES MITTELMEER

Rundreise ab Barcelona

Am 29.9. Abfahrt in Barcelona nach Villefranche bei Nizza (30.9.). Am 1.10. Halt in Livorno (mit Ausflügen nach Florenz und Pisa), am 2.10. in Civitavecchia, dem Hafen Roms. Weiterfahrt nach Neapel (3.10.) und Palermo (4.10.). Nach einem Seetag Rückkehr nach Barcelona am 6.10. **7 Tage; ab € 522, plus Flüge (Preise auf Anfrage)**

Auf Kurs

Wohin soll die Reise gehen? In welchem Hafen lohnt sich derLandgang? „Routen & Reviere“ stellt 115 Häfen vor. An Nord- und Ostee, im Mittelmeer, am Atlantik und in der Karibik. Und kurz und bündig eine Reise über alle sieben Meere

HELSINKI

Mare nostrum

Nirgends auf der Welt ballen sich Kultur, Geschichte und landschaftliche Höhepunkte so sehr wie rund ums Mittelmeer. Eine Kreuzfahrt durch das Mare nostrum ist eine Begegnung mit den jahrtausendealten Wurzeln unserer Kultur

Mare nostrum, „unser Meer", nannten es die alten Römer. Doch nicht nur ihr Erbe, sondern auch die Hinterlassenschaften des alten Griechenlands, Ägyptens und des Orients haben es geprägt. So stehen auf Kreuzfahrten im Mittelmeer fast täglich neue Höhepunkte an. Hinzu kommt noch das besondere Flair: Der Glanz der See, der Duft ihrer Gestade und der beneidenswerte Lebensstil der Menschen machen das Mittelmeer zum Inbegriff dessen, was wir vom Süden ersehnen.

Beste Reisezeit ist von Mai bis Ende September. Im März/April sowie im Oktober/November werden ebenfalls Kreuzfahrten angeboten, doch kann es zu diesen Zeiten schon ungemütlich werden.

Frankreich

Türkei

Italien

KROATIEN
Schwarzes Meer
21 SPLIT
22 DUBROVNIK
31 ISTANBUL
ALBANIEN
THESSALONIKI
23 KORFU
TÜRKEI
Ephesos
Ionisches Meer
GRIECHENLAND
32 KUSADASI
Olympia
24 ATHEN
29 MYKONOS
Aspendos
KATAKOLON 25
33 BODRUM
34 ANTALYA
26 NAUPLIA
Mykene, Epidauros
Ägäis
SANTORIN 27
30 RHODOS
28 HERAKLION
ZYPERN
LIMASSOL
Kreta
Knossos
BEIRUT
LIBANON
Mittelmeer
HAIFA 35
Jerusalem
ISRAEL
ALEXANDRIA 37
36 PORT SAID
Kairo, Gizeh
ÄGYPTEN

Málaga

Barcelona

Ibiza

1 MÁLAGA

Die Wirtschafts- und Verkehrsdrehscheibe Südspaniens hat sich in den letzten Jahren herausgeputzt. Vom Boulevard am Hafen führt ein schöner Spazierweg hinauf zur maurischen Zitadelle. Und in den Gassen der Altstadt (mit ihrer wuchtigen barocken Kathedrale und dem neuen, sehenswerten Picasso-Museum) findet man gemütliche Bars, in denen köstliche Tapas zum Sherry gereicht werden.

TIPP **Wer noch nie da war, sollte diesen Ausflug nicht verpassen: Die ★ Alhambra von Granada ist das besterhaltene Bauwerk der gesamtem maurischen Kultur. Ein Märchen aus 1.001 Nacht – und eine Sensation der Weltarchitektur.**

2 VALÈNCIA

In Spaniens drittgrößter Stadt ist die Austragung des America's Cup *das* Highlight des Sommers 2007. Sehenswert ist die Altstadt mit ihrem Mix aus Historie und trendigem Bar-, Restaurant- und Shopping-Ambiente. Zum Ausruhen bietet sich die mittelalterliche Plaza de la Virgen neben der Kathedrale an – am besten bei einer *horchata*, der süßen Milch aus Erdmandeln, die eisgekühlt den Durst löscht und als valencianische Spezialität gilt.

TIPP **Einen futuristischen Kontrast zur Altstadt bildet die Ciudad de las Artes y las Ciencias, die mit ihrer extravaganten Konstruktion Valèncias neues Wahrzeichen ist. Vor allem das Oceanogràfic, Europas größtes Aquarium, lohnt den Besuch dort.**

★ 3 BARCELONA

Die lebendige Hauptstadt Kataloniens verbindet mittelalterliche Tradition mit der kulturellen Vielfalt einer modernen Metropole. In der Altstadt (Barri Gòtic) schaffen schmale Gassen und schöne Plätze ein besonderes Ambiente. Sehenswert sind hier die gotische Kathedrale Santa Eulàlia mit ihrem romanischen Querschiff sowie der Königspalast Palau Reial Major. Auf den Rambles, einer breiten Allee, auf die man direkt vom zentral gelegenen Kreuzfahrtterminal spazieren kann, sorgen Straßenkünstler und Cafébesucher für ein lebhaftes Treiben (Vorsicht vor Taschendieben!). Vom Stadtberg Montjuïc hat man eine phantastische Sicht auf die Stadt.

TIPP **Berühmte Werke des Jugendstilkünstlers Antoni Gaudí sind der Parc Güell und die schwindelerregende Kirche ★ Sagrada Família.**

4 IBIZA

Die Hafenmole ist nicht sonderlich einladend, doch dahinter, in den Gassen der Altstadt Dalt Vila, entfaltet sich das unverwechselbare Flair der einstigen Hippie-Insel. Schrille Boutiquen, gemütliche Restaurants und Cafés laden zum Bummeln ein. Man geht hinauf bis in die Stadtfestung, die zum Weltkulturerbe zählt. Ein maritimes Ambiente herrscht am neuen Yachthafen Botafoc, etwa im angesagten Café Sydney.

TIPP **Wenn Sie noch am Abend auf Ibiza sind, speisen Sie in der Altstadt oder in Santa Eulària (circa 20 Minuten). Unbedingt einen Tisch reservieren!**

★ 5 PALMA/MALLORCA

Topreiseziel und beliebtester Zweitwohnsitz der Deutschen seit Jahrzehnten: Mallorca. Die Insel ist so bekannt wie kaum eine andere Feriendestination. Wer mit dem Schiff kommt, wird vor allem die Hauptstadt Palma besuchen (die Kreuzfahrtpier liegt drei Kilometer vom Zentrum entfernt); sie ist ideal für Erkundungen auf eigene Faust. Nicht verpassen sollte man die Kathedrale La Seu und die Altstadtgassen dahinter sowie das Llotja-

Palma de Mallorca

Viertel an der Hafenseite. Flaneure bummeln am Passeig des Born, wer einkaufen möchte, findet dazu an der Avinguda Jaume III reichlich Gelegenheit. Inselausflüge führen oft an die spektakuläre Nordküste und in die Tramuntana-Berge. Dort sind die Kartause von Valldemossa, das Städtchen Sóller und das malerische Dorf Fornalutx die Höhepunkte.

TIPP **Ein unvergessliches Erlebnis ist die Fahrt mit den alten Holzwaggons der Museumsbahn „Roter Blitz" von Palma nach Sóller oder umgekehrt. Nostalgie pur!**

Provence

Monte Carlo

Korsika

6 MAÓ/MENORCA

Máo (oder Mahón) liegt an der Spitze eines sechs Kilometer langen Naturhafens – die Einfahrt gehört zu den schönsten im Mittelmeerraum. In der Altstadt werden im Palacio de la Casa de Cultura die Funde aus den neolithischen Tempelanlagen ausgestellt, für die Menorca bekannt ist: steinerne Tafelaltäre zum Beispiel (*talaiots*), die in die hügelige Landschaft eingebettet sind. Vom Kloster auf dem Monte Toro genießt man einen herrlichen Rundumblick über die grüne Insel.

TIPP **In den weißen Fischerdörfern bei Binibèquer an der Südküste lebt noch die maurische Bautradition fort.**

7 MARSEILLE

Frankreichs zweitgrößte (und älteste) Stadt ist touristisch (nicht ganz zu Recht) noch immer ein weißer Fleck – auch Kreuzfahrtgäste passieren sie meist nur auf dem Weg in die Bilderbuchlandschaften der **Provence**. Avignon, die Stadt der Päpste (80 Kilometer), Arles, einst Wohnort Vincent van Goghs (60 Kilometer), oder das Unistädtchen Aix-en-Provence (30 Kilometer) sind meistens die Ziele. Mitunter wird auch die Lagunenlandschaft der Camargue mit ihren Flamingos und weißen Pferden besucht. Die Provence macht vor allem auf eines Lust: wiederzukommen und länger zu bleiben.

TIPP **Das klassische Gericht Marseilles ist die Bouillabaisse. Am Alten Hafen (Vieux Port) werden Touristen zu ihrem Verzehr fast genötigt. Doch Achtung: Ein guter Koch zeigt vorher den Fisch, den er in die Suppe gibt.**

8 NIZZA

Cannes und St-Tropez zum Trotz: Nizza ist und bleibt das mondäne Zentrum der Côte d'Azur. Einzigartig ist sein durch die Nähe Italiens inspiriertes Lebensgefühl, „superbe" sind Gastronomie und Hotellerie, Weltrang haben die Museen (unter anderem Musée Chagall, Musée Matisse). Wer die Stadt nicht zu Ausflügen in die Provence verlässt, sollte also flanieren. Vom Hafen nimmt man ein Taxi (oder wandert) zur Promenade des Angalis, dann nimmt man einen Drink (oder mehr, siehe unten) im Art-déco-Hotel Negresco und bummelt zur Altstadt unter dem Schlossberg. Am Cours Saleya findet dort dienstags bis samstags ein Markt statt, der in Sachen Farbigkeit und Ambiente am Mittelmeer seinesgleichen sucht. Am Abend verwandelt sich der Platz in ein riesiges Open-Air-Restaurant.

TIPP **Im Negresco, das zu den besten Hotels Frankreichs gehört, residiert auch das nobelste Restaurant der Stadt. Le Chantecler. Abends ist es fast unbezahlbar – doch mittags gibt es drei Gänge zum erschwinglichen Festpreis.**

9 MONTE CARLO

Traumziel nur der Prominenten? Auch Tagesbesuchern hat das kleine Fürstentum viel zu bieten. Atemberaubend sind die Hochhaustürme auf engstem Raum, mondän ist die Atmosphäre. Eine Sehenswürdigkeit ist der Platz vor dem Fürstenpalast, von dem man einen schönen Rundumblick hat. Das große Aquarium, gestiftet vom Meeresforscher Fürst Albert I., bietet Anschauliches zur Fauna und Flora des Mittelmeers.

TIPP **Wer das berühmte Casino besuchen möchte, benötigt seinen Pass und angemessene Kleidung.**

10 AJACCIO/KORSIKA

Die moderne Geburtsstadt Napoleons gedenkt natürlich des Kaisers mit Monumenten und einem schlichten Museum im Haus seiner Eltern – obwohl der berühmteste Korse aller Zeiten die Insel als Kind verließ und sich wenig um Korsika kümmerte. Direkt am zentralen Hafen gibt es Marktstände mit Spezialitäten, zum Beispiel uraltem Käse und köstlichem Schinken.

TIPP **Wanderer kennen und lieben die herrlich wilde Landschaft der Insel. Wer sie auf einem Ausflug kennenlernen will, sollte durch die Berge fahren, etwa in das typische, circa zwei Stunden entfernte Bergdorf Sartène.**

Nizza

Sardinien

Portofino

Toskana

11 CAGLIARI

Sardiniens Hauptstadt wird von barocken Fassaden und Kuppeln dominiert, ihre Lebensadern sind die breiten Straßen im Zentrum aus der Zeit um 1900. Das Nationalmuseum in der Cittadella dei Musei eröffnet einen schönen Blick auf Stadt und Küste. Es zeigt Funde aus der geheimnisvollen Nuraghenkultur und aus der phönizischen Epoche der Insel.

TIPP **Sardinien hat ein wunderschönes Binnenland und mit die schönsten Strände des Mittelmeers. In der Umgebung von Cagliari bilden diese die Costa Verde, im Norden die von Millionärsvillen gesäumte Costa Smeralda.**

12 GENUA

„La Superba", die Vornehme, ist Italiens Tor zur Welt und noch heute sein wichtigster Hafen. Die einstige Seerepublik konkurrierte mit Venedig um den Handel im östlichen Mittelmeer. Man besaß Stützpunkte in der Ägäis und in Konstantinopel, auch Korsika gehörte 400 Jahre zu Genua. Seefahrer wie Columbus und Andrea Doria stammen von hier. In der eng bebauten Altstadt gibt es zahlreiche Adelspaläste, von denen einige besichtigt werden können, etwa der Palazzo Doria Tursi (Via Garibaldi 9, heute Rathaus), der Palazzo Spinola (heute Nationalgalerie) und der Palazzo Doria mit seinem herrlichen Garten.

TIPP **Nahe dem Hauptbahnhof liegt die Talstation der Zahnradbahn, die auf den Granarolo (236 Meter über dem Meer) führt. Die Aussicht auf die Stadt und die Riviera ist überwältigend.**

13 PORTOFINO

Der zauberhaft gelegene Hafen lädt zum Bummeln durch die Gassen und zum Verweilen in den kleinen Restaurants ein. Im Sommer liegen viele Yachten in der Marina. Im Vorgebirge erhebt sich die von einem weitläufigen Park umgebene Festung San Giorgio. Zu den Cinqueterre, fünf in Felsbuchten versteckten kleinen Orten, kann man einen Ausflug mit dem Boot oder der Bahn machen.

TIPP **Per Schiff oder zu Fuß erreicht man das berühmte Kloster San Fruttuoso in einer kleinen Bucht westlich von Portofino.**

14 LIVORNO

Livorno, eine moderne Stadt mit dem bedeutendsten Hafen der ★ **Toskana**, wird als Ausgangspunkt für Ausflüge in die Region angelaufen – zum Beispiel in die reiche alte Stadtrepublik **Pisa**, wo man natürlich den Dom und den schiefen Turm besuchen sollte. Oder ins goldene **Florenz**, wo prachtvolle Renaissancebauten die Zeit der Medici-Fürsten wiederspiegeln. Der Ponte Vecchio, die „alte Brücke" über den Arno, ist mit seinen Läden das fotogene Wahrzeichen der Stadt. Eindrucksvoll ist der Dom. Für die Uffizien, eine der reichsten Gemäldesammlungen Italiens, benötigt man etwas Zeit.

TIPP **Wenn Sie in Livorno bleiben, sollten Sie einmal eine Spezialität der Stadt probieren: Ponce alla Livornese – das ist ein starker Kaffee mit Rum.**

15 CIVITAVECCHIA

Der Hafen bietet wenig – das Ziel, zu dem man von dort aus startet (eine Stunde Fahrt), dagegen fast alles: ★ **Rom**, die Ewige Stadt. Sie verkörpert das Erbe des Römischen Reiches, von dessen Prachtbauten beeindruckende Ruinen überlebt haben: das Kolosseum, das Forum Romanum, der Titus-Bogen, die Caracalla-Thermen oder das Pantheon, das heute eine Kirche ist. Die Engelsburg, einst das Grabmal Kaiser Hadrians, wurde im Mittelalter zur Fluchtburg der Päpste

Rom

umgebaut. Gegenüber, im Vatikanstaat, besucht man St. Peter, eine der größten Kirchen der Welt, und die von Michelangelo ausgemalte Sixtinische Kapelle. Das barocke Rom ist auf der Spanischen Treppe und an der Piazza Navona am schönsten. Und nicht vergessen: Eine Münze rückwärts über die linke Schulter in den Trevi-Brunnen zu werfen (unser Foto) ist ein guter, alter Brauch.

TIPP **Wenn Sie Zeit haben, sollten Sie einmal die Touristenpfade verlassen und Trastevere besuchen: Das Künstlerviertel hat einen besonderen Charme.**

Neapel

Lipari

Sizilien

16 NEAPEL

Geliebt und gehasst: Die einstige Kapitale der Bourbonen-Könige, die jahrhundertelang im Castel d'Ovo residierten und der Stadt das Königliche Theater, die Kathedrale und das Nationalmuseum mit einem erotischen Kabinett delikater Funde aus Pompeji hinterließen, ist so chaotisch wie faszinierend. Und mit ihrer nie versiegenden Energie ist sie für viele der Inbegriff Italiens. Hochkarätig sind aber auch die Ausflüge: In Herculaneum oder ★ **Pompeji** (beide Städte wurden 78 n. Chr. beim Ausbruch des Vesuv verschüttet und erst in unserer Zeit wieder ausgegraben) macht man lebendige Spaziergänge durch die Antike. An der ★ **Amalfiküste** erlebt man eine der spektakulärsten Küstenstraßen Europas. Und per Fähre oder Schnellboot (auch ab Sorrent) kann man die Insel ★ **Capri** besuchen, deren Zauber seit über 2.000 Jahren gerühmt wird. Mit einer Zahnradbahn gelangt man dort von der Marina zur Piazza der gleichnamigen kleinen Stadt. Kleinbusse fahren zur traumhaft gelegenen Villa des Arztes Axel Munte, der Villa San Michele, und von dort weiter nach Anacapri.

TIPP Für eine Bootsfahrt zur Blauen Grotte braucht man sonniges Wetter zur richtigen Zeit: von 11 bis 12 Uhr vormittags ein Naturschauspiel!

17 LIPARI

Seit über 5.000 Jahren leben Menschen auf den paradiesischen Inseln des Windgottes Äolos, zu denen auch Stromboli (mit dem immer noch aktiven Vulkan) gehört. Sie hinterließen Kunstwerke und Theaterfiguren, die im Äolischen Museum von Lipari, der größten der Inseln, präsentiert werden. Man kann Lipari in zwei Stunden umfahren. In der Zitadelle über der Altstadt ist der Dom mit dem normannischen Kreuzgang sehenswert.

TIPP Im Zentrum der kleinen, sehr sizilianisch geprägten Stadt gibt es viele typische Restaurants und Bars.

18 TRAPANI

Die Barockstadt an der Westspitze Siziliens liegt im Anbaugebiet des süßen Marsalaweins. Bei einem Ausflug in die 800 Meter hoch gelegene Bergstadt Erice fühlt man sich ins Mittelalter zurückversetzt. Ihr Ursprung ist ein phönizisches Heiligtum der Liebesgöttin Astarte. Manchmal liegt die Felsenfestung mystisch in den Wolken, wenn unten die Sonne glüht.

TIPP Zu den schönsten Tempeln der Antike gehört der von ★ Segesta. Ebenfalls einen Ausflug wert ist die Ruinenstadt Selinunt.

19 SYRAKUS

Im 4. Jahrhundert vor Christus war die damals griechische Stadt eine Großmacht zur See. Erhalten blieben eines der größten griechischen Theater, das bis heute für Aufführungen genutzt wird, und die antiken Steinbrüche mit dem „Ohr des Dionysos". In den Gassen der Altstadt Ortygia ist die Atmosphäre typisch sizilianisch, mit kleinen Trattorien und Läden und fast morbidem Charme. In der Arethusaquelle am Hafen (sie erinnert an die Liebe zwischen dem Flussgott Alpheios und einer Nymphe) wächst der einzige Papyrus Europas.

TIPP Wenn Sie Papyrus als Souvenir kaufen wollen: Sizilianischer Papyrus zeigt – anders als leider meistens angeboten – keine ägyptischen Motive!

20 VENEDIG

Die „Serenissima" ist immer noch eine der schönsten Städte der Welt – und eine einzigartige Mischung aus Abend- und Morgenland. 450 Brücken überspannen 177 Kanäle zwischen den 118 Inseln der Lagune. Unbedingt anschauen sollte man die bebaute Rialtobrücke, den Markusplatz, die Basilika San Marco und den Dogenpalast, das Zentrum der einstigen Seerepublik. Zu Fuß erwandert man die geheimnisvollen Gassen, mit Wasserbussen oder Gondeln fährt man über die Kanäle und durch die Lagune. Wichtig: Kreuzfahrtschiffe liegen oft einige Kilometer außerhalb der Stadt.

TIPP Ein Erlebnis ist der Bootsausflug zur Insel Torcello mit der ältesten Kirche Italiens und zu den Glasbläsereien auf Murano: Dort findet man das perfekte, stilvolle Souvenir.

Venedig

Dubrovnik

Korfu

Nauplia

21 SPLIT

Zur Landseite säumen die Stadt noch sozialistische Plattenbauten, doch in der Altstadt am Hafen hat man das Gefühl, Diokletian sei eben erst abgezogen: Splits Zentrum ist im Grunde ein in die Relikte des Palasts, den jener römische Kaiser bewohnte, hineingebautes Mauer- und Gassengewirr, mitsamt einer Kathedrale, die man dem letzten Christenverfolger bewusst auf seine Gemächer pflanzte. Auf jahrtausendealtem Marmorpflaster wandelt man hier ständig zwischen Antike, Mittelalter und Neuzeit hin und her.

TIPP Kompakter als Split, aber von ähnlicher Wirkung ist das Städtchen Trogir (circa 30 Minuten Taxifahrt).

★ 22 DUBROVNIK

Keine Stadt am Mittelmeer hat in letzter Zeit eine vergleichbare touristische Karriere erlebt: Im Balkankrieg der 90er Jahre noch unter einem Kugelhagel begraben – die Einschusslöcher wurden teils bewusst erhalten –, steht sie heute so frisch poliert wie nie da. Die Altstadt ist komplett von einer mittelalterlichen Mauer umgeben, innerhalb dieses Rings bewahrt die für Autos gesperrte Altstadt Bilder wie für eine Filmkulisse. Zwischen Kirchen und Palästen wandelt man hier in den Gassen umher – und staunt über die Preise an der Flaniermeile, dem Stradun: Dubrovnik gehört mittlerweile zu den teuersten Städten an der Adria.

TIPP Auf der zwei Kilometer langen Stadtmauer kann man die Altstadt umrunden. Zum Fotografieren gibt es keinen besseren Standpunkt.

23 KORFU

Schon Sissi, die „junge Kaiserin", war in Korfu unsterblich verliebt; das Ergebnis ihrer Griechenland-Sehnsucht kann man im Achilleion, ihrem Phantasiepalast südlich der Inselhauptstadt Kerkyra, bewundern. Ansonsten haben Korfu-Besucher zwei Alternativen: Sie erfreuen sich auf Inselrundfahrten an der „ungriechisch" grünen Landschaft – oder lassen mit Kerkyra ein Städtchen auf sich wirken, das im Kleinformat sämtliche Kultureinflüsse, die Griechenland je prägten, in sich vereint.

TIPP Die besten Plätze für einen Café frappé findet man unter den Arkaden des Listón von Kerkyra.

★ 24 ATHEN (PIRÄUS)

Wiege der Demokratie und der westlichen Philosophie, Standort vom Smog bedrohter Tempel, turbulente Millionenmetropole: Athen hat viele Gesichter. Hoch über der Stadt thront die Akropolis mit dem Parthenontempel. Ihr Besuch ist fast Pflicht; am besten steigt man zu Fuß hinauf. In der Plaka, der Altstadt unterhalb der Akropolis, kann man stimmungsvoll bei Bouzouki-Klängen Retsina und Moussaka genießen. Und danach, je nach Gusto, in der Ermou-Straße shoppen oder im Nationalmuseum antike Funde aus ganz Griechenland bewundern.

TIPP Piräus, der Hafen Athens, mag laut und schmutzig wirken, er hat aber auch stille Ecken. Zum Beispiel in den Lokalen am „kleinen Hafen" Mikrolimano, etwa 15 Taximinuten entfernt.

25 KATAKOLON

Der kleine Hafen ist Ausgangspunkt der Fahrt ins antike ★ **Olympia**. Über ein Jahrtausend lang war es alle vier Jahre der Austragungsort für die panhellenischen Wettkämpfe (776 v. Chr. bis 385 n. Chr.) – und ein Platz des Friedens. Diese Ausstrahlung hat es noch heute. Eindrucksvoll sind die Ruinen des Zeus- und des Heratempels. Schöne Funde sind in dem nahe gelegenen Museum ausgestellt: Die berühmteste Statue verkörpert das griechische Schönheitsideal, den olympischen Apoll.

Athen

TIPP Im winzigen Katakolon selbst kann man nicht viel unternehmen. Außer: einfach mal nichts zu tun – und wie die Griechen selbst den lieben langen Tag im Kafenion zu verträumen.

26 NAUPLIA

Die schöne Altstadt wird überragt von einer venezianischen Festung, viele Gassen sind mit Marmor gepflastert: Nauplia war nach Erlangung der Unabhängigkeit vom Osmanischen Reich

Santorin

Kreta

Mykonos

(1829) Griechenlands erste Hauptstadt, bis König Otto I. 1834 seine Residenz nach Athen verlegte. Zwei Ausflüge bieten sich an: In der Tempelanlage von ★ **Epidauros**, die dem griechischen Gott der Heilkunst geweiht war, steht das antike griechische Theater mit der besterhaltenen Akustik (verblüffender Hörtest). Und der Besuch der dramatisch gelegenen Königsburg von ★ **Mykene** mit dem berühmten Löwentor lässt Schliemanns Ausgrabungen und Homers Schilderungen von Agamemnon, Menelaos und der schönen Helena lebendig werden. Hier begann der trojanische Krieg.

TIPP **Wer Ausdauer hat, steigt in Nauplia über 380 Stufen zur steilen Palamidi-Festung hinauf. Wer es beschaulicher mag, umrundet die Altstadt auf der lauschigen Uferpromenade.**

★ 27 SANTORIN

Eine Reise nach Atlantis: Diese geheimnisvolle Insel ist ein Ort, den man nie vergisst. Der halbmondförmige Krater ist der Rest eines Vulkans, der vor über 3.500 Jahren explodierte und mit einer Flutwelle wahrscheinlich die minoische Kultur auf Kreta auslöschte. Der Hauptort Thira liegt in 300 Metern Höhe auf dem Kraterrand, man gelangt hinauf per Seilbahn oder auf Mulis über einen Saumpfad. Die Häuser sind weiß gekalkt und haben blaue Türen. Im gleißenden Licht der Ägais blickt man zum Horizont. Zurückversetzt in die Zeit des gewaltigen Naturereignisses wird man in der Ausgrabungsstätte Akrotiri an der Südspitze der Caldera. Die filigranen Wandmalereien in den Ruinen des verschütteten Dorfes zeigen den Alltag der Bewohner, die die Insel offenbar kurz vor dem Ausbruch verlassen konnten.

TIPP **Als malerischster Ort der Insel gilt Oia an der Nordspitze. Mit dem Taxi ab Thira ist man in 20 Minuten dort.**

28 HERAKLION/KRETA

Die Hauptstadt Kretas ist der Ausgangspunkt für zwei empfehlenswerte Ausflüge: ★ **Knossos**, die 4.000 Jahre alte Königsstadt der minoischen Kultur, bietet der Phantasie dank einer gelungenen Teilrestaurierung genügend Raum, sich in die Zeit der Minos-Könige und ihrer kultischen Stierkämpfe zurückzuversetzen. Die Funde aus der friedlichen, fast 1.500 Jahre dauernden Epoche sind im Nationalmuseum in Heraklion zu bewundern. Ein anderer Tagesausflug führt über die römische Ruinenstadt Gortys an die Südküste nach **Phaestos**, zur zweiten minoischen Palaststadt. Auf dem Weg dorthin könnte man in einem typisch kretischen Dorf wie Archanes einkehren.

TIPP **Minoischer Schmuck – etwa die berühmte „Biene von Malia" – wird in schönen Nachbildungen in den Juweliergeschäften der Stadt angeboten. Ein stilvolles Souvenir.**

29 MYKONOS

Die karge Felsinsel ist Griechenlands Partyinsel Nummer eins, mit Bars und Discos, die bis in die Morgenstunden geöffnet sind. Tagsüber entspannt man sich beim Bummel durch weiß gestrichene Gassen mit Blick auf die Inselwahrzeichen: die alten Windmühlen. Zum Programm gehört oft auch ein Besuch der „heiligen", heute unbewohnten Nachbarinsel **Delos**. Dem Mythos nach wurde dort Apollo, der Gott des Lichts, der Weisheit und der Musik, unter einer Palme geboren. Daraus entwickelte sich über 1.000 Jahre ein Kult- und Handelszentrum, der Mittelpunkt der Kykladen. Jeder griechische Stamm unterhielt auf Delos einen Tempel.

TIPP **Der Sonnenuntergang lässt sich am besten von den vielen stimmungsvollen Bars an der Hafenmeile „Klein-Venedig" aus erleben.**

30 RHODOS

Die Altstadt von Rhodos spiegelt die wechselvolle Geschichte der Insel wider: Rhodos war die letzte Bastion des Johanniterordens, bis der osmanische Sultan Süleiman der Prächtige den Rittern nach einer heldenhaften Verteidigung 1522 freien Abzug gewährte. Aus der Ordenszeit stammen die Stadtmauern und der Großmeisterpalast, den der „Kolonialherr" Mussolini (1912–1945) wieder aufbauen ließ. Viele Straßen wirken wie eine Kulisse für Ritterfilme.

TIPP **Die Altstadt ist übervoll mit Souvenirläden. Schön und nützlich sind echte Naturschwämme.**

Rhodos

Istanbul

Ephesos

Bodrum

31 ISTANBUL

Blaue Moschee, Hagia Sophia, Topkapı-Serail: In der Zwölf-Millionen-Metropole auf zwei Kontinenten gibt es so viele Sehenswürdigkeiten von Weltrang, dass man sie unmöglich an einem Tag bewältigen kann. Mindestens eine der oben genannten sollte man aber in Ruhe erleben, denn weniger ist in Istanbul mehr. Und dann sollte man sich dem einzigartigen Flair dieser dynamisch-chaotischen Kapitale hingeben – beim Bummel durch den Großen Basar, in einem Teehaus am Bosporus oder im Künstlerviertel Ortaköy. Wichtig: Der Verkehr ist oft so zäh, dass man für Taxifahrten reichlich Zeit einkalkulieren sollte.

TIPP **Ein ungewöhnliches Hotel ist das Four Seasons unweit der Blauen Moschee: Es war vor dem Ersten Weltkrieg ein Gefängnis! Schauen Sie auf ein Tässchen Mokka vorbei.**

32 KUŞADASI

Die Stadt selbst ist kein Highlight – aber eine Sensation ist **Ephesos**, um dessen Besuch es hier eigentlich geht (circa 40 Minuten Fahrt). Denn die Ruinen dieser Stadt aus der griechisch-römischen Antike begeistern auch Nicht-Archäologen. Die Celsus-Bibliothek, die Kuretenstraße, das antike Theater – all das vermittelt einen lebendigen Eindruck vom Leben in einer Stadt, die vor 2.000 Jahren ein Brennpunkt der Kultur war. Übrigens auch der christlichen: In Ephesos predigte der Apostel Paulus, und in der Spätantike tagten dort die Konzile.

TIPP **In Kuşadası lohnt der Basar, der gleich hinter der Kreuzfahrtpier den Stadthügel hinaufklettert, den Besuch. Vom Paschmina-Imitat bis zum Orientteppich bietet er alles.**

33 BODRUM

Nur Schiffe, die ihre Gäste mit Tendern an Land bringen können, halten in Bodrum: Der Hafen ist eine Marina für Yachten – allerdings für die vielleicht schönsten, die das ganze Mittelmeer bieten kann. Die so genannten Gülets sind formvollendete Segler aus Pinienholz, auf denen man zur „Blauen Reise" durch die ägäischen Buchten aufbricht. In Bodrum liegen sie dicht an dicht an der Pier. Viele sind im Privatbesitz reicher Istanbuler, deren Saint-Tropez-Ersatz Bodrum ist. Entsprechend üppig ist der Lifestyle: Die Open-Air-Disco Halikarnass wird als größte ihrer Art am Mittelmeer gehandelt.

TIPP **Das Top-Fotomotiv in Bodrum ist die Kreuzritterburg St. Peter am Hafen. Am besten sieht man sie vom Wasser aus, bei der Einfahrt in die Marina.**

34 ANTALYA

Auch in Antalyas altem Hafen reihen sich die Gülets – die Kreuzfahrtschiffe liegen im Industriehafen, 20 Busminuten entfernt. Wenn man sich der Stadt nähert, die als Hauptferienort der Türkischen Riviera eher planlos wuchert, sollte man sich nicht irritieren lassen. Denn Alanya hütet verborgene Schätze: für historisch Interessierte eines der besten Museen der Türkei; und für Romantiker den erwähnten alten Hafen – man steigt über Treppen hinab, immer mit Blick auf das „gestreifte Minarett", das Wahrzeichen der Stadt.

TIPP **Unter den Ausflugszielen ragt Aspendos heraus: Das römische Theater ist so perfekt erhalten, dass sogar Thomas Gottschalk hier „Wetten, dass ...?" aufführen konnte.**

35 HAIFA

Der wichtigste Hafen Israels ist wegen seiner schönen Lage am Berg Karmel bekannt. Im 19. Jahrhundert entstand durch europäische Zuwanderer eine Vielvölkerstadt. Von Haifa aus (oder auch von **Tel Aviv** aus) wird meistens **Jerusalem** besucht, die heiligste Stadt dreier Weltreligionen. Vom Jaffator ausgehend, führt der Rundgang durch den orientalischen Basar und dann die Via Dolorosa entlang zur Grabeskirche Jesu, in der sechs christliche Konfessionen vertreten sind. Der 691 erbaute Felsendom auf dem Tempelberg gegenüber der Al-Aksa-Moschee ist eines der schönsten Bauwerke islamischer Architektur. Die heiligste Stätte der Juden, die Klagemauer, ist die Westmauer des herodianischen Tempels, der von den Römern zerstört wurde. Das Israel-Museum liegt gegenüber dem Parlament, der Knesset.

Jerusalem

Gizeh

Tunis

TIPP Ein etwas anderes Museum: Im Dagon-Komplex in Haifa, dem einzigen Getreidesilo der Welt mit integriertem Museum, wird die Geschichte des Getreides dargestellt.

36 PORT SAID

Der Hafen am Eingang des Suezkanals ist als Umschlagplatz, Industriehafen und Tanklager von großer Bedeutung. Die Stadt (circa 530.000 Einwohner) entstand erst bei der Erbauung des Kanals und wirkt sehr westlich. Zwar wird sie auch als Urlaubsort immer beliebter; Kreuzfahrern dient sie jedoch in erster Linie als Ein- und Ausschiffungsfhafen.

37 ALEXANDRIA

Alexandria ist eine Stadt mit kolonialem Flair; englische und französische Architekten des 19. Jahrhunderts haben dort ihre Bauten hinterlassen. Das Nationalmuseum zeigt die erst vor kurzem aus dem Hafen geborgenen Funde aus dem im Meer versunkenen Palast der Kleopatra. Die neu gegründete Bibliothek soll an die größte Bibliothek der Antike anknüpfen (Museum im Untergeschoss).

TIPP Unbedingt zu empfehlen ist ein Tagesausflug zu den Pyramiden von Gizeh. Dieses einzige noch erhaltene der sieben Weltwunder der Antike überwältigt immer noch durch seine Größe und die erhabene Lage am Rande der Wüste. Die älteste Pyramide der Welt ist die von Sakkara. Die Schätze aus den Pharaonengräbern befinden sich im Ägyptischen Museum in Kairo.

38 TRIPOLIS

Ein neues Ziel auf der Mittelmeerkarte: Seit Gaddafis Libyen sich dem Tourismus öffnet, wird auch Tripolis immer häufiger angesteuert. Mit vollem Recht: Die Altstadt (drei Kilometer von der Kreuzfahrtpier) überrascht mit ursprünglich gebliebenen Basargassen, einem sehenswerten Museum (am Green Place) und überaus freundlichen Menschen. Eine Sensation ist **Leptis Magna**, das wichtigste Ausflugsziel (gut zwei Stunden Fahrt): Auf dem riesigen Gelände einer Römerstadt aus dem 2. und 3. Jahrhundert n. Chr. gibt es ein Amphitheater mit Blick aufs Meer, ein exzellentes Museum – und (noch) keinerlei Rummel.

TIPP In Tripolis' Altstadt wird (noch) nicht überall mit Dollars gezahlt, und die Handwerker arbeiten noch wie in alten Zeiten. Besonders beeindruckend: die Gasse der Kupferschmiede.

39 TUNIS

Das Herz der modernen Hauptstadt Tunesiens ist noch immer der riesige Souk el-Attarine nördlich der Großen Moschee. An zwei Orten kann man sich in die Antike zurückversetzen lassen: Die Überreste **Karthagos** bestehen aus römischen Tempelruinen. Und das Bardo-Nationalmuseum zeigt die am besten erhaltenen Mosaiken aus römischen Villen der Kaiserzeit. Wichtig: Der Hafen, **La Goulette**, liegt außerhalb der Stadt.

TIPP Blaue Fensterläden, pittoreske Gassen und Cafés: Ein Ausflug in den Künstlerort Sidi Bou Said lässt einen **Hauch von Orient aufkommen.**

40 VALLETTA/MALTA

Die Einfahrt in den großen Naturhafen von Valletta ist überwältigend: Nach ihrem Rückzug aus Rhodos bauten die Kreuzritter den Hafen zur uneinnehmbaren Festung aus. Beim Bummel durch die über dem Hafen thronende Stadt kann man sich an der Republic Street das Nationalmuseum der Archäologie und die prachtvolle St. John's Co-Cathedral ansehen, die Hauptkirche des Johanniterordens. Ebenso prächtig ist der Großmeisterpalast, der an bestimmten Tagen fürs Publikum geöffnet wird. Bei Fahrten über die Insel kann man geschichtliche Überreste aus sieben Jahrtausenden bestaunen. Mdina, das seit römischer Zeit die Hauptstadt der Insel war, ist heute eine barocke Festungsstadt mit schmalen Gassen und einer gewaltigen Kathedrale. Und in Tarxien stehen die Relikte einer 4.000 Jahre alten Tempelanlage der Megalithkultur.

TIPP Nicht nur für Kunstliebhaber ein Erlebnis: In der St. John's Co-Cathedral hängt „Die Enthauptung Johannes des Täufers", eines der bewegendsten Bilder des Malers Caravaggio.

Malta

Jeder Hafen ein Highlight

Seit der Öffnung Osteuropas erleben Kreuzfahrten auf der Ostsee einen wahren Boom. Zehntausende deutsche Urlauber reisen jährlich auf der Ostsee, Tendenz steigend. Sie wandeln auf den Spuren der Wikinger, bestaunen so prunkvolle Städte wie Tallinn, St. Petersburg oder Stockholm und sind begeistert von den prachtvollen Bauten der Hansezeit. Neben den Reisezielen informiert das Buch auch über die Faszination Seereise: Schiffstypen und Reedereien werden ebenso vorgestellt wie die unterschiedlichen Kulturräume und ihre Menschen.

Ebenfalls lieferbar:

Flusskreuzfahrten auf der Donau

ISBN 3-7688-1649-4

Hurtigruten

ISBN 3-7688-1543-9

144 Seiten, 155 Farbfotos, 1 Karte
Format 24 x 24 cm,
gebunden mit Schutzumschlag
€ 29,90 [D]
ISBN 3-7688-1768-7

Jetzt im Buch- und Fachhandel

DELIUS KLASING

InfoLine 0521/55 99 11 · Fax 0521/55 91 14 · www.delius-klasing.de/shop

Mare balticum

Mal idyllisch, mal nostalgisch: die Ostsee – ein Meer der Erinnerungen. Kreuzfahrten zu ihren Häfen und Inseln sind beliebter denn je

Es ist kein Meer der großen Entdecker, kein Ozean der exotischen Gestade. Das Baltische Meer, die Ostsee, wie wir sie nennen, ist vielmehr ein Ziel für Reisende auf Spurensuche. Sie wollen ein wesentliches Stück Kultur des alten Europa entdecken, Zeugnisse großer Geschichte, eine in weiten Teilen noch heile Natur – und dabei oftmals auch ihre eigene, ganz persönliche Vergangenheit. Die Hanse hat vielen Städten rund ums Baltische Meer zu einem Wohlstand verholfen, der heute noch (oder wieder) sichtbar ist. Ziele in Finnland, Schweden und Dänemark sind seit langem beliebt, so berühmte wie Helsinki, Kopenhagen und Stockholm, so idyllische wie die Inseln Gotland und Bornholm oder die Inselchen in der dänischen Südsee. Seit einigen Jahren locken jedoch auch die östlichen Regionen, wo eine neue Generation mit viel Elan in die Zukunft schaut, zahlreiche Besucher an. Städte wie Riga, Tallinn, Danzig und, nicht ganz so dynamisch, auch Königsberg werden immer häufiger angelaufen. – Die beste Reisezeit ist von Mai bis Ende Oktober.

Helsinki; Kurische Nehrung

Kiel

Danzig

Klaipėda

1 KIEL

Keine kuschelige Altstadt, auch keine Zeugnisse großer Geschichte locken Besucher an die Kieler Förde. Der Charme der schleswig-holsteinischen Landeshauptstadt wird dennoch beim ersten Blick über die Reling klar: Das Meer reicht bis ins Herz dieser Großstadt. Immer war Kiel eine maritim geprägte Stadt. Bis heute künden gewaltige Werftkräne, der Marinestandort, der Wassersport und die Meeresforschung von Weltruf davon. Das 85 Meter hohe Ehrenmal in Laboe, das sämtliche ein- und ausfahrenden Schiffe passieren, erinnert seit über 70 Jahren an alle Opfer auf See.

TIPP **Wer kann, sollte seine Route so legen, dass eine Fahrt durch den Nord-Ostsee-Kanal dazugehört. Die Ufer dieser meistbefahrenen Wasserstraße der Welt mögen nicht so exotisch aussehen wie die des Suez- oder des Panamakanals. Aber der knapp 100 Kilometer lange Törn zwischen Kiel und Brunsbüttel ist mindestens ebenso spannend.**

2 WARNEMÜNDE

Seit 110 Jahren weist der Leuchtturm von Warnemünde Seeleuten den Weg in den Hafen der Hansestadt **Rostock**. Dort wiederum ist der 117 Meter hohe Turm von St. Petri eine altvertraute Landmarke. Warnemünde hat viel Flair bewahren können, zum Beispiel in der Gasse Vöregg am Alten Strom, die von originellen Geschäften und Kneipen gesäumt ist. Von Rostocks einstigem Reichtum zeugen Giebelhäuser, mächtige Backsteinspeicher, wuchtige Tore und Stadtbefestigungen sowie imposante Kirchen.

TIPP **Um 12 Uhr machen die Apostel in St. Marien am Neuen Markt ihren „Umgang". Sie gehören zur Astronomischen Uhr aus dem Jahre 1472.**

Warnemünde

3 RÜGEN

Von Attributen wie „Capri des Nordens" oder Vergleichen mit Sylt halten die die Bewohner von Deutschlands größter Insel nichts. Zu Recht: Rügen ist mit einer Naturvielfalt gesegnet, die Erstbesucher staunen lässt, mit Nationalparks wie Jasmund (zu dem die berühmten Kreidefelsen gehören) und der Vorpommerschen Boddenlandschaft, vor allem aber mit Stränden und Bädern, die schon zur Kaiserzeit gut besucht waren. Die wieder aufgebauten Seebrücken von Göhren, Sellin, Binz und Sassnitz und die restaurierte Bäderarchitektur sind heute Symbole für die Tradition und für den Aufschwung Rügens.

TIPP **Für Rügen bietet sich ein Abstecher nach Hiddensee an, zur „kleinen Inselschwester" im Westen. Hinter der alten Dorfkirche von Kloster liegt das Grab des Dichters Gerhart Hauptmann.**

4 GDYNIA

Das ehemalige **Gdingen** ist zwar stolz darauf, Polens am schnellsten gewachsene Großstadt zu sein – 1920 wohnten dort gerade mal 1.200 Menschen, heute sind es 250.000 –, aber außer der Hafenmeile mit der Fregatte Dar Pomorza und dem Ozeanographischen Museum mit Aquarium bietet Gdynia nicht so viel, dass man deshalb den Aufenthalt in ★ **Danzig** abkürzen müsste. Dafür ist die Stadt, die auf Polnisch Gdańsk heißt, nämlich einfach zu attraktiv. Die meisten Sehenswürdigkeiten liegen in der „Rechtsstadt": Vom Langen Markt aus bummelt man zum Rathaus, dann weiter an der Mottau entlang zum Krantor und zur vierfachen Toranlage (Goldenes und Hohes Tor, Stockturm und Peinkammer). Beklemmung wird ein Besuch auf der Westerplatte auslösen, wo am 1.9.1939 mit Schüssen auf das Polnische Postamt der deutsche Überfall auf Polen – und damit der Zweite Weltkrieg – begann.

TIPP **Seit über 400 Jahren ist das Pod Lososiem eines der besten Restaurants der Stadt. Unbedingt probieren: Lachs in Krebssauce, dazu Danziger Goldwasser, den Kult-Likör, der einst an dieser Stelle „erfunden" wurde.**

5 BALTIYSK

In Baltiysk, dem einstigen Pillau, gibt es wenig zu sehen. Es ist heute nur der Vorposten für einen Besuch im eine knappe Stunde entfernt gelegenen **Kaliningrad**, der westlichsten Großstadt Russlands. Diese empfängt vor allem jene Besucher mit gemischten Gefühlen, die auf der

Tallinn

Riga

St. Petersburg

Suche nach dem alten ★ **Königsberg** sind. Davon ist wenig geblieben. Nach der vollständigen Zerstörung und der Übernahme der Stadt durch die Sowjets 1945 war keine andere ehemals deutsche Metropole im Osten so abgeschnitten von ihrer Vergangenheit und dem Weltgeschehen. 1701 wurde hier Kurfürst Friedrich III. von Brandenburg zum ersten König Preußens gekrönt, der Philosoph Immanuel Kant trug Ende des 18. Jahrhunderts den Ruf der Universität in die Welt. Heute sind die Kant-Gedenkstätte und der Dom auf der Kneiphofinsel herausragende Sehenswürdigkeiten.

6 KLAIPĖDA

Nur ein knapper Kilometer liegt zwischen der Kreuzfahrtpier und der malerischen Stadt, die 1250 unter dem Namen **Memel** gegründet wurde. Vor allem ältere Passagiere freuen sich auf den Simon-Dach-Brunnen, deren Figur auf der Spitze das „Ännchen von Tharau" zeigt, eine Nachbildung der Titelfigur eines über 400 Jahre alten Volksliedes. Seit 1991 ist Klaipėda Freie Wirtschaftszone – der Hauptgrund für einen sensationellen Aufschwung. Schönstes Ausflugsziel ist die ★ **Kurische Nehrung**, ein Landstreifen von fast 100 Kilometern Länge und maximal 3,8 Kilometern Breite. Von der „phantastischen Welt der Wanderdünen, der Kiefern- und Birkenwälder zwischen Haff und Ostsee" war Thomas Mann so angetan, dass er sich im Hauptort Nidden (heute **Nida**) 1930 ein Sommerhaus zulegte, das heute das Lieblingsziel vieler Nehrungsbesucher ist.

★ 7 RIGA

Auch Lettlands Metropole, die einzige echte Großstadt des Baltikums (fast 800.000 Einwohner), hat deutsche Wurzeln. Sie wurde 1201 gegründet und war über Jahrhunderte eine deutsch geprägte Hansestadt. Während die Randbezirke von Plattenbauten aus sowjetischer Zeit dominiert werden, gehört die Altstadt (UNESCO-Weltkulturerbe) zu den schönsten Nordeuropas. Der Dom ist die imposanteste Kirche des Baltikums, allein die Orgel (6.768 Pfeifen) ist eine Sehenswürdigkeit. Charakteristisch für die Stadt sind Jugendstilhäuser, perfekt restauriert – die schönsten stehen in der Albertastraße.

TIPP **Lettlands Küche ist zwar noch von eher deftigem, russisch geprägtem Zuschnitt (probieren: Piragi – mit Speck gefüllte Hefeteigtaschen), aber in Riga ist der Trend definitiv westlich: In Cafés wie dem Istaba planen die coolen Typen von heute ihre EU-Zukunft.**

8 TALLINN

Estlands Hauptstadt, im deutschen Sprachraum früher als **Reval** bekannt, steht ebenfalls auf der tourismusfördernden UNESCO-Liste. Aber neben der gepflegten Idylle von einst fallen so deutlich wie nirgendwo sonst im Baltikum die neuen Hi-Tech-Paläste auf, Symbole für den optimistischen Blick der kleinsten, aber wohlhabendsten baltischen Republik. Die Altstadt und neue Kultur-Highlights wie das Kunstmuseum liegen eine gute halbe Stunde zu Fuß vom Kreuzfahrtanleger entfernt.

TIPP **Estnische Modedesigner sind angesagt und (noch) sehr günstig, etwa Ivo Nikkolo (elegant-sportlich) und Monton (jugendlich-flippig).**

★ 9 ST. PETERSBURG

Für viele Ostsee-Kreuzfahrer der absolute Höhepunkt: prunkvolle Paläste aus der Zarenzeit, die Isaaks-Kathedrale mit ihren goldenen Kuppeln, die legendäre Eremitage, die zu den bedeutendsten Kunstsammlungen der Welt gehört – und dennoch nur eines von 250 Museen dieser nördlichsten Millionenstadt ist. Dazu kommt im Sommer, quasi als krönende Kulisse, das Licht der langen, weißen Nächte. Und schließlich lockt auch noch der Ausflug zum Katharinenpalast von Zarskoje Selo mit seinem rekonstruierten Bernsteinzimmer ... Zwei, besser drei Tage sollten auch Seereisende ansetzen, um wenigstens die wichtigsten Sehenswürdigkeiten zu erleben.

Helsinki

Stockholm

Gotland

TIPP Auf den Souvenirmärkten hinter der Auferstehungskirche und am Newski-Prospekt lassen sich neben klassischem Kitsch (Matroschka-Puppen und bemalte Holzeier) auch etwas anspruchsvollere Mitbringsel entdecken – zum Beispiel schöne Schachspiele, Lackarbeiten und Ikonen.

10 HELSINKI

„Weiße Stadt im Norden" wird Finnlands Hauptstadt gern genannt. Den Titel verdankt sie einem einmaligen Empire-Ensemble rund um den Senatsplatz, der in der ersten Hälfte des 19. Jahrhunderts von dem Berliner Carl Ludwig Engel im Auftrag des Zaren Alexander I. gestaltet wurde. Damals war Finnland noch russisches Großfürstentum. Zu den klassizistischen Gebäuden an diesem Platz gehören die Universität, das Senatsgebäude und vor allem der Dom, Helsinkis Wahrzeichen. Wer die Stadt auf originelle Weise erkunden will, nimmt die Straßenbahn der Linie 3T. Sie passiert das Kunstmuseum, das Parlament, das Olympiastadion von 1952 und eben auch den Senatsplatz.

TIPP Nicht nur an kalten Tagen lohnt sich ein Besuch der Markthalle von 1898, ein paar Fußminuten vom Anleger entfernt. In schönem Ambiente probiert man Rentierschinken und Piroggen, dazu eventuell einen finnischen Wodka.

11 TURKU

Turku ist Finnlands älteste Stadt. Über Jahrhunderte, unter schwedischer und russischer Herrschaft, war es auch die wichtigste und größte Stadt des Landes. Schon bei der Hafeneinfahrt erinnert eine mächtige Festung an diese Zeiten. Heute beherbergt diese Burg von 1280 ein lokales Geschichtsmuseum. Musikliebhaber werden wohl eher das Sibelius-Museum besuchen, Heilberufler das Apothekermuseum.

TIPP Der schönste Spaziergang führt an der Aura entlang. Malerische Gebäude aus dem 19. Jahrhundert säumen dieses Flüsschen.

12 MARIEHAMN

Die **Åland-Inseln**, deren Hauptort Mariehamn ist, sind eine wunderschöne Inselgruppe im Schärengarten zwischen Finnland und Schweden. Und auch kulturell „gehören" sie beiden Ländern. Die 25.000 Einwohner sprechen schwedisch, ihr Archipel ist ein autonomer Teil Finnlands. Man hat eigene Briefmarken und eine eigene Flagge. Mariehamn hat eine große maritime, aber auch touristische Tradition: Bereits 1890 wurde hier ein Seebad eröffnet. Die Kurgäste flanierten damals auf einer Promenade, die von vier Reihen Linden gesäumt ist. Und dort spazieren Kreuzfahrtpassagiere auch heute noch gern – die Pier ist nur 15 Gehminuten entfernt.

Åland-Inseln

TIPP Der Viermaster Pommern, der vor gut hundert Jahren als einer der Flying-P-Liner der Hamburger Reederei Laeisz in Dienst gestellt wurde, liegt hier seit 1953 als Museumsschiff vor Anker.

13 STOCKHOLM

14 Inseln, 50 Brücken – da kann man durchaus von einer schwimmenden Stadt sprechen. Stockholm, eine der schönsten Hauptstädte der Welt, liegt zwischen dem Mälarsee und dem Schärengarten, durch den es alle Schiffe ansteuern – schon das ist ein großartiges Erlebnis. Wer danach durch die malerische Altstadt Gamla Stan bummelt, wird sich nur zu gern in den Gassen verlieren oder von einem der Cafés am Stortorget (Großer Markt) aus das gar nicht kühle Leben und Treiben in dieser nordischen Metropole beobachten. Das Königliche Schloss liegt gleich nebenan. Zu den herausragenden Sehenswürdigkeiten gehören das Vasamuseum, das Nationalmuseum, die Deutsche Kirche und, im wahrsten Sinne des Wortes, das Stadshuset, wo das lokale

Bornholm

Ærø

Kopenhagen

Parlament tagt. Vom 106 Meter hohen Turm dieses Stockholmer Wahrzeichens hat man den besten Blick auf die amphibische Stadtlandschaft.

TIPP **Ein Abstecher nach Drottningholm, wo Silvia und Carl Gustaf im Grünen wohnen, muss sein. Wer Glück hat, erlebt dort eine Aufführung im Schlosstheater von 1766 – unvergesslich.**

14 VISBY (GOTLAND)

Ein Mikrokosmos voller Zauber und Eigenarten: die Roseninsel Gotland, die mit schönen Stränden und einer Vegetation überrascht, die man eher im Süden vermuten würde. Sogar Orchideen lässt das milde Klima wachsen. Viele kleine Wunder der Natur zeichnen die Insel aus, zum Beispiel die Raukar-Steine, bizarre Felsformationen an den Küsten. Und Kulturschätze von Weltgeltung: auf dem Lande Grabfelder aus der Bronzezeit und Gräber der Wikinger, in Visby – wo größere Schiffe auf Reede und die kleineren im Hafen festmachen – die Handelshäuser aus der Hansezeit und ein bestens erhaltenes mittelalterliches Stadtbild.

15 BORNHOLM

Es soll Passagiere gegeben haben, die ihr Schiff haben ziehen lassen, so angetan waren sie von Bornholm. Vier Rundkirchen aus dem 12. Jahrhundert sind die Wahrzeichen einer Insel, die sich durch eine unglaublich abwechslungsreiche Natur, Traumstrände und Puppenstuben-Städtchen wie Gudhjem und Svaneke an der Ostküste auszeichnet. Zu den Kultur-Highlights gehört das Kunstmuseum von Helligdommen hoch über der Ostsee.

TIPP **Bornholmer heißen die goldgelb geräucherten Heringe, die am späten Vormittag überall auf der Insel frisch aus dem Rauch kommen, zum Beispiel in der Museumsräucherei von Hasle an der Westküste.**

16 KOPENHAGEN

Die Kreuzfahrer legen dort an, wo Dänemarks heitere Hauptstadt am bekanntesten ist: Am Langeliniekaj werden sie von der weltberühmten Kleinen Meerjungfrau begrüßt. Seit 1913 schmückt die „Lille Havfrue", der See und Hans Christian Andersens Märchen entstiegen und längst zum Wahrzeichen der Stadt geworden, die Promenade. Von dort kann man in aller Ruhe in Richtung City bummeln, vorbei am Schloss Amalienborg (täglicher Wachwechsel um 12 Uhr, wenn die Königin zu Hause ist, mit Tschingderassabumm und 36 Bärenfellmützen, sonst ohne Musik und mit nur zwölf Gardisten). Man wird Nyhavn, der 600 Meter langen „Theke" am Hafen, einen Besuch abstatten, das Königliche Theater fotografieren, die antiken Skulpturen der Ny Carlsberg Glyptotek besichtigen, sich im Tivoli verzaubern lassen oder den Runden Turm besteigen: eine Stadt voller Leben und Toleranz, überschaubar und doch weltläufig.

TIPP **Die Fußgängerzone Strøget hat an Attraktivität verloren – zu viele Kettenläden, die es auch anderswo gibt. Witziger ist das Angebot in einigen Neben- oder Parallelstraßen, etwa in der Strædet und erst recht in der Nansensgade am Nørreport.**

17 ÆRØ

Segler schwärmen schon lange von der Inselwelt südlich von Fünen. Vor allem Ærø gilt als Inbegriff dänischer Gemütlichkeit. In den Hafenstädtchen **Marstal** und **Søby** und erst recht in **Ærøskøbing** wähnt man sich in eine Zeit zurückversetzt, die noch ohne Hektik auskam. Die Insel bietet schöne Strände und eine heile Natur, ihr „Hauptstädtchen" (978 Einwohner) lädt zu einem genüsslichen Spaziergang über Kopfsteinpflaster und durch Fachwerkgassen. Dazu passt, dass die Schiffe hier auf Reede liegen und man sich der Idylle langsam mit dem Tenderboot nähert.

TIPP **Im Kaffeegarten des Hotels Ærøhus kann man den Rundgang perfekt ausklingen lassen. Der Kuchen dort ist hervorragend – genau wie der Blick auf den Hafen mit dem „eigenen" Kreuzfahrtschiff im Hintergrund.**

Kopenhagen

Mitten im Ozean: die Blumeninsel Madeira

Kurs Atlantik

Vom ewigen Frühling bis ins ewige Eis: Die atlantischen Gestade Europas sind eines der abwechslungsreichsten Kreuzfahrtreviere

Zum Frühling und zum Herbst herrscht zwischen Gibraltar und Hamburg der regste Kreuzfahrtverkehr. In der Übergangszeit des Frühlings befinden sich viele Schiffe auf dem Weg von den Winterzielen in der Karibik oder der südlichen Hemisphäre zu den klassischen Sommerrevieren (Ostsee, Nordland oder Mittelmeer); im Herbst verläuft die Überfahrt in die entgegengesetzte Richtung. Wer dabei mitfährt, erlebt das ganze Kaleidoskop der Kulturen und Klimabedingungen, die den „Alten Kontinent" prägen: von den auch im Winter milden Kanaren über die alten Hafenstädte Portugals, Nordspaniens und Frankreichs bis zu den rauen Küsten Schottlands oder Norwegens. Warmwasser wie in der Karibik gibt es hier nicht – kulturelle, kulinarische und landschaftliche Höhepunkte dagegen wie Perlen an einer Schnur.

Beste Reisezeit für Nordland und die Britischen Inseln ist der Hochsommer; Frankreich, Portugal und Spanien sind auch im Herbst und im Frühling schön.

Teil 1: Atlantische Inseln & Westeuropa

Atlantikszenen - in Lissabon und auf den Kanaren

Teneriffa

Marrakesch

Casablanca

1 TENERIFFA

In **Santa Cruz**, der Hauptstadt der größten Kanareninsel, lohnen der Wochenmarkt Nuestra Señora de África (vormittags) und das Museum zur Naturgeschichte der Kanaren und ihrer Ureinwohner, der Guanchen, den Besuch. Ein erhebendes Landschaftserlebnis ist die Fahrt zum schneebedeckten Gipfel des Teide, dem mit 3.718 Metern höchsten Berg Spaniens. Im Nationalpark Las Cañadas jenseits der Baumgrenze blickt man über eine Hochebene mit bizarren Lavaformationen. Malerisch sind auch das Tal von Orotava mit dem Küstenort Puerto de la Cruz und im Norden das Anaga-Gebirge.
TIPP **Der von Thor Heyerdahl entworfene archäologische Park bei Güimar (40 Min. Taxifahrt ab Santa Cruz) ist mit sechs länglichen Pyramiden aus Vulkanlava ein eindrucksvolles Monument der Glaubenswelt der Guanchen.**

2 GRAN CANARIA

In der Großstadt **Las Palmas** kann man vom Hafenviertel Santa Catalina bequem bis in die Altstadt La Vegueta bummeln. Die Casa de Colón beherbergt eine Ausstellung über Christoph Kolumbus, alte Seekarten und die Verbindungen der Kanaren mit Südamerika. Ausflüge ins Inselinnere führen zum Bandama-Krater, zur Felsnadel Roque del Nublo und zu den Städtchen Arucas und Teror. Kulinarische Genüsse aus dem Meer bietet das Fischerdorf Agaete. Der Badetourismus beschränkt sich auf den Inselsüden; dort vermitteln die Dünen von Maspalomas ein Sahara-Erlebnis.
TIPP **In Fußnähe des Hafens liegt der durch ein Riff geschützte Strand Las Canteras. Auch für Kinder geeignet!**

3 AGADIR

Sonnenanbeter lieben Agadir wegen der Strände und der vielfältigen Vergnügungen. Das echte Marokko aber findet man zwei Stunden nördlich, im malerischen Atlantikhafen **Essaouira**. Oder drei Stunden landeinwärts, in ★ **Marrakesch**, der „Roten Stadt" am Atlasgebirge. Ihre Medina ist eine der besterhaltenen Altstädte des gesamten Orients. Legendär ist dort der „Platz der Gaukler", der sich mit seinen Garküchen, Wahrsagern, Akrobaten und Schlangenbeschwörern allabendlich in eine magische Szenerie aus 1.001 Nacht verwandelt.
TIPP **Dank der Touristenpolizei muss man vor allzu aufdringlichen Händlern in Marrakesch keine Angst mehr haben. Lassen Sie sich also im Basar ruhig treiben – er ist einzigartig.**

4 CASABLANCA

Marokkos größte Stadt ist auch seine modernste; Orient-Flair gibt es kaum. Dafür liegt ★ **Rabat**, eine der alten Königsstädte (und die heutige Hauptstadt) Marokkos, in Ausflugsnähe. Dort zeugen Paläste, Moscheen und Museen von der Pracht der alten Maurenreiche, die einst eine Weltkultur prägten.
TIPP **Ein Muss ist in Casablanca der Besuch der Moschee Hassan II. Das Mammutbauwerk direkt am Atlantik ist das zweitgrößte Gotteshaus der gesamten islamischen Welt.**

★ 5 MADEIRA

Blumeninsel mit ewigem Frühling: Vor allem die Landschaft macht Madeira zum Erlebnis. Auf dem 1419 von Portugiesen entdeckten Eiland wurden über Jahrhunderte hinweg Terrassen angelegt und mit Quellwasserkanälen (*levadas*) bewässert, an denen ganzjährig Kartoffeln, Obst, Früchte und die berühmten Trauben für den Madeirawein gedeihen. Verkostungen bieten die Kellereien der Hauptstadt **Funchal** an. Dort

Madeira

kann man mit der Seilbahn nach Monte hinauffahren und die Grabkapelle des letzten Habsburger Kaisers Karl I. besuchen, der hier 1922 im Exil verstarb.
TIPP **In Funchal gibt es diverse Fado-Lokale. Sie schließen meist um 22 Uhr, andere öffnen um 21 Uhr, bieten dafür aber kein Essen an.**

6 AZOREN

Der entlegene Archipel mitten im Atlantik gehört seit 1427 zu Portugal. Seit Beginn der Dampfschifffahrt im 19. Jahrhundert erlebten die Inseln einen Aufschwung als Versorgungsstation; auch der Anbau von

Azoren

Lissabon

La Coruña

Ananas und Tabak wurde profitabel. Die Hauptstadt **Ponta Delgada** liegt auf der Vulkaninsel São Miguel; ihre Altstadtgassen sind mit farbigen Vulkankieseln ausgelegt, die Fassaden zeigen portugiesischen Barock. Rundfahrten durch die grüne Berglandschaft führen zu den Kraterseen Sete Cidades (Sieben Städte) oder den Meerwasserbecken bei Ribeira Grande, die in Lavablasen hineingebaut wurden.

7 LISSABON

Schon wenn man bei der Einfahrt über die Tejo-Mündung den Turm von Belém passiert, das Denkmal der Entdeckungen, spürt man den Glanz vergangener Epochen: Portugals Hauptstadt lebt mit und von seiner Geschichte. Ob in der Oberstadt Bairro Alto, an den Boulevards der Unterstadt oder im Gassengewirr der maurischen Altstadt Alfama – überall erzählen die Fassaden vom Reichtum eines verblühten Weltreichs. Diese Patina gehört zu Lissabon wie seine multikulturelle Bevölkerung – und wie seine hochrangigen Sehenswürdigkeiten: die Kathedrale, das Carmo-Kloster, das Kastell São Jorge (beste Aussicht!) und die Museen und Monumente in Belém.

TIPP **Ein Ausflugs-Highlight ist der Palácio da Penha in der Serra de Sintra: Portugals Neuschwanstein!**

8 PORTO

Der Hafen liegt draußen am Meer – per Bus fährt man in einer halben Stunde in die Stadt, die schon immer mit Lissabon konkurrierte. Zumindest als Weinmetropole (der Portwein lagert noch in alten Fässern in den Kellereien am Südufer des Douro) ist ihr der erste Platz sicher; eine Degustation sollte man sich deshalb gönnen. Dramatisch ist die Lage der Altstadt am Steilufer des Flusses; über hübsche Gassen steigt man hinauf zu alten Kirchen und Klöstern, deren Fassaden zum Teil großflächig mit handebemalten Kacheln bedeckt sind, den berühmten *azulejos*. Ein Kleinod verbirgt sich in der Rua das Carmelitas nahe dem Archäologischen Museum: „Lello & Irmão", die vielleicht schönste Buchhandlung Europas.

TIPP **Der ideale Platz für eine *bica* (portugiesischer Espresso) sind die Cafés am Flussufer Cais da Ribeira.**

9 LA CORUÑA

Die Häuser der alten galicischen Hafenstadt haben wegen der Atlantikwinde verglaste Balkone. Die Altstadt hat ihren eigenen Reiz. Über der Hafeneinfahrt steht der Herkules-Turm, der als ältester Leuchtturm der Welt gilt. Der eigentliche Höhepunkt des Besuchs ist aber der Ausflug nach ★ **Santiago de Compostela**, Spaniens „heilige Stadt" (ca. 60 km). Der Legende nach liegt hier Jakobus der Ältere (span. Santiago), der „Apostel Spaniens", begraben. Die über dem Grab erbaute Kathedrale (UNESCO-Welterbe) ist seit dem Mittelalter Ziel von Pilgern aus ganz Europa (und neben Rom und Jerusalem eine der heiligsten Stätten des Christentums). Wer sich der Atmosphäre dieser einzigartigen Stadt öffnet, fühlt sich – trotz allen Rummels – fast ins Mittelalter zurückversetzt.

Porto

TIPP **Kulinarisch ist Galicien ein Mekka der Meeresfrüchte. Auch das Symbol der Pilger, die Jakobsmuschel (*vieira*), gehört dazu. Am besten schmeckt sie mit einem Weißwein aus der Region (Ribeiro oder Albariño).**

10 SANTANDER

Das mondäne Seebad liegt an einer von Sandstränden gesäumten Bucht. Die Stadt hat alle Attribute einer beliebten Sommerfrische aufzuweisen: große Hotels, ein Spielkasino, schöne Uferpromenaden. Auf der vorgelagerten Halbinsel La Magdalena befindet sich ein Residenzschloss der spanischen Königsfamilie, die sich hier in heißen Sommern gern aufhält. Ein lohnender Ausflug führt entlang der Küstenstraße nach **Bilbao** zum spektakulären Guggenheim-Museum für moderne Kunst.

TIPP **Die Felszeichnungen von Altamira (die älteste Kunst der Menschheit!) können in einer Kopie der Originalhöhle bewundert werden.**

11 BORDEAUX

Der Name der 2.300 Jahre alten Hauptstadt Aquitaniens an der Garonne, 45 km vom Atlantik entfernt, steht für die besten Rotweine der Welt. Der Reichtum aus dem Weinhandel ist in der mittelalterlichen Kirchenarchitektur und den spätbarocken Fassaden allgegenwärtig. Die Einkaufsstraße Rue Sainte-Cathérine durchzieht die ganze Altstadt. Vom Hafen aus lohnt sich ein Bummel durch die Gassen bis zur Kathedrale St-André, deren frei stehender Turm 1450 hinzugefügt wurde. Der schönste Ausflug führt in das mittelalterliche **St-Émilion**, Zentrum eines legendären Weinbaugebiets.

TIPP **Die Bordelaiser Küche genießt auch unter Franzosen einen hervorragenden Ruf (Spezialität Austern, Muscheln). In den Vierteln Quinconces und Hôtel de Ville gibt es exzellente Restaurants. Roter, aber auch weißer Bordeaux ist dort zum Mahl Pflicht.**

12 NANTES

Die einstige Residenz der bretonischen Herzöge liegt im Mündungsgebiet der Loire. Das gewaltige Schloss unweit der Kathedrale war oft Schauplatz französischer Geschichte. Hier endete die Unabhängigkeit der Bretagne durch die Heiraten der Anne, Erbtochter des letzten Herzogs, mit den französischen Königen Karl VIII. (1491) und Ludwig XII. (1499); hier wurde 1598 das Toleranzedikt unterzeichnet, das die Religionskriege beendete. Die mittelalterliche Altstadt um die Kirche Sainte-Croix und den Cours des 50 Otages besteht aus einem Gewirr kleiner Häuser und gewundener Gässchen. An der Place Graslin liegt das Theater in griechischem Stil (1783). Das Musée Dobrée beherbergt die märchenhaften Sammlungen eines Reeders.

TIPP **Den Zauber des ★ Loire-Tals und seiner Schlösser erlebt man bei Ausflügen nach Angers zum Schloss der Herzöge von Anjou oder nach Brissac.**

13 BELLE-ÎLE

Die magisch „schöne Insel" zog schon vor 200 Jahren Maler und Dichter an. Claude Monet und Sarah Bernhardt schwärmten von ihr und verbrachten dort, 14 Kilometer vor der bretonischen Küste, viele Sommer in dem milden Klima. Die Zitadelle in Le Palais ist ein Werk des Festungsbaumeisters Vauban; sie wurde unter Ludwig XIV. gegen die feindlichen Engländer errichtet.

14 ANTWERPEN

Im Frühmittelalter am Südufer der Schelde gegründet, galt Antwerpen im 16. Jahrhundert als die reichste Handelsstadt Europas. In der Renaissance-Architektur der Bürgerhäuser spiegelt sich diese Epoche wider; Künstler wie Brueghel (Vater und Sohn), van Dyck oder Jordaens wirkten in dieser Zeit. Das prunkvoll eingerichtete Wohnhaus des Peter Paul Rubens ist ein sehenswertes Museum. Heute ist Antwerpen der wichtigste Diamantenhandelsplatz der Welt, eine Branche, die dort ansässige jüdische und indische Händler dominieren. Sehenswert sind das Diamantenmuseum, die Kathedrale und der Grote Markt mit dem Rathaus.

TIPP **Antwerpen ist weltberühmt für Schokolade und Pralinen. Wer kalorienreichen Genuss nicht scheut, sollte beides dort in einem Café oder einer Confiserie verkosten und genießen.**

15 AMSTERDAM

Die schönste Stadt der Niederlande ist mit ihren Grachten, 1.300 Brücken und fast 7.000 alten Kaufmanns- und Lagerhäusern ein besonderes Erlebnis. Amsterdam löste 1602 mit der Gründung der VOC (Vereinigten Ostindischen Compagnie) Antwerpen als Handelsmetropole ab und wurde das Weltzentrum des kolonialen Gewürzhandels. Von den über 40 Museen sind das Rijksmuseum und das Van-Gogh-Museum die bedeutendsten. Es gibt in dieser liberalen Stadt ein reges Nachtleben, z. B. um die Plätze Rembrandtsplein und Leidseplein, mit ungezählten „Coffee-Shops", Bars und Klubs.

TIPP **Wer Antikes sucht, wird außer in den zahlreichen Antiquitätengeschäften auch auf dem ständigen Flohmarkt am Waterlooplein fündig.**

Teil 2: Britische Inseln & Nordland

Fjordfahrt in Norwegen; Oldtimer-Treffen in England

London

Dover

Dublin

16 LONDON

Kleinere Schiffe können bis an die Tower Bridge fahren; größere legen in Southampton oder Dover an, die Gäste werden per Bus nach London gebracht. In jedem Fall gilt: An einem Tag kann man London unmöglich kennenlernen. Doch schon der Schnupperkurs – mit Big Ben, St. Paul's Cathedral, Tower und Tower Bridge, Piccadilly, Hyde Park und Buckingham Palace – hat viele dazu gebracht, bald wiederkommen zu wollen. Für mindestens drei Tage.

TIPP **Weltstadtatmosphäre herrscht in London an zahllosen Plätzen. Nur einer sei hervorgehoben: das Shopping-, Kneipen- und Straßenkunstviertel Covent Garden Market – ein Stündchen zuschauen und Tee trinken.**

17 DOVER

Wenn man die weißen Klippen sieht, ist England erreicht. Dover, seit alters das Tor zu den Britischen Inseln, hat einen riesigen Fährhafen – und eine lange Geschichte: Mit dem Bau der mächtigen Burg über der Stadt begannen schon die Römer. Ansonsten ist Dover nicht sonderlich sehenswert, dafür aber gibt es lohnende Ausflugsziele: das malerische **Canterbury**, dessen Kathedrale Sitz des Erzbischofs der Anglikanischen Hochkirche ist. Oder Schlösser wie Leeds Castle und Gärten wie Vita Sackville-Wests Sissinghurst: Nirgends ist England englischer.

TIPP **Apropos „very british": In Dovers Fußgängerzone gibt es noch richtig handfeste Pubs. Mit Dartscheibe, Fish and Chips und Ale vom Fass.**

18 JERSEY

Die liebliche Insel mit ihrem subtropischen Klima (an den Stränden wachsen Palmen!) ist ein beschauliches Urlaubsparadies. Die Dörfer sind durch schmale, von Hecken gesäumte Straßen miteinander verbunden. Der Hauptort **St. Helier** ist wegen der Steuerfreiheit ein Bankenplatz außerhalb der EU; entsprechend hoch ist der Lebensstandard. Nicht minder hübsch ist die Nachbarinsel **Guernsey**. In dessen Hauptort **St. Peter Port** lebte der französische Autor Victor Hugo im Exil; sein exzentrisches Hauteville House ist zu besichtigen.

TIPP **Ein Schauspiel der besonderen Art: Im Hafen von St. Helier beträgt der Gezeitenunterschied neun Meter!**

19 PLYMOUTH

Plymouth ist eng mit dem Aufstieg der britischen Marine verbunden. Francis Drake war hier Bürgermeister, als sich 1588 die spanische Armada näherte; sein Landsitz Buckland Abbey ist heute zu besichtigen. Ein Tor an der Pier markiert die Stelle, von der die Pilgerväter, die ersten englischen Siedler, im Jahre 1620 nach Neuengland in Amerika absegelten. Eine Fahrt durch die grüne Landschaft **Cornwalls** lässt keltische Mythen wie die Sage von König Artus und seiner Tafelrunde lebendig werden. Viele Adelssitze, meist mit herrlichen Gärten, kann man besuchen, etwa das zauberhafte Lanhydrock Castle.

Plymouth

TIPP **Nördlich von Plymouth liegt das sagenumwobene Dartmoor. Auf Ausflügen dorthin kann man sich überzeugen: Die Landschaft ist tatsächlich eine schaurig-schöne Krimikulisse.**

20 CORK

Corks Hafen liegt eine halbe Stunde vor der Stadt am Meer. Er heißt **Cóbh** (sprich: Kof), ist ein pittoresker Ort – und jedem Seefahrtshistoriker ein Begriff: Hier legte die Titanic 1912 zum letzten Mal vor ihrer tragischen Fahrt an. Das damalige Büro der White Star Line dient heute als Restaurant. Ebenfalls von Cóbh aus verließen von 1848 bis 1850 zweieinhalb Millionen Auswanderer Irland, das von einer Hungersnot geplagt wurde.

TIPP **Im Queenstown Heritage Center ist die Zeit der großen Auswanderungen dokumentiert. Sehr sehenswert!**

21 DUBLIN

Wenige Städte Europas haben sich in den letzten Jahrzehnten so verändert: Dublin wurde von einer armen zur Wirtschaftswunderstadt; überall ist dieser Aufschwung zu spüren. Aber auch Irlands Vergangenheit bleibt allgegenwärtig: In den Nationalmuseen, auf dem

Oban

Orkneys

Shetlands

Campus des Trinity College (wo das legendäre „Book of Kells" zu sehen ist), in der St.-Patrick's-Kathedrale. Das Nebeneinander von Geschichte und Zukunft macht Dublins Reiz aus. Und natürlich die Freude der Dubliner an Musik, guten Gesprächen und einem Pint Guinness.
TIPP **Im Ausgehviertel Temple Bar gibt es schon tagsüber echt irische Atmosphäre. Und oft tolle Livemusik.**

22 GLASGOW

Von zwei Häfen aus, **Ayr** und **Greenock**, kann man Schottlands größte Stadt besuchen. Und die ist nicht nur schöner, als ihr weit verbreitetes Image es erwarten lässt, sondern auch ein veritables Kunstmekka. Hochklassige Museen sind die Kelvingrove Gallery, die Burrell Collection und die Gallery of Modern Art, einzigartig ist die Hunterian Art Gallery im Westend: Sie zeigt die betörend schönen Jugenstilmöbel und Architekturentwürfe des Glasgower Designers Charles Rennie Mackintosh (gest. 1928).
TIPP **Wer britische Mode mag, kauft in Glasgow günstiger ein als in London oder Edinburgh. Die besten Adressen: Buchanan und Sauchiehall Street.**

23 OBAN

Das hübsche Hafenstädtchen gilt als inoffizielle Hauptstadt der schottischen ★ **Highlands** – Ausflüge dorthin sind Erlebnisse für jeden Landschaftsfreund. Die *lochs* (Seen) sind glasklar, die *bens and glens* (Berge und Täler) von rauer Schönheit. Ein bewegender Ort ist **Glencoe** (ca. zwei Stunden entfernt): Hier ereignete sich eines der blutigsten Massaker der schottischen Geschichte. Und auf der Rückfahrt passiert man noch ein Postkartenmotiv: Castle Stalker, eine der hübschesten schottischen Burgen.
TIPP **Ein skurriler Beleg schottischen Humors thront hoch über Oban: McCaig's Tower – ein Nachbau des Colosseums von Rom.**

24 PORTREE

Die **Isle of Skye**, deren Haupthafen Portree ist, vereint alles, was die schottischen ★ **Hebriden** einzigartig macht: majestätische Landschaften, magische Lichtstimmungen – und leider sehr viel Regen. Doch auch bei schlechtem Wetter sollte man eine Rundfahrt zur Felsnadel „Old Man of Storr" oder in die Cuillin Hills nicht verpassen: Skye ist wirklich „himmlisch" schön.
TIPP **Vergessen Sie bei Schottland-Reisen Ihre Regenkleidung nicht. Dort welche zu kaufen ist teurer als daheim.**

25 ORKNEYS

Kirkwall, die Hafenstadt auf der Orkney-Hauptinsel Mainland, entstand zu Wikingerzeiten; dieses Erbe pflegt man mit Stolz. Ebenso wie die zahllosen Steinzeitrelikte, von denen die Großsteingräber Skara Brae und Maes Howe sowie der Steinkreis Ring of Brodgar die üblichen Ausflugsziele sind: Sie sind 3.000 bis 5.000 Jahre alt.
TIPP **Bei schönem Wetter ist Kirkwall auch für einen beschaulichen Spaziergang geeignet. Nicht verpassen: die altehrwürdige St. Magnus Cathedral.**

26 SHETLANDS

Klimatisch und kulturell sind sie den Orkneys ähnlich: Auch hier sind prähistorische Stätten, voran die bronzezeitliche Siedlung Jarlshof, die Highlights. Man besucht sie vom Haupthafen **Lerwick** aus. Immer wieder begegnet man dabei frei laufenden Shetland Ponys, jener zwergwüchsigen Pferderasse, die hier zu Hause ist und das raue Klima liebt.
TIPP **Im Frühjahr 2007 eröffnet in Lerwick ein neues Museum zur Kultur und Geschichte der Inseln: das New Shetland Museum and Archives.**

★ 27 EDINBURGH

Schottlands schönste Stadt – daran besteht kein Zweifel. Reich ist ihr bauliches Erbe (Castle Hill, Holyrood Palace, die georgianische New Town), bedeutend sind ihre Universitäten, und zutiefst schottisch ist das Ambiente in Geschäften, Pubs und Restaurants. Wer einen Kilt kaufen will, findet an der Princess Street alle Devotionalien – wer lieber Geschichte erlebt, lässt die Führung über den Burgberg nicht aus. Und wer im August hier ist, erlebt mit dem Edinburgh Festival Europas wohl kreativstes Theater-Event.
TIPP **Für Kreuzfahrt-Nostalgiker: In Edinburghs Hafen Leith liegt die königliche Yacht Britannia an der Pier.**

Oslo

Bergen

Reykjavík

28 OSLO

Norwegens Hauptstadt begrüßt Kreuzfahrer mit einer eindrucksvollen Silhouette: Der Hafen wird überragt von der Festung Akershus, die bis 1814 Sitz der dänischen Statthalter war. Wahrzeichen der Stadt ist das 1950 fertiggestellte Rathaus, daneben beginnt das Boutiquenviertel Aker Brygge. Von der Pier vor dem Rathaus startet die Fähre zur Halbinsel Bygdøy, wo das Wikingerschiffsmuseum, das Kon-Tiki-Museum und das Fram-Museum mit dem Originalschiff der Polarforscher Nansen und Amundsen zu besichtigen sind. An der Karl Johan Gate liegt das Parlament (Storting), in dem auch die Friedensnobelpreise verliehen werden.

TIPP Eine tolle Aussicht hat man von der noch im Stadtgebiet gelegenen Skisprungschanze am Holmenkollen.

29 BERGEN

Villen und Holzhäuschen prägen das Bild der Stadt, die sich zwischen sieben Bergen ausdehnt. Von 1350 bis 1750 lebten norddeutsche Kaufleute im Viertel „Deutsche Brücke" und trieben Handel mit den Hansestädten. Gut erhalten sind ihre Holzhäuser im Wohnquartier Schøtstuene neben der vormals deutschen Marienkirche und einem alten Patrizierhaus, dem heutigen Hanseatischen Museum. Die zweitgrößte Stadt Norwegens ist auch die kulturelle Metropole des Landes; das Bergener Musikfestival findet im Juli statt. Sehenswert sind das Aquarium auf der Halbinsel westlich des Vågen, der tägliche Fischmarkt, das Freilichtmuseum Gamle Bergen, das Wohnhaus des Komponisten Edvard Grieg und die Stabkirche in Fantoft.

TIPP Meist am Tag nach dem Bergen-Besuch steht die Fahrt durch den ★Geiranger im Programm, Norwegens schönsten Fjord. Allein die Einfahrt ist ein grandioses Erlebnis: In die bis zu 800 Meter hohen, steilen Felshänge am Ufer schmiegen sich verlassene Bergbauernhöfe, und malerische Wasserfälle („Der Freier", „Die sieben Schwestern") stürzen zu Tal.

30 TRONDHEIM

Die Hauptstadt Mittelnorwegens liegt in einer sanft hügeligen Landschaft. Der eindrucksvolle Nidarosdom ist der größte Kirchenbau Skandinaviens; er war im Mittelalter ein Wallfahrtsziel vieler Pilger zum Grab König Olafs II. des Heiligen. Von Trondheim aus eroberte der Gründer der Stadt, der Wikinger Olaf Tryggvason, England. Sein Denkmal steht auf dem Platz Torget.

TIPP Das Ringve Gård Museum zeigt eine Sammlung von 2.000 Musikinstrumenten, die teils auch von den Führerinnen gespielt werden.

Trondheim

31 TROMSØ

Die Universitätsstadt auf der Insel Troms weit nördlich des Polarkreises ist ein Ausgangspunkt für Polarreisen. Die eindrucksvolle Eismeer-Kathedrale von 1965 erinnert an übereinandergeschobene Eisschollen. In alten Holzhäusern am Hafen befindet sich das Polarmuseum; multimedial werden die Polgebiete im 1997 eröffneten Polaria präsentiert.

TIPP Aus der nördlichsten Brauerei der Welt stammt das nach deutschem Rezept gebraute Mack Øl aus Tromsø.

32 REYKJAVÍK

Weiß gestrichene Holzhäuser prägen das historische Bild von Islands Hauptstadt, darunter auch das staatliche Gästehaus Höfdi, in dem 1986 beim Treffen Reagan-Gorbatschow Weltgeschichte geschrieben wurde. Sehenswert ist die Hallgrimskirche, die den Basaltsäulen der Westküste nachempfunden ist; vor ihr steht ein Denkmal für den isländischen Entdecker Amerikas, Leif Eriksson. Vom Dach des silbernen „Perlan", eines Warmwassertankgebäudes mit Restaurant, hat man einen schönen Ausblick. Ausflüge führen zum mystischen Thingvellir in einer großen Lavaschlucht, die wegen ihrer Akustik von den Wikingern vor 1.100 Jahren zum Versammlungsplatz gewählt wurde, sowie zum Feld der Geysire und zu den Wasserfällen Gullfoss und Godafoss.

TIPP Wenn Ihr Schiff über Nacht bleibt, lohnt sich ein Besuch der lebhaften (Jazz-)Musikszene, die sich neuerdings in Reykjavík gebildet hat.

Amerikas Mittelmeer

Was für Europäer das Mittelmeer, das ist für Amerikaner die Karibik: ein Badeparadies unter Palmen, direkt vor der Haustür. Der Unterschied: Historische Bauwerke und Städte gibt es nur wenige. Traumstrände und malerische Buchten dafür umso mehr

Auf Antigua behaupten sie, rund um das kleine Eiland, das gerade einmal halb so groß ist wie Ibiza, gebe es 365 Strände. Wirklich gezählt hat sie wohl niemand – doch man glaubt es gern. Ebenso wenig bezweifelt man, dass auf Cayo Levantado – einem zur Dominikanischen Republik gehörenden Inselchen, das kaum größer sein dürfte als Hamburgs Binnenalster – der berühmteste Rum-Werbespot aller Zeiten gedreht wurde: glückliche Menschen im türkisfarbenen Paradies. Dass die Alltagswirklichkeit der Karibikbewohner häufig völlig anders aussieht, wird man auch auf Kreuzfahrten nicht übersehen. Und man wird darüber staunen, mit welcher Leichtigkeit der Alltag dennoch – meistens – gemeistert wird. Zum Beispiel so: Wenn es regnet, spricht man nicht von „rain", sondern von „liquid sunshine". Willkommen in der Karibik!

Barbados

Mexiko

Kleine Antillen

Die beste Reisezeit sind die Monate von November bis April, wenn die Luft- und Wassertemperaturen bei 25 bis 27 Grad Celsius liegen. Im Juni oder Juli beginnt die Regenzeit, mit allerdings meist nur kurzen Schauern. Ab August treten die gefürchteten Hurricanes auf.

Miami

Bahamas

Cozumel

1 MIAMI

Spätestens seit dem Kino-Remake von „Miami Vice" ist es wieder in aller Munde: Miami verteidigt mit Erfolg seinen Ruf als coolste Stadt der USA – und das auch, weil es, dem Leinwand-Image zum Trotz, schon lange nicht mehr als Verbrechenshauptstadt Schlagzeilen macht. Gleichwohl begibt man sich als Tourist kaum auf eigene Faust in die Downtown. Meist betrachtet man ihre rapide wachsende Skyline von den Schiffen aus, die fast im Minutentakt aus dem Kreuzfahrerhafen auslaufen. Nördlich davon führt der Mac Arthur Causeway hinüber zum schönsten Stadtteil: dem Art-déco-Viertel ★ **South Beach**. Genau dort ist Miami so, wie man es sich erträumt: jung, trendy, stylish. Und man trifft jede Menge „beautiful people", die am perlweißen Strand ihre Modelfiguren präsentieren.

TIPP **Die schönsten Art-déco-Gebäude von South Beach kann man auch zu Fuß erkunden. Sie liegen am Ocean Drive, der Collins Avenue und der Washington Avenue längs der acht Häuserblocks zwischen 8th Street und Española Way.**

2 NASSAU/BAHAMAS

Die Hauptstadt des ehemals britischen Archipels ist Heimathafen vieler Kreuzfahrtschiffe aus Florida. Die Hauptstraße ist daher eine einzige Einkaufszone mit buntem Markt und pastellfarbenen Häusern. Koloniale Sehenswürdigkeiten sind der Gouverneurspalast und das Fort Charlotte. Etwas außerhalb liegt ein Flamingogarten (mit Vorführungen). Wer Spiel und Spaß liebt, fährt nach Paradise Island zum Luxushotel Atlantis: ein karibisches Las Vegas mit riesigen Spielhallen, aber auch einem sehenswerten Meerwasser-Aquarium.

TIPP **„Pirates of Nassau" heißt ein Erlebnismuseum im Stadtzentrum zum Thema Piraten: Nassau war um 1700 das größte Piratennest der Karibik.**

3 HAVANNA

Keine Frage: Havanna ist die fotogenste Stadt der Karibik. Die Altstadt mit ihren barocken und neoklassizistischen Monumenten gilt schon seit 1982 als UNESCO-Weltkulturerbe. Hier scheint stellenweise die Zeit vor 50 Jahren stehen geblieben zu sein – zumindest legen die alten Autos, die aus heutiger Sicht antike Leuchtreklame und die verblichenen Farben der teilweise arg renovierungsbedürftigen Fassaden diese Vermutung nahe. Havanna ist eine interessante Mischung aus alter Grandezza, „Buena Vista"-Charme und „DDR in der Karibik". Die desolate Mangelwirtschaft des Landes bleibt auch dem Kurzbesucher nicht verborgen. Die Bürger Havannas warten den ganzen Tag in irgendwelchen Schlangen: für eine Speckschwarte beim Schlachter, für ein Brot beim Bäcker, für einen Stehplatz im überfüllten Bus.

TIPP **Zum Pflichtprogramm gehören in Havanna der Besuch einer Zigarrenfabrik und ein Mojito in der legendären Bodeguita del Medio.**

4 COZUMEL

Die zauberhafte Insel der Maya-Mondgöttin liegt vor der Ostküste der mexikanischen Yucatán-Halbinsel. Cozumel hat schöne Strände und kleine Buchten. Der Hauptort ist mit seinen Läden und seiner Gastronomie ganz auf Touristen eingestellt. Für Tagesausflüge zu den berühmten Mayastädten ★ **Tulúm** und ★ **Chichén Itzá** setzt man mit der Fähre nach **Puerto del Carmen** über (Überfahrt etwa eine Stunde), dessen Strände ebenfalls zum Baden einladen. Wer nach Tulúm weiterfährt, erlebt die einzige der großen Mayastädte Mexikos, die direkt am Meer liegt. Sie soll im 13. Jahrhundert die größte Stadt der Maya gewesen sein. Mystischer aber wirkt Chichén Itzá: Zum Komplex gehören unter anderem eine 30 Meter hohe Pyramide, ein düster wirkendes „Castillo" – und vor den Kultstätten der Tisch mit der Figur des Chac Mol, dem die Ureinwohner Mexikos Menschopfer dargebracht haben sollen. Schaurig-schön blickt der Gott noch heute von seinem Altar.

Havanna

Santiago

Jamaika

Cayo Levantado

5 SANTIAGO

Die alte Hauptstadt Kubas hat kreolischen Charme; die reichen Zucker- und Tabakpflanzer der Provinz Santiago hatten hier einst ihre Stadtvillen. Die Bevölkerung hat überwiegend afrikanische Wurzeln – das hat Santiago zur Wiege der kubanischen Musik gemacht. Der *son* ist hier entstanden, und der Karneval gilt als der bunteste auf Kuba. An dem zentralen Platz Parque Céspedes steht das älteste Haus Kubas, die Residenz des ersten Gouverneurs Diego Velázquez von 1522. Über der Einfahrt zur Bucht liegt die eindrucksvolle spanische Festung Castillo del Morro; sie beherbergt ein Piratenmuseum.

TIPP **Montecristo, Romeo y Julieta, Cohiba – die bekanntesten Zigarren der Welt stammen aus Kuba. Man wird ständig von Schwarzhändlern angesprochen, die angebliche Markenzigarren zu einem Bruchteil des offiziellen Preises anbieten. Doch Vorsicht: Oft ist nur die Verpackung echt! Außerdem können die Behörden erheblichen Ärger machen, wenn man bei der Rückkehr auf das Schiff nicht nachweisen kann, dass die Zigarren in einem offiziell lizensierten (und entsprechend teuren) Geschäft gekauft wurden.**

6 MONTEGO BAY

Der Name klingt nach Sunshine Reggae, Piratenversteck und Bilderbuchkaribik. Aber bis auf den Sonnenschein und die allgegenwärtige Reggae-Musik hält der Ort an der Nordküste Jamaikas nicht, was der Name verspricht. Montego Bay ist weder schön noch romantisch, sondern laut und hektisch – ein bisschen das Lloret de Mar der Amerikaner und Kanadier: Massentourismus pur, mit hohen Hotelbauten, viel Nepp und teilweise schon aggressiven Straßenhändlern. Auch die Landausflüge lohnen sich kaum. Um sich die nicht sonderlich beeindruckenden Wasserfälle von Ocho Rios anzuschauen, muss man eine stundenlange Bustour auf der stark befahrenen Küstenstraße in Kauf nehmen.

TIPP **Eine nette Alternative zur Fahrt nach Ocho Rios ist die häufig angebotene Flussfahrt auf Flößen nahe Montego Bay.**

7 CAYO LEVANTADO

Die unbewohnte Insel vor der Nordostspitze der Dominikanischen Republik entspricht dem klassischen karibischen Traum: Kokospalmen, die sich im Wind wiegen, schneeweißer Sand, türkisblaues Meer mit sanfter Brandung, viel, viel Sonne – und etwas Dschungeldickicht neben den befestigten Wegen. Kein Wunder, dass auf Cayo Levantado schon berühmte Werbespots für Rum gedreht wurden. Ankert hier ein Kreuzfahrtschiff, kommen Einheimische mit Booten von der Halbinsel Samaná herüber und bieten Kokosnüsse, Handarbeiten und Erfrischungen an.

TIPP **An der dem Anlegeplatz gegenüberliegenden Seite der Insel kann man von schattigen Aussichtsplätzen aus Pelikanen beim Fischen zusehen.**

8 SANTO DOMINGO

Die Hauptstadt der Dominikanischen Republik, mit zwei Millionen Einwohnern eine der größten Metropolen der Karibik, ist die älteste von Europäern gegründete Stadt in der Neuen Welt: Kolumbus' Bruder Bartolomeo gründete sie 1496 an der Mündung des Ozama. Somit besitzt sie die älteste Kathedrale, die älteste Universität, die ältesten Kolonialpaläste und die älteste Straße Amerikas – Superlative, auf die man in dem trotz des blühenden Tourismus noch immer armen Land stolz ist. Zu Recht zählt die gut zu Fuß zu erkundende Zona Colonial zum UNESCO-Erbe. Ein eigenartiges Monument liegt östlich des Zentrums: der Faro a Colón, das bombastische Grabmal des Kolumbus, das 1992 anlässlich der 500-Jahr-Feier der Entdeckung gebaut wurde. Neuesten Forschungen zufolge liegt der Entdecker allerdings gar nicht hier, sondern im spanischen Sevilla begraben.

TIPP **Dominikanische Zigarren stehen denen aus Kuba in nichts nach, sind aber oft günstiger. Die Warnung vor unseriösen Straßenhändlern gilt jedoch hier genauso wie auf Kuba.**

Santo Domingo

San Juan

US Virgin Islands

Antigua

9 SAN JUAN

Die spanischsprachige Insel **Puerto Rico**, deren Hauptstadt San Juan ist, gehört seit über 100 Jahren zu den USA und hat einen für karibische Verhältnisse hohen Lebensstandard. Die schöne Altstadt von San Juan hat viel von ihrem kolonialen Charme bewahrt. Alte Stadtpaläste mit schattigen Patios (Innenhöfen) versetzen den Besucher in die Zeit der spanischen Eroberer zurück. Auch die gewaltige Festung El Morro an der äußersten Spitze der Halbinsel erzählt aus dieser Zeit: Sie diente einst der Bewachung der Hafeneinfahrt und dem Schutz der spanischen Flotten vor Piraten und englischen Freibeutern.

10 ST. THOMAS

Die kleine, zu den **US Virgin Islands** zählende Insel gehörte bis 1917 zum dänischen Kolonialreich. Einigen Häusern sieht man das noch an: Sie haben gelbe Klinkerfassaden. Auf St. Thomas wurde der Zucker für den dänischen Rum angebaut. Die nach einer dänischen Königin getaufte Hauptstadt **Charlotte Amalie** ist heute ein steuerfreies Einkaufsparadies für ungezählte Kreuzfahrtgäste, die vor allem auf den Megacruisern der US-Reedereien anreisen; entsprechend lebhaft ist der Hafen bis in die Nacht. Auf der Inselrundfahrt genießt man schöne Ausblicke auf die abwechslungsreichen Küsten und Strände.

TIPP St. Thomas hat einen der aufregendsten Golfplätze der Karibik: den 18-Loch-Platz Mahogany Run (20 Minuten vom Kreuzfahrthafen). Auch unter Könnern gefürchtet sind die Abschläge des „Devil's Triangle" – Loch 13, 14 und 15.

11 TORTOLA

Die bekannteste der rund 60 **Britischen Jungferninseln** war lange als Freibeuternest berüchtigt – heute überrascht sie mit einer Mischung aus karibischen Holzhäusern, modernen Glasbauten und englischen Pubs in der kleinen Hauptstadt **Road Town**. Lohnend ist die Besichtigung des britischen Gouverneurspalasts. Rundfahrten über die landschaftlich reizvolle Insel werden in

British Virgin Islands

bequemen, offenen Bussen unternommen, so dass einem der Fahrtwind Kühlung verschafft.

TIPP Die Callwood Rum Distillery in der Cane Garden Bay befindet sich in einem steinernen Plantagengebäude. Die Brennerei produziert ihren Rum seit über zwei Jahrhunderten in einer kaum veränderten Vorgehensweise.

12 ANTIGUA

Angeblich verfügt die ehemals britische Insel für jeden Tag des Jahres über einen anderen Strand – also über exakt 365. Kreuzfahrer gehen in der Regel in der Hauptstadt **St. John's** an Land; neben den Shops und Bars am Hafen besuchen sie dort die anglikanische Kirche auf dem Stadthügel und das kleine Nationalmuseum. Spektakulärer ist aber ★ **English Harbour** auf der anderen Seite der Insel: Man nähert sich der traumhaften Hafenbucht über die Anhöhe Shirley Heights – eine der schönsten Aussichten der Karibik. Unten im Hafen schwelgt man dann im historischen Nelson's Dockyard in Empire-Erinnerungen: Horatio Nelson persönlich, der Held von Trafalgar, legte die Docks im späten 18. Jahrhundert an.

TIPP Auch 2007 findet das Top-Event für Segler in der Karibik wieder vor English Harbour statt: die legendäre Antigua Sailing Week (29.4. bis 5.5.)

13 GUADELOUPE

Kolumbus nannte sie die Smaragdinsel, gab ihr als offiziellen Namen aber dennoch den eines bekannten Klosters in Spanien. Die Hauptattraktion der schmetterlingsförmigen, heute zu Frankreich gehörenden Insel (Hauptstadt und Hafen: **Pointe-à-Pitre**) ist der schlummernde Vulkan La Soufrière im Südteil Basse-Terre, dessen 1.487 Meter hoher Gipfel sich oft in Wolken hüllt. In den grünen Hangwäldern gibt es Naturlehrpfade. Der reichliche Regen begießt die Bananen- und Kaffeeplantagen und den üppigen Tropenwald.

Dominica

Martinique

St. Lucia

TIPP Die Insulaner sind französische Staatsbürger, und Guadeloupe zählt (wie Martinique) zum Territorium der Europäischen Union. Praktisch daran: Es wird mit Euro gezahlt!

14 DOMINICA

Roseau, die Inselhauptstadt, ist nicht gerade eine Schönheit – das Land dahinter umso mehr: Auf Dominica, der „Naturinsel der Karibik", erlebt man eine spektakuläre Tier- und Pflanzenwelt (unter anderem mit 135 Vogelarten), die durch ein vorbildliches System von Naturparks geschützt wird. Hier befinden sich einige der höchsten Berge der Kleinen Antillen, geothermisch aktive Seen (etwa der Boiling Lake im Morne-Trois-Nationalpark) sowie über 300 Flüsse und Bäche. Naturfreunde sollten also unbedingt an den Ausflügen teilnehmen.

15 MARTINIQUE

Auch beim Anblick Martiniques geriet Kolumbus ins Schwärmen: Er beschrieb es als „den fruchtbarsten und lieblichsten Flecken der Erde". In der Tat blühen überall Hibisken, Bougainvilleen, Magnolien und Oleander, und in der Luft schwirren Kolibris. In der Hauptstadt **Fort-de-France** werden die Gebäude des 19. Jahrhunderts von hohen Palmen überragt. Vor dem interessanten Inselmuseum steht eine kopflose Marmorstatue der Kaiserin Josephine, die 1763 als Pflanzerstochter in Petite Guinée geboren wurde und 1796 Napoleon heiratete. Sehenswert sind die täglichen Marktstände, die von tropischen Früchten überquellen. Der Inselnorden wird geprägt vom 1.400 Meter hohen Vulkan Montagne Pelée, dessen gewaltige Explosion 1902 das Handelszentrum Saint-Pierre innerhalb von drei Minuten vernichtete. Im Vulkanologischen Museum der längst wieder aufgebauten Stadt werden die Naturgewalten und die Katastrophe erklärt.

TIPP Die kreolische Küche der Karibik bietet oft nicht viel mehr als die Wahl zwischen Huhn und Fisch. Anders auf Martinique: Hier kocht Frankreich mit! Dementsprechend ist das Niveau der besseren Restaurants: *délicieux*!

16 ST. LUCIA

Die paradiesische Vulkaninsel ist landschaftlich eine der reizvollsten der Karibik: wilder Dschungelwald, hügeliges Ackerland, herrliche Strände. Wahrzeichen St. Lucias sind die Pitons, zwei fast 800 Meter hohe vulkanische Bergkegel in der Nähe des Hafenstädtchens **Soufrière**. In Mulden zu Füßen der Pitons steigen Schwefeldämpfe aus kochendem Schlamm auf. Südlich der Inselhauptstadt **Castries** liegt die **Marigot Bay**, eine der schönsten Buchten der Karibik. Mehrfach diente sie als Kulisse für Hollywoodfilme. Einen Besuch wert ist auch der lauschige botanische Garten im Süden der Insel, im dem der ganze Reichtum der karibischen Flora gezeigt wird.

TIPP Die schönste Annäherung an die Marigot Bay ist die vom Wasser aus. Manchmal werden die Fahrten ab Castries mit Katamaranen angeboten.

17 ST. VINCENT

St. Vincents lebhafter Hauptort **Kingstown** schmiegt sich in eine schützende Bucht. Unterhalb des Gouverneurspalasts liegt der 1765 angelegte Tropengarten – der älteste der westlichen Hemisphäre. Hier wurde auch der durch den Bounty-Captain William Bligh berühmt gewordene Brotfruchtbaum aus dem Südpazifik zum ersten Mal in der Karibik angepflanzt. Das Inselinnere lernt man am besten im Südosten über **Mesopotamia** kennen: Schmucke Dörfer schmiegen sich dort an die Hänge. Vom einst britischen **Fort Charlotte** hat man aus 200 Metern Höhe eine wunderbare Aussicht auf die Stadt und den Hafen sowie auf den Archipel der Grenadinen. In den Festungsräumen wird die Geschichte der sogenannten „schwarzen Kariben" (aufständische Indianer und entlaufene Sklaven) auf Gemälden nacherzählt.

TIPP St. Vincent kennen viele aus dem Kino: Teile des Kassenschlagers „Fluch der Karibik" mit Johnny Depp wurden hier gedreht. Seither haben „Pirate Cruises" und Ähnliches Hochkonjunktur. Sie dauern einen halben Tag oder gleich eine Woche. Für Anschlussaufenthalte durchaus eine Anregung.

St. Vincent

Bequia

Grenada

Trinidad

18 BEQUIA

Diese malerische kleine Insel im Archipel der Grenadinen gilt vielen als der Inbegriff der Karibikromantik. Sie ist vor allem das Ziel von Seglern, die in der weiten Admiralty Bay ankern. Die Straße des kleinen Hafenorts **Port Elizabeth** wird von Geschäften, Bars und Restaurants gesäumt. Hier am Ufer bei Sonnenuntergang einen Cocktail zu nehmen vermittelt das klassische Bequia-Feeling. Ein herrlicher Platz für den Sundowner ist zum Beispiel die Terrasse des einfachen und urtümlichen Hotels Frangipani. 15 Autominuten vom Hafen entfernt gibt es ein Schildkrötenhospital, in dem Jungtiere gepflegt werden, bis sie wieder ausgesetzt werden können.

TIPP **Von Port Elizabeth verkehrt ein Wassertaxi zu der wunderschönen Princess Margaret Bay mit weißen Stränden und einem Korallenriff.**

19 GRENADA

Bis im September 2004 der Hurrikan Ivan kam, war Grenada eine der schönsten Inseln der Karibik. Und so unvorstellbar die Verwüstungen auch waren, so sehr staunt man doch heute, wie rasch die Vegetation sich erholen konnte. Auch Plantagen gehören dazu: Grenada ist der zweitgrößte Muskatnussproduzent der Welt. Das aromatische Gewürz wird überall und in den verschiedensten Formen angeboten, und auf den Plantagen kann man etwas über die Verarbeitung von Kakao und Muskatnüssen lernen. Am Eingang des Hafens der Hauptstadt **St. George's** steht ein altes französisches Fort; von dessen Mauern aus hat man eine schöne Aussicht über die Stadt und den Hafen. Im Nationalpark am Kratersee Grand Etang überblickt man aus 530 Metern Höhe das Inselinnere. An der Grand Anse südlich der Hauptstadt gibt es schöne Strände.

20 TOBAGO

Auf Tobago verläuft das Leben in ruhigeren Bahnen als auf der größeren Schwesterinsel Trinidad. Oberhalb der Kleinstadt **Scarborough** liegt malerisch das Fort King George, das ein Museum beherbergt. An der Westküste gibt es herrliche Strandbuchten, etwa von Great Courland Bay und Buccoo Bay bis Pigeon Point. Die Nordküste ist felsiger.

TIPP **Im Vale Hotel in Plymouth (20 Minuten von Scarborough Arnos) gibt es jeden Nachmittag um fünf eine Teatime der besonderen Art: Während man an seiner Tasse nippt, werden Hunderte exotischer Vögel gefüttert, die im Garten des Hauses leben.**

21 TRINIDAD

Das bunte Völkergemisch aus Europa, Indien und Afrika, das die Gesellschaft Trinidads prägt, ist das Ergebnis großer Einwanderungswellen während der britischen Kolonialzeit. Der Literaturnobelpreisträger V. S. Naipaul, der hier aufwuchs, hat das multikulturelle Trinidad in seinen Büchern beschrieben. In der Haupt- und Hafenstadt **Port of Spain** besucht man die große Grünfläche des Queen's Park Savannah. Dort stehen die prächtigen Villen der einstigen Plantagenbesitzer und Kaufleute. Und dort beginnt auch jedes Jahr der bunteste Karneval der Karibik. Dann wird getanzt und gefeiert, zu den Rhythmen des Calypso und der Steelbands, die auf Trinidad erfunden wurden. Zum Bummel durch die tropische Pflanzen- und Vogelwelt Trinidads lädt der botanische Garten neben dem Präsidentenpalast ein.

TIPP **Das gibt es nur auf Trinidad: In der Ethel Street in Port of Spain steht der Hindutempel Paschimkashi Hindu Mandir. Außer an Sonntagen sind Besucher willkommen.**

Barbados

22 BARBADOS

Die ziemlich flache Kalkinsel Barbados liegt weit vor dem Inselbogen der Kleinen Antillen im Atlantik. Sie war ein strategisch wichtiger Stützpunkt des British Empire – und ist, wenngleich seit 1966 unabhängig, bis heute sehr britisch geprägt. Sonntags sieht man Cricket-Turniere, und auf dem Trafalgar Square der Hauptstadt **Bridgetown** begrüßt eine Lord-Nelson-Statue die Besucher. Unbritisch sind dagegen die

Curaçao

Cartagena

Panama

traumhaften Strände: Schon im Stadtgebiet gibt es einen an der Carlisle Bay, und längs der gesamten Westküste mit ihren kleinen Ortschaften und Hotels reiht sich ein schneeweißer Beach an den nächsten. Ganz anders als auf der Atlantikseite im Osten: Dort gibt es rauschende Brandungen und – im Südosten – genügend Wind zum Surfen.
TIPP **Für Golfer: Barbados verfügt über sechs herrliche Plätze, darunter Westmoreland, der leider nur für Mitglieder zugänglich ist, aber auch Sandy Lane oder Barbados Golf, wo auch Tagesbesucher spielen können.**

23 ISLA MARGARITA

Im Südosten der Insel liegt mit den großen Hotels von **Porlamar** ein vor allem von Venezolanern besuchtes Urlaubsziel: Die Insel liegt nur 40 Kilometer von der Festlandsküste Venezuelas entfernt und ist eines der beliebtesten Badeziele des Landes. Mehr Ursprünglichkeit findet man in kleineren Orten, etwa im alten Haupthafen **Pampatar** und im Inselinneren in der alten Hauptstadt **La Asunción** mit dem spanischen Castillo de Santa Rosa. Neben der Wallfahrtskirche Virgen del Valle kann man das schöne Wohnhaus des nationalen Freiheitshelden Santiago Mariño besuchen.
TIPP **Im Nationalpark La Restinga an der Nordseite des Isthmus, der die beiden Inselhälften miteinander verbindet, warten besondere Naturerlebnisse: der mit 23 Kilometern wohl längste Sandstrand der Karibik – und Mangrovenwälder, die auf Bootsfahrten erkundet werden.**

24 CURAÇAO

Die bekannteste der Niederländischen Antilleninseln zeigt reizvoll karge Landschaftsbilder mit sturmgebeugten Divi-Divi-Bäumen und bizarren Felsformationen. Die Hauptstadt ★ **Willemstad** teilt sich in die Altstadt Punda und das indisch geprägte Otrobanda. Die holländischen Wurzeln der Architektur sind unverkennbar; der berühmte, aus Pomeranzen gewonnene blaue Likör kann in der Destillerie verkostet werden. Den schwimmenden Wochenmarkt bestimmen Lieferanten aus Venezuela. Ein gutes Museum zur Kolonialgeschichte ist die Kurá Hulanda.
TIPP **Die ABC-Inseln sind bekannt als gute Tauchreviere. Wer lieber über Wasser bleibt, kann die Fütterungen von Haien und Hummern auch in Willemstads Aquarium beobachten.**

25 CARTAGENA

Die frühere Hauptstadt des spanischen Vizekönigreichs Neu-Granada, heute Kolumbien, hat in der weitgehend restaurierten Altstadt (UNESCO-Welterbe) noch Spuren ihres einst unermesslichen Reichtums bewahrt. Der Handel mit Gold aus Peru und Silber aus Bolivien ließ sie im 16./17. Jahrhundert zu einer der schönsten Städte Lateinamerikas werden. Von jenen Zeiten erzählen das Goldmuseum, die Kathedrale und die Festung San Felipe de Barajas. Wegen des hohen Touristenaufkommens wird in Cartagena auf Sicherheit sehr viel Wert gelegt: Die Stadt gilt als die sicherste Kolumbiens.

26 SAN BLAS

San Blas ist ein Archipel vor der Küste Panamas. Exakt 365 teilweise winzige Inseln soll er zählen. 30 davon sind bewohnt. Dort leben die Kuna-Indianer. Nach langen Kämpfen und der Vertreibung vom Festland wurde ihnen der Archipel als halbautonomes Gebiet zugestanden. Die Flagge ist gelb mit je einem orangenen Streifen oben und unten. In der Mitte prangt ein schwarzes Hakenkreuz. Es symbolisiert einen Oktopus, der laut Kuna-Glauben einst die Welt erschaffen hat. Die rund 25.000 Kuna leben vom Fischfang, der Kokosnussernte und dem Tourismus.
TIPP **Die Kuna fertigen sogenannte Molas, farbenfrohe Applikationsstickereien. Es gibt nicht nur traditionelle, sondern auch zeitgenössische Motive. Viel Spaß beim Handeln mit den selbstbewussten Damen!**

San Blas

Kleine Weltreise

In acht Kapiteln um den Globus: ein Mini-Reiseführer zu den schönsten Kreuzfahrtzielen der sieben Meere

Rein statistisch ist die Weltkarte der Kreuzfahrtziele nicht viel größer als in den vorangegangenen Kapiteln beschrieben: Deutlich unter 10 Prozent aller Passagiere aus Deutschland, Österreich und der Schweiz buchten 2005 eine Reise, die nicht in die Ostsee, das Mittelmeer, die Karibik oder den Nordatlantik führte. Dabei gibt es erstaunlich viele Schiffe, die jedes Jahr komplette, ganz oder in Teilstrecken zu buchensde Weltreisen anbieten. Deutschsprachige Schiffe (von Hapag-Lloyd, Transocean oder Phoenix) sind ebenso dabei wie die internationalen Luxusliner von Silversea, Seven Seas oder Crystal Cruises. Sie folgen der Sonne: Wenn bei uns Schnee fällt, sind sie in der Südsee oder der Antarktis unterwegs; wenn die Nordhalbkugel ihren Sommer erlebt, fahren sie nach Alaska oder bis an den Rand des Eismeers der Arktis. Das gilt übrigens – hätten Sie's gewusst? – als eines der „sieben Meere", neben Nord- und Südatlantik, Nord- und Südpazifik, Indischem Ozean und last but not least dem „Südlichen Ozean", dem Meer rund um die Antarktis.

Grönland

Im Eismeer

Arktis

Antarktis

Lemaire-Kanal, Antarktis

Port Lockroy, Antarktis

1 ARKTIS

Beide Polgebiete des Globus gehören zu den Traumzielen eines jeden Kreuzfahrers: Einmal im Eis gewesen zu sein ist für viele das Nonplusultra. Echte Nordpolexpeditionen kann man allerdings nur auf Eisbrechern unternehmen – Kreuzfahrtschiffe mit der höchsten Eisklasse berühren nur die Ränder des ewigen Eises. **Grönland** mit seinen Inuit-Siedlungen (zum Beispiel Qaqortoq, Nuuk, Sisimiut) und den gewaltigen Eisbergen der Disko-Bucht ist ein Standardziel, ebenso das zu Norwegen gehörende **Spitzbergen** mit den hübschen Häfen Longyearbyen und Ny-Ålesund, der nördlichsten Ortschaft der Welt. 2.600 Menschen leben auf dieser immerhin noch 1.000 Kilometer vom Nordpol entfernten Insel – und 4.000 Eisbären. Seltener werden auch das russische **Franz-Josef-Land** und die Polregion **Sibiriens** besucht. Einzige mögliche Reisezeit: von Mitte Juni bis Anfang September.

2 ANTARKTIS

Sie ist zweieinhalbmal so groß wie die USA und hat „nur" rund 25.000 Besucher pro Jahr – doch deren Verhalten wird so streng kontrolliert wie sonst nirgends auf der Welt. Flora und Fauna der Antarktis sind so sensibel, dass verantwortungsbewusste Reedereien sich den Grundsätzen der Schutzvereinigung IAATO unterwerfen. Diese sehen vor, dass zu keinem Zeitpunkt mehr als 100 Besucher an Land sein dürfen und dass Wissenschaftler und Lektoren die Reisenden auf die Begegnung mit den Pinguinen Robben, Walen und Seevögeln vorbereiten, deren Reich der südlichste Kontinent ist. Im argentinischen **Ushuaia** beginnen die meisten Fahrten; von dort geht es über die Drake Passage und die **Süd-Shetland-Inseln** (King George, Deception, Elephant Island) auf die **Antarktische Halbinsel**. Populärstes Ziel dort ist der Naturhafen **Port Lockroy**.

Riesige Eisberge treiben im Lemaire-Kanal im Licht des antarktischen Sommers, der von Mitte November bis Anfang März dauert. – Oft werden auch die **Falklands** und **Süd-Georgien** mit Antarktisreisen kombiniert.

3 NORDAMERIKA

Um beim Eis zu bleiben: Auch **Alaska** gehört zu den Kreuzfahrtzielen, an denen das Interesse wächst. Durch die Inside Passage (ab Vancouver oder Seattle) gelangt man in die Welt der Gletscher, Adler und Grizzlys. Das Pendant dazu an der Ostküste des Kontinents ist das kanadische **Neufundland**: schroff, einsam, erhaben (zum Beispiel im Gros Morne National Park). Lieblicher sind **Nova Scotia** (mit Halifax) und die Küsten **Neuenglands** (Boston, Cape Cod); nirgends ist der „Indian Summer" schöner. Manche Schiffe kombinieren damit den **Sankt-Lorenz-Strom** (mit Montréal und Québec) und derzeit nur eines (Hapag-Lloyds Columbus) die **Großen Seen** zwischen Toronto und Chicago. Die sonstigen Topziele sind Städte: an der **Ostküste** New York, Philadelphia und Charleston sowie Miami und Fort Lauderdale in Florida; am **Golf von Mexiko** New Orleans und Houston, an der **Westküste** neben San Francisco und Los Angeles vor allem San Diego.

4 SÜDAMERIKA

Wie Humboldt den **Orinoco** oder wie „Fitzcarraldo" den **Amazonas** hinaufzufahren: Expeditionsschiffe wie die Bremen oder die Alexander von Humboldt machen dieses Dschungelabenteuer möglich, inklusive Opernbesuch in Manaus. Doch auch Lateinamerikas **Städte** sind aufregende Ziele, von Rio über Montevideo und Buenos Aires bis hin zu Santiago de Chile (Hafen: Valparaíso) und Lima (Callao). **Patagonien** und **Feuerland** sind oft der Ausgangspunkt für Antarktisreisen; auf der chilenischen Seite ver-

New York

Vancouver

Lima

Buenos Aires

Ushuaia

Jordanien

Dubai

Seychellen

Kapstadt

Kenia

Indien

zaubert einen der Anden-Nationalpark **Torres del Paine**. Die Inka-Stätten Perus und die **Galapagos-Inseln** vor Ecuador sind weitere Highlights auf dem Weg zum **Panamakanal**, den zu durchfahren die Krönung jeder Reise in die Neue Welt ist.

5 ARABIEN

Vom **Roten Meer** aus besucht man die Felsenstadt Petra in **Jordanien** oder die Pyramiden **Ägyptens** – Höhepunkte der Weltarchitektur. Ähnliches gilt für die Lehmhäuser des **Jemen** (Hafen: Aden), der allerdings nur selten angesteuert wird. Häufiger geht es nach **Oman** (Muscat, Salalah), ins Land der Weihrauch- und Goldmärkte – näher kann man den Geschichten aus 1.001 Nacht nicht kommen. Auch in **Dubai** nicht, das Traditionelles glanzvoll nachbaut und ansonsten bereits in der Zukunft lebt: Die Megacity der Arabischen Emirate ist das Shanghai des Orients. Reedereien wie AIDA und Costa nutzen sie bereits als Basishafen.

6 OST-/SÜDAFRIKA

Mauritius, die **Seychellen**, **Madagaskar**: Die Trauminseln des westlichen Indischen Ozeans gehören zu Afrika und sind alle eine Reise wert. Ebenso wie **Kenia**, das in der Regel über Mombasa angelaufen wird, wenn Safaris im Landesinneren oder Traumstrände wie Diani Beach erlebt werden sollen. Und natürlich **Südafrika**: Durban ist Ausgangspunkt für die besten Safaris, Kapstadt eher für Genießertouren zu Weingütern, Gärten und den Naturparks am Kap der Guten Hoffnung. **Namibias** Bilderbuchwüsten besucht man meistens von Lüderitz Bay aus.

7 SÜDOSTASIEN

Indien, dessen Boden man in Mumbai (Bombay), Cochin oder Madras betritt, gehört zu den Ländern, die man auch nach einem längeren Aufenthalt nicht einmal annähernd begreifen wird. Einfacher hat man es da auf den **Malediven** und den Badeinseln **Thailands** (zum Beispiel Phuket, Koh Samui), **Malaysias** oder **Indonesiens**, wo neben Bali auch Java unerwartete Reize bietet. Noch ein Newcomer (und fast noch ein Geheimtipp) ist **Vietnam** mit Zielen wie Đà Nẵng, Nha Trang und Hồ Chí Minh City, dem einstigen Saigon. Immer wieder faszinierend ist auch das Dreigestirn der glitzerndsten Städte am Südchinesischen Meer: **Singapur**, **Hongkong**, **Shanghai**. Und schließlich die fernöstlichen Ziele **Korea** und **Japan**. Auch um sie beurteilen zu können, genügt ein einziger Landgangstag nicht. Gerade wer Ostasien besucht, sollte deshalb die Vor- und Nachprogramme der Reedereien ausgiebig nutzen.

8 AUSTRALIEN/SÜDSEE

Down Under hat mit **Sydney** den vielleicht schönsten Hafen der Welt. Von der Einfahrt, vorbei an Oper und Harbour Bridge, schwärmen alle, die es erlebt haben – und vergessen darüber Adelaide, Melbourne, Brisbane und Cairns, die ebenfalls regelmäßig angelaufen werden. Urwüchsige Erlebnisse garantiert **Tasmanien** (Hobart), dessen Tier- und Pflanzenwelt so außergewöhnlich ist wie überall auf dem fünften Kontinent. Über **Neuseeland** (ein Traum: der Milford Sound auf der Südinsel) gelangen Kreuzfahrer weiter in die **pazifische Inselwelt** und dort meist über Neukaledonien und die Fidschi-Inseln nach Französisch-Polynesien, wo man auf **Tahiti** (Papeete) den Sehnsüchten des Paul Gauguin nachspüren kann. Und wo man auch **Bora Bora** erlebt, angeblich die „schönste Insel der Welt". Definitiv die entlegenste Insel ist **Pitcairn**, einst Heimat der Bounty-Meuterer – wer sie per Schiff besuchen darf, genießt ein Privileg. Auf dem Weg nach Chile wird die Reise schließlich durch den Besuch auf der **Osterinsel**, dem geheimnisvollen „Rapa Nui", gekrönt.

Malediven

Neuseeland

Great Barrier Reef

Sydney

Tahiti

Osterinsel

Alles fließt

Auch im Binnenland fließt viel Wasser. Zwar bleiben die Ufer immer im Blick, doch heißt das nicht, dass Flussreisen langweilig wären. Im Gegenteil: Auf Flüssen lernt man, die Welt anders zu sehen. Die folgenden Seiten laden dazu ein

COIFFEUR
LYON
PLACE DE LA BALEINE
LE LAURENCIN BOUCHON LYONNAIS
RESTAURANT
LE LAURENCIN
SPECIALITES LYONNAISE

Typisch Flussreise: ruhiges
Dahingleiten bei Sonnenuntergang

Ein neuer Trend: mehr
Sport und Wellness an Bord

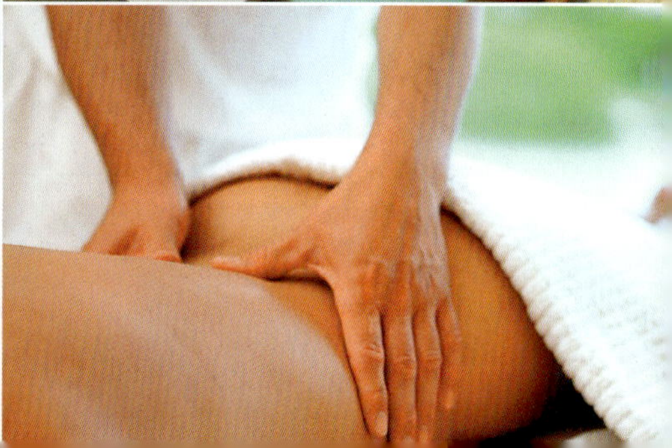

Die große Vielfalt

Flussreisen liegen im Trend. Sie sind günstiger als Seereisen – und erstaunlich vielfältig. Denn bei Süßwasser gilt: Der Weg ist das Ziel

VON JOHANNES BOHMANN

Sind Reisen mit Flussschiffen überhaupt Kreuzfahrten? Stellen Sie diese Frage einem Hochsee-Fan – er wird sie naserümpfend verneinen. „Kreuzen" könne man auf Flüssen nicht wirklich, und Wind und Wellen, die spüre man gar nicht. Deshalb seien Flussreisen langweilig – und nur etwas für ältere Semester. Auch Albert Ballin, der die Kreuzfahrt erfand, habe schließlich von Süßwasser nie gesprochen.

Falsch daran ist, dass kein Lexikon unter „Kreuzfahrt" zwischen Salz- und Süßwasser unterscheidet. Richtig ist allerdings die Sache mit dem Altersdurchschnitt: Laut den jährlich erhobenen Zahlen des Deutschen Reise-Verbands (DRV) zum deutschen Kreuzfahrtenmarkt waren 2005 gut 43 Prozent der Passagiere auf Hochseeschiffen älter als 55 Jahre, auf Flussschiffen waren es knapp 74 Prozent. Aber sind Flussfahrten deshalb langweilig?

Wer Seereisen grundsätzlich als glamourös und abenteuerlich betrachtet, Flussreisen dagegen als bieder und betulich, blendet ein paar Tatsachen aus. Etwa diese: Gerade weil bei Flussreisen das Land immer in Sicht bleibt, sind sie nicht langweiliger, sondern oft spannender als Seereisen. Und man ist flexibler. Bei welcher Seereise etwa kann man in einem Hafen aussteigen, sich auf ein Fahrrad schwingen, am Ufer dem Schiff vorausfahren und im nächsten Hafen wieder einsteigen? Unsere Reportage über eine Fahrt auf dem klassischen Abschnitt der Donau, von Passau nach Budapest und zurück, erzählt davon. Sie fand an Bord eines Schiffs der A-ROSA-Flotte statt, deren Programm auf dem Fluss durch die frischere, sportlichere Ausrichtung vergleichbar ist mit dem, was AIDA Cruises im Hochseebereich vorgemacht haben: mehr Wellness, mehr Aktivitäten – und damit das Ansprechen auch eines jüngeren Publikums.

Fest steht jedenfalls: Die Nachfrage nach Flusskreuzfahrten steigt seit Jahren stark – stärker sogar als die nach den (ebenfalls boomenden) Hochseereisen. Seit 1996, dem ersten Jahr, in dem der DRV seine Kreuzfahrtenstudie erstellte, ist die Zahl der Hochseepassagiere in Deutschland um 151 Prozent gestiegen – die der Flussreisenden aber um 218 Prozent. Jeder dritte Deutsche, der heute eine Reise zu Wasser bucht, steigt somit inzwischen auf einem Flussschiff ein. Und macht damit Deutschland zum Weltmeister: In keinem anderen Land gibt es ein so großes Angebot an Flusskreuzfahrten wie bei uns.

Was macht Flussreisen attraktiv? Zunächst die Tatsache, dass wie bei der Seereise die Kabine mitreist, von der aus man jeden Tag ein neues Ziel erkundet; Koffer packen muss man also nur zu Beginn und am Ende der Fahrt. Und wie Hochseereisen sind Flussreisen auch All-inclusive-Pakete, mit Vollpension, Rundum-Service und (meist) täglichem Entertainment (Ausflüge sind, wie bei Seereisen, in der ►

FOTOS: Agentur Focus/P- Frilet (1), A-ROSA (2), Deilmann (1)

Perspektiven, wie nur Flussreisen sie bieten: Blick durch ein Schleusentor auf Stift Melk

Regel separat zu bezahlen). Auch die gesellschaftlichen Anlässe werden ähnlich zelebriert wie auf dem Meer: Kaum eine Reederei, die ihre Gäste nicht zum Captain's Welcome und zum Captain's Dinner einlädt. Smokings und Cocktailkleider wird man dabei allerdings seltener erblicken als auf Seeschiffen. Selbst auf den Traditionsschiffen von Deilmann oder auf den noblen River Clouds verstößt man mit einem schwarzen oder einem grauen Anzug nicht (mehr) gegen die Etikette.

Rushhour am Fluss: nebeneinander liegende Schiffe in Chongqing am Yangzi

Und die Unterschiede zur Seereise? Zunächst: Flussreisen sind meistens deutlich billiger als Kreuzfahrten zur See, und die Schiffe sind kleiner: Bei durchschnittlich 100 Passagieren pro Schiff ist die Atmosphäre dadurch intimer. Für manche ausschlaggebend ist auch: Zur Anreise muss man oft nicht ins Flugzeug steigen, sondern man benutzt die Bahn oder den Bus – für Flugangstgeplagte ein gewichtiges Argument. Auf Binnengewässern besteht zudem kaum die Gefahr, seekrank zu werden. Flussschiffe fahren naturgemäß ruhiger als Seeschiffe – allerdings sind sie oft auch lauter, weil man nicht nur den Geräuschen des Wassers näher ist als auf Seeschiffen, sondern auch den Vibrationen der Maschine. Wer geräuschempfindlich ist, sollte sich also möglichst weit vom Maschinenraum entfernt einquartieren. Oder auf einem der beiden „Twin-Cruisers" reisen, die es bislang auf Europas Flüssen gibt: auf der Flamenco von Nicko Tours oder der Bellevue von Transocean. Bei beiden Schiffen sind die Antriebs- und die Passagiereinheit durch eine neuartige Konstruktion komplett voneinander getrennt. ►

FOTOS: U. Bahn (1), S. Heinen (1)

Keine Ausnahme mehr: Putting auf dem Oberdeck, Sauna und Fitness im Unterdeck

Ein anderer Unterschied: Auf dem Fluss sind die Kabinen im Schnitt kleiner als zur See. Suiten (also Kabinen, bei denen Wohn- und Schlafbereich zumindest optisch voneinander getrennt sind) sind selten größer als 40 Quadratmeter, Standardkabinen messen etwa 12 bis 22 Quadratmeter. Oft haben Doppelkabinen daher Betten, die hochgeklappt oder tagsüber zum Sofa umfunktioniert werden. Von dort aus kann man dann die vorbeiziehenden Ufer betrachten. Denn „französische Balkone", das heißt bodentiefe, nach außen zu öffnende Panoramafenster, besitzen mittlerweile die meisten anspruchsvolleren Flusskreuzer.

Den Hauptunterschied zur Seereise aber bilden die Reiseziele. Sie bleiben, anders als auf den Meeren, immer im Blick. „Erholungstage" ohne Programm gibt es auf Flüssen so gut wie nie – hier ist tatsächlich der Weg das Ziel. Deshalb haben wir bei den Porträts 15 ausgewählter Flussschiffe (ab Seite 228) auch die Landausflüge in die Profilbewertung aufgenommen – anstelle des Punktes „Familienfreundlichkeit", die man keinem Flussschiff wirklich bescheinigen kann.

Und deshalb stellen wir auch in diesem Kapitel Reviere vor (ab Seite 256). Vom Rhein, auf dem die Flusstouristik vor Jahrzehnten begann, über die Elbe, die Donau (den derzeit mit Abstand meistbefahrenen Strom) und die Rhône (mit der Saône) bis zur Wolga, dem Swir und der Newa in Russland sowie dem Nil in Ägypten und dem Yangzi in China. Viele spannende Flüsse bleiben aus Gründen des Umfangs leider außen vor: der Mekong in Vietnam und Kambodscha, der Ayeyarwady in Myanmar (dem früheren Burma), der Amazonas in Brasilien und Peru, der Mississippi in den USA, der Dnjepr in der Ukraine, der Jennessej in Sibirien. Oder, näher dran: die Havel, die Oder, die Weichsel, der Main, der Neckar, die Saar. Und der Douro in Portugal, die Seine ab Paris, der Po von Cremona bis kurz vor Venedig.

Oder der 190 Kilometer lange Götakanal, der quer durch Schweden verläuft, von Stockholm nach Göteborg (oder umgekehrt), und dabei nicht nur den Vättern- und den Vänern-See durchläuft (die drei- beziehungsweise fünfmal so groß wie der Bodensee sind), sondern auch 58 Schleusen, sage und schreibe ...

Wer will da noch behaupten, Flussreisen seien langweilig?

FOTOS: A-ROSA (1), Transocean

Bella Donna
im Namen der Rose

Eine Woche Donauwellen: 120 Flusschiffe fahren auf dem Strom, auf der klassischen Strecke zwischen Passau und Budapest. Wer außer Wien und Wachau auch Wellness will, ist bei A-ROSA richtig

VON UWE BAHN (TEXT & FOTOS)

Am Steilufer wächst der Wein: Flussschleife in der Wachau

„Bella" heißt das Schiff – und schön ist es wirklich. Nicht nur wegen der Rose am Bug. Eine Woche werde ich mit ihr auf der Donau sein. Ja, mit „ihr", denn Schiffe sind auch auf dem Fluss immer weiblich. Von Passau schippern wir nach Wien und Budapest, dann über Bratislava und die Wachau wieder zurück nach Passau. Diese Tour ist der Klassiker, auch wenn manche Donaudampfer mittlerweile bis ins Delta zum Schwarzen Meer fahren. Wie angeklebt liegt neben uns die Donna, das A-ROSA-Schwesterschiff. Bella Donna. Was wird das für eine Woche!

Punkt 17 Uhr verlassen wir im Doppelpack das beschauliche Bayernland. Ruhig, fast lautlos gleiten wir auf dem Flussbett gen Osten. In Kabine 122 schiebe ich meine Koffer unter das frisch bezogene Bett. Wer seine Utensilien auf dem Fluss nicht ergonomisch verstaut, für den werden herumliegende Badelatschen oder Kulturbeutel schnell zur Falle. 14,5 Kabinenquadratmeter wollen gut eingeteilt sein.

Dann wird es auf einmal dunkel, ganz dunkel. Hat sich das schöne Wetter aus Passau jetzt schon in ein Balkantief verwandelt? Zum Glück nicht, die Woche wird wolkenlos bleiben. Die Schleusenwand von Jochenstein ist Schuld; sie hat meine Kabine verfinstert. Das wird auf den 579 Kilometern bis Budapest noch elfmal passieren. Schließlich müssen auf der Strecke 201 Höhenmeter überwunden werden.

Wenig Überwindung braucht Reiseleiter Christian. Er hat sich in der Lounge das Mikrofon gegriffen. Die obligatorische Rettungsübung für alle Passagiere. Kurze Erklärung für Erstfahrer, dass die Schwimmwesten nicht aufgeblasen, sondern umgehängt ►

Ob sie per Fahrrad oder per Schiff erkundet wird: Der landschaftliche Höhepunkt der Reise ist die Wachau bei Melk (oben) und Dürnstein (rechts)

werden. Keiner wird sie benötigen, genauso wenig wie das Pflaster hinterm Ohr gegen Seekrankheit. Wir fahren schließlich von Passau und nicht von Nassau.

Mein Blick wandert durch die Lounge. Jung sind meine Mitreisenden nicht, aber doch einige Baujahre jünger als auf anderen Flussschiffen. Hier trinkt man nicht Klosterfrau-Melisse auf Eis, sondern auch schon mal einen Caipi.

Am Kai in Budapest: A-ROSA im Dreierpack

Und man isst. Heute verabschieden sich die Bella und die Donna mit einem zünftigen bayerischen Buffet aus heimischen Gefilden. Locker geht es zu, es gibt keine festen Tischzeiten und keine starre Sitzordnung, und so sind bei Haxen und Radi erste Kontakte schnell gemacht. Der rüstige Hesse aus Marburg wurde daheim von einer Wespe gestochen. Nun darf er keinen Wein trinken. Wegen der Arzneimittel. Seine Frau hat das Akkuladegerät für die digitale Canon vergessen. „Kann man an Bord vielleicht Einwegkameras kaufen?"

Am nächsten Nachmittag erreichen wir Österreichs Hauptstadt Wien. Die beiden Schiffe liegen an zentraler Stelle am Handelskai. Für individuelle Stadterkundungen ideal, denn von der Haltestelle Vorgartenstraße gleich um die Ecke geht es mit der U-Bahn über vier Stationen zum Stephansplatz. Das 24-Stunden-Ticket kostet fünf Euro. Wien auf eigene Faust – so einfach ist das.

Die Schleuse von Jochenstein – eine von zwölf, die auf der Fahrt von Passau nach Budapest passiert werden müssen

Ich schlendere durch die Wiener „Kö", die Kärntner Straße, danach über den Naschmarkt – und lerne, warum er so heißt. Mit einem Dutzend Snacks im Bauch trotte ich weiter zum Museumsquartier und danach zur Hofburg. Bilanz: Satte acht Kilometer zu Fuß, auf das Fitnessstudio an Bord kann ich heute getrost verzichten.

Die meisten anderen Gäste tun es auch. Vereinzelte versuchen, sich auf den Trockenfahrrädern die in den Wiener Kaffeehäusern erworbenen Kalorien wieder von der Hüfte zu strampeln. Ich wage mich in die neunzig Grad der finnischen Panoramasauna. Sie ist wahrlich der schönste Platz auf dem Schiff. Draußen fließt der Fluss – drinnen der Schweiß. Und dieser Blick hinaus! Hineinschauen kann keiner, denn die Scheiben sind verspiegelt.

Am nächsten Morgen stoppen wir im ungarischen Esztergom zum Landausflug. Also rein in den Bus und hinauf zur mächtigen Basilika, dem Hauptsitz der katholischen Kirche in Ungarn. Weit schweift der Blick über den Donaustrom auf die beiden A-ROSA-Schiffe, die gerade in Richtung Budapest ablegen. Wir nehmen den Landweg und erreichen bei Visegrád das Donauknie: Der Strom dreht sich hier um 180 Grad; Fußballer bekämen bei so einem Knie einen irreparablen Meniskusschaden. Von der Burg oberhalb von Visegrád sehen wir auf das beeindruckende Panorama: Der Fluss frisst sich wie eine Schlange durch Ungarns Berge, die übrigens nirgends so hoch sind wie an dieser Stelle. Am späten Nachmittag erreichen wir den Liegeplatz in Budapest. Bella und Donna liegen direkt an der Elisabethbrücke. Dazu hat sich nun auch die A-ROSA Mia gesellt. Ein flotter Flottendreier. An manchen Tagen muss man hier in Budapest über vier andere Schiffe hinwegmarschieren, bis man sein eigenes erreicht hat.

Nach und nach schwärmen die Gäste zu Ausflügen aus: Am Abend werden auf der Lichterfahrt die beiden durch den Fluss getrennten Stadtteile Buda und Pest erkundet, tags darauf folgt die Exkursion „Pferde in der Puszta". Ich mache mich selbständig. Mit Paprikapaste und Gulaschgewürz im prak- ►

Prachtvoll restauriert ist die Altstadt von Bratislava (oben). In Budapest (links) kehren die Schiffe um. Richtung Sonnenuntergang

tischen Mitbringselpack kehre ich zurück an Bord – und habe das Sonnendeck für mich allein. Groß ist der runde Pool nicht gerade, aber immerhin gibt es ihn. Wer nicht eine Viertelstunde lang nur im Kreis schwimmen will, kann hier oben auch Schach oder Shuffleboard spielen. Oder auf dem Putting Green den Golfschläger schwingen. Zwei Stunden später tobt auf dem Sonnendeck das Leben: Auslaufparty. Reiseleiter Christian war früher auf der AIDA und weiß, wie man aus müden Gästen muntere macht.

Neuer Morgen, neue Stadt: Bratislava, die Hauptstadt der Slowakei. Bella Donna! Bratislava, diese Metropole, die zu sozialistischen Zeiten ins Aschenputtel-Gewand gezwängt wurde, hat sich unglaublich herausgeputzt – und ist heute der Laufsteg Europas. Die schönsten Frauen stöckeln hier über das Kopfsteinpflaster der Altstadt. Bratislava ist wonderbra! In jeder zweiten Kneipe ertönt abends bei ausgelassener Stimmung Livemusik. Wir verlassen die Stadt nachmittags um 16 Uhr – ein Jammer. Reiner Selbstschutz, wie Christian meint.

Tags darauf sitze ich schon um halb neun auf dem Mountainbike; acht davon hat das Schiff an Bord. Von Krems geht es mit dem Fahrrad durch die Wachau bis nach Melk – ohne Frage landschaftlich der schönste Teil der Reise. Immer an der Donau entlang, das ist der besondere Reiz, vor allem wenn man dabei sein eigenes Schiff überholt. In Dürnstein haben wir schließlich einen Vorsprung von zehn Minuten herausgeradelt. Jetzt schnell auf die Lauer legen und die Kameras in Position bringen. Und dann tauchen sie auch schon auf, die beiden Damen. Direkt unter uns gleiten sie durch die Weinberge der Wachau. Und doch unaufhörlich dem Ende der Reise entgegen. Bei herrlichstem Wetter. Bella Donna!

Flussfahrt auf einer Baustelle

Eine Kreuzfahrt auf dem Yangzi ist überaus aufregend, nicht selten atemberaubend, aber in jedem Fall ganz anders. Glamour findet man dabei höchstens auf dem Schiff selbst

VON SVEN HEINEN

Aus dem Boden gestampft: eine der neuen Städte für Staudamm-Umsiedler

Hamburg, Frankfurt, Hongkong, Wuhan, Yichang – die Anreise in das über 9.000 Kilometer entfernte China ist lang, sehr lang. Gut 36 Stunden dauert der Weg mit Bahn, Flugzeug und schließlich mit dem Bus zum Flaggschiff von Victoria Cruises, der Victoria Anna. Zu Lande, in der Luft und schließlich zu Wasser eben eine richtige Reise. Vorbei an Reisfeldern mit den obligatorischen Wasserbüffeln, den „BMWs der ländlichen Bevölkerung", wie uns der Tourguide glaubhaft versichert, geht es von der fast neun Millionen Einwohner zählenden Stadt Wuhan nach Yichang. Die für chinesische Verhältnisse sehr kleine Hafenstadt (circa 600.000 Einwohner) erweckt jedoch nicht den Anschein eines verträumten Hafenidylls. Es mag an der drückenden Hitze, dem Dauerregen, der diesigen Sicht und letztlich auch an der Übermüdung liegen, dass sich die Vorfreude auf eine Kreuzfahrt nicht so recht einstellen will. Doch ebenso fremd, wie die Besucher aus der westlichen Welt den Einheimischen erscheinen, kommen sie sich garantiert selbst vor. Merke: Die Anpassung an eine neue Welt dauert länger als vermutet.

Umso vertrauter wirkt dann die westlich klimatisierte Atmosphäre an Bord der Victoria Anna. Das Schiff befindet sich in seiner Jungfernsaison und ist der Stolz des Unternehmens. Ein erster Kaffee sowie der wohlig professionelle Empfang durch den US-amerikanischen Cruise Director Dick Carpentier lässt die erwünschte Entspannung aufkommen. Die luxuriöse Juniorsuite besorgt den Rest.

Nachwuchs in Chongqing

Nicht einmal vier Tage, genauer gesagt 84 Stunden, dauert die Fahrt flussaufwärts von Yichang in die 32-Millionen-Metropole Chongqing, einen der „Hochöfen" am Yangzi. Dabei hält der erste – leider noch immer diesige – Tag der Kurzkreuzfahrt das Tour-Highlight parat: die Durchquerung und Besichtigung des Drei-Schluchten-Staudamms. Das durchaus umstrittene Bauwerk ►

FOTOS: S. Heinen (3)

Fracht- und Kundentransporte auf Chinesisch. Ausflugsboot auf dem Daning-Fluss (rechts)

wartet mit über 2.300 Metern Länge, 185 Metern Höhe und geschätzten Kosten von 50 Milliarden Euro auf. Zum Zeitpunkt der vollständigen Inbetriebnahme im Jahr 2009 sollen 26 Turbinen 85 Milliarden Kilowattstunden Strom erzeugen – eine Energiemenge, mit der man ganz Belgien versorgen könnte. Umstritten bleibt der Damm aufgrund der unberechenbaren Folgen für die Umwelt, der Überspülung unzähliger Kulturschätze und der Umsiedlung von rund 1,3 Millionen Menschen in neu errichtete Großstädte wie zum Beispiel Badong.

Denkmal zur Würdigung des Dammprojekts

Vor diesem Hintergrund fällt es des deutlich schwerer, den Blick auf den ruhiger werdenden Strom und die sich am Ufer auftürmenden Berge zu genießen.

Keine Überraschung am zweiten Tag: Es ist immer noch diesig. Dafür fährt die Victoria Anna in die zweite der drei Schluchten, die Wu-Schlucht, ein. Auf dem Programm steht ein Motorbootausflug über den Daning-Fluss, einen Nebenfluss des Yangzi, zu den kleinen Schluchten. Es folgt ein nochmaliges Umsteigen auf kleinere „Zehn-Mann-Dschunken“, wie sie ein Mitreisender passenderweise bezeichnet. Der Weg führt in die Hexenschlucht, vorbei an der atemberaubenden Natur und sich kunstvoll in Szene setzenden Schauspielern, die das „wahre“ China repräsentieren sollen und doch nur Staffage für die Touristen sind. Natur pur hätte es sicher auch getan.

Fengdu, die 2.000 Jahre alte „Stadt der Geister“, lockt an Tag drei der Reise mit dem Höllenkönig, der in seinem Tempel angeblich die Liste mit dem Todestag eines jeden Menschen besitzt. Europäer sollen übrigens nicht aufgelistet sein. Nach der kompletten Flutung wird die Stadt rund 35

Die Victoria Anna auf dem Weg flussaufwärts

Meter unter dem Flusspegel liegen, allein der Tempel auf dem Ming-Berg wird als Insel aus dem Yangzi herausragen. Am Nachmittag erreichen wir im wahrsten Sinne des Wortes den Dunstkreis von Chongqing. Smog nennt man das – nicht nur in unseren Breiten. Smog, der von den zahlreichen Kohlekraftwerken der Region verursacht wird.

Dass der Yangzi nicht nur für Touristen und Kreuzfahrer gedacht ist, wird unweit von Chongqing überdeutlich. Die Industrieareale am Ufer werden größer und dichter, selbiges gilt für die Schiffe beziehungsweise den Verkehr auf dem Fluss. Der Überblick von der Brücke ist überwältigend. Im Abstand von 100 Metern fahren unzählige Frachter, Kreuzfahrtschiffe und kleinere Transportschiffe wie über einen Wasser-Highway. Devise: Nachschub fürs Hinterland, die Entwicklung muss schließlich weitergehen. Angesichts der zum Teil nicht einmal über Funk verfügenden Pötte ist der kollisionsfreie Flussverkehr allerdings eine manövriertechnische Meisterleistung.

Am letzten Nachmittag ist Chongqing erreicht. Eine gigantische Skyline baut sich nach der ersten Flussbiegung auf, die am Ende der zweiten Kurve von einer weit größeren Wolkenkratzerkette abgelöst wird. Und selbstverständlich wird überall fleißig gebaut. Bei der Fahrt durch die brütend heiße Stadt („36 Grad Celsius sind doch sehr angenehm. Normalerweise haben wir bis zu 45 Grad", berichtet der Tourguide) wird schnell klar, dass in Windeseile marode Stadtviertel einer neuen Bebauung weichen müssen. China ist auf Expansionskurs, da kann Chongqing keine Ausnahme darstellen.

Was bleibt, ist die Gewissheit, eine Reise in ein Land gemacht zu haben, von dem die meisten Deutschen nie etwas sehen werden. Selbst auf dem Schiff erhält man Einblicke in das Leben, die Gebräuche und die Kultur der Bevölkerung, ohne dieser jedoch wirklich nahe zu kommen. Wie denn auch, in nur 84 Stunden. Fast kommt man sich vor wie einer der viel belächelten Japaner, die, mit Kameras bewaffnet, Europa in einer Woche abhandeln. China ist anders als alles, was man kennt – ganz anders. Der Slogan „Kommunismus für Einsteiger" geht mir noch immer durch den Kopf. Genauso wie die Feststellung, dass dies vier Tage waren, die man einmal erlebt haben sollte. ■

FOTOS: S. Heinen (5), H. Leue (2)

Auf der Donau bei Esztergom

A-ROSA Bella

Auf der Donau fahren die Bella und ihre drei A-ROSA-Schwestern voraus. Zumindest was Gesundheit und Fitness betrifft

Donaureisen auf diesem Schiff bieten mehr als Sissi-Romantik und Apfelstrudel. Finnische Panoramasauna, Dampfsauna, Fitnessbereich, Mountainbikes für Landausflüge – all das findet man auf der Donau nur bei A-ROSA. Mit diesem Trendkonzept will man auch ein jüngeres, sportives Publikum auf den Fluss holen – Pionierarbeit, die auf manchen Reisen sogar gelingt. Gespeist wird im Buffetrestaurant mit Showküche und einmal pro Woche in der Weinwirtschaft, wo in einem abgetrennten Bereich ein Fünf-Gänge-Menü serviert wird – inklusive Weinprobe. Ein großes Plus sind die Restaurant-Außenplätze im Heck. Für Behinderte sind die A-ROSA-Schiffe nicht geeignet: Es gibt keinen Lift.

Saunieren mit Panoramablick

A-ROSA Bella

Fahrgebiete 2007

Die A-ROSA Bella befährt die Donau von April bis Dezember auf fünf, sechs- und achttägigen Reisen ab/bis Passau oder ab/bis Wien. Im Programm sind Aufenthalte in Wien, Linz, Bratislava und Budapest sowie Besuche historischer Stätten wie der Basilika von Esztergom. An bestimmten Terminen werden auch Themenreisen (Golf, Gourmet, Weine/feine Küche) sowie eine Fotoreise angeboten. Zum Jahresende folgen Advents-, Weihnachts- und Silvesterreisen.

Ausgewählte Reisen

DONAU-KLASSIKER

Von Passau bis Budapest und zurück

Start- und Zielort der achttägigen Reise ist Passau. Von dort führt der Weg nach Wien, Bratislava und Budapest. Mit weiteren Stopps in Esztergom, Krems und Melk kombiniert die Reise Kulturschätze, unberührte Natur und Metropolen miteinander. Bike-Touren, Ausflüge zu historischen Stätten und Anschlussaufenthalte in Passau komplettieren das Programm. **8 Tage; ab € 869, ohne Ausflüge und An-/Abreise**

DONAU FÜR GOLFER

Von Passau bis Budapest und zurück

In der Golfsaison von Mai bis Oktober werden auf dieser Themenreise ab/bis Passau die drei schönsten Golfplätze entlang der Donau angesteuert: der Pannonia G & C Club in Ungarn sowie der Fontana Golfclub und der Golfclub Adamstal in Österreich. Golf-Fitness und Putt-Wettbewerbe an Bord sowie Ausflüge nach Wien, Budapest und Bratislava runden die Reise ab. **8 Tage; ab € 1.578 inkl. Golfpaket, ohne Ausflüge und An-/Abreise**

Weitere Schiffe der Flotte

Baugleich mit der Bella sind die **A-ROSA Mia** (Bj. 2003/242 Gäste), die **A-ROSA Donna** (Bj. 2001/ 242 Gäste) und die **A-ROSA Riva** (Bj. 2004/242 Gäste), die ebenfalls auf der Donau verkehren. Die A-ROSA Mia fährt 2007 auf einer 17-Tages-Tour auch bis ins Donau-Delta.

DATEN & FAKTEN

BRZ	k. A.	**Bordsprache**	Deutsch
Länge	124,50 m	**Kabinen**	100 Außenkabinen, davon 48 mit Balkon
Breite	14,40 m		
Tiefgang	1,50 m	**Passagierdecks**	3
Indienststellung	2002	**Restaurants**	2
Passagiere	max. 242	**Bars**	2
Crew-Mitglieder	50	**Geschwindigkeit**	24 km/h

Sport & Wellness	Fitnessbereich, Sauna/Dampfbad, Pool, Massage- und Beauty-Anwendungen, Trekking-Bikes für Ausflüge, Putting Green, Schach, Shuffleboard
Info-/Entertainment	Shows, lokale Künstlergruppen, Disco, Spiele und Wettbewerbe
Dresscode	sportlich-leger, kein Krawattenzwang
Info	A-ROSA, Tel. 0180 30-276 72 (€ 0,09/Min.), www.a-rosa.de
Preis pro Tag	**€ 99 bis € 240 Durchschnitt € 195**

PROFIL

Info-/Entertainment	⚓⚓⚓
Sport & Wellness	⚓⚓⚓⚓⚓
Gastronomie	⚓⚓⚓⚓
Landausflüge	⚓⚓⚓⚓
Service	⚓⚓⚓⚓

Auf der Rhône bei Avignon

A-ROSA Stella

Tour de France zwischen Burgund und Côte d'Azur: Auch auf den Rhône-Schiffen von A-ROSA wird viel Sport und Wellness geboten

Die A-ROSA Stella und ihr Schwesterschiff **Luna** sind mit zweieinhalb Decks kleiner als die Donauschiffe der Reederei, dafür aber baulich sehr geschickt gestaltet. Der Außenpool ist großzügiger, und die Weinwirtschaft (in der auch beste französische Weine verköstigt werden) wird als Alternative zum Buffetrestaurant geführt. Ansonsten setzt A-ROSA auch auf der Rhône auf den Wohlfühl-Trend: mit einer Panoramasauna (die in der südfranzösischen Hitze allerdings oft verwaist ist) und mit Mountainbikes, auf denen jeder Gast mit einem Guide seine private Tour de France radeln kann. Ein Höhepunkt der Landausflüge: die Kanutour durch Frankreichs Grand Canyon, das spektakuläre Tal der Ardèche.

Viel Licht, viel Platz: die Außenkabinen

Fahrgebiete 2007

Die A-ROSA Stella befährt von Ende März bis Anfang November die Rhône und die Saône in Frankreich. Wöchentlich starten die Reisen ab Lyon; in südlicher Richtung geht es erst in die Provence und die Camargue, dann wieder Richtung Norden ins Burgund. Von Juni bis September fährt das Schiff auch die „Route Méditerranée“ bis ans Mittelmeer zur Cote d'Azur. An mehreren Terminen finden 2007 außerdem Themenreisen für Golfer oder zu Kunst und Malerei statt.

Ausgewählte Reisen

RHÔNE FLUSSABWÄRTS

Von der Camargue ins Burgund

Immer samstags startet das Schiff in der Genießerhauptstadt Lyon. Die Route: Richtung Süden entlang der Rhône, wobei Stopps in Avignon und Arles und Ausflüge in die Camargue auf dem Programm stehen. Danach fährt die A-ROSA Stella wieder in nördlicher Richtung auf der Saône zu den Weinbergen und historischen Schlössern des Burgund, ehe die Reise in Lyon endet. **8 Tage; ab € 869, ohne Ausflüge und An-/Abreise**

RHÔNE FLUSSABWÄRTS

„Route Méditerranée“

In den Sommermonaten ist die A-ROSA Stella erstmals auf dieser reizvollen Route unterwegs. Sie startet samstags in Lyon und fährt entlang der Rhône in Richtung Mittelmeer, wobei Avignon, Arles und Viviers besucht werden. Höhepunkt: der zweitägige Aufenthalt an der Cote d'Azur mit Ausflügen nach Cannes, St.-Tropez und Nizza; während des Aufenthalts bestehen auch Bademöglichkeiten. **8 Tage; ab € 1.179, ohne Ausflüge und An-/Abreise**

Weitere Schiffe der Flotte

Baugleich mit der A-ROSA Stella ist das Schwesterschiff **A-ROSA Luna** (Baujahr 2005, 172 Gäste), das ebenfalls auf der Rhône und der Saône verkehrt. Zur Donauflotte der Reederei siehe A-ROSA Bella.

DATEN & FAKTEN

BRZ	k. A.	**Bordsprache**	Deutsch
Länge	125,80 m	**Kabinen**	86 Außenkabinen, davon 57 mit Balkon
Breite	11,40 m		
Tiefgang	1,60 m	**Passagierdecks**	3
Indienststellung	2005	**Restaurants**	2
Passagiere	max. 172	**Bars**	2
Crew-Mitglieder	45	**Geschwindigkeit**	24 km/h

Sport & Wellness	Fitnessbereich mit Bike-Crosstrainer, Sauna und Dampfbad, Pool, Massagen, Trekking-Bikes für Ausflüge, Putting Green, Schach, Shuffleboard
Info-/Entertainment	Shows, lokale Künstlergruppen, Disco, Spiele und Wettbewerbe, Weinwirtschaftsabende
Dresscode	sportlich-leger
Info	A-ROSA, Tel. 0180 30-276 72 (€ 0,09/Min.), www.a-rosa.de
Preis pro Tag	**€ 99 bis € 250** **Durchschnitt € 198**

PROFIL

Info-/Entertainment	⚓⚓⚓
Sport & Wellness	⚓⚓⚓⚓⚓
Gastronomie	⚓⚓⚓⚓
Landausflüge	⚓⚓⚓⚓
Service	⚓⚓⚓

Abends am Anleger

Bellevue

Neuer Twin-Cruiser: Viel Glas ermöglicht beste Aussichten

Die Bellevue macht ihrem Namen alle Ehre: Sowohl im Restaurant als auch in der Panorama-Lounge (die man über eine Wendeltreppe erreicht) geben große Fenster den Blick auf die vorbeiziehenden Flusslandschaften frei. Der nach der **Flamenco** (S. 236) zweite Twin-Cruiser auf dem deutschen Markt ist mit edlen Hölzern sehr gediegen ausgestattet. Das Wiener Café bietet eine Ausweichmöglichkeit für ruhesuchende Passagiere, die am Showprogramm nicht teilnehmen möchten. 93 Prozent der Kabinen sind mit französischen Balkonen ausgestattet und somit bis zum Boden verglast. Auf dem unteren Deck gibt es Vierbettkabinen mit Bullaugen zu günstigen Familienpreisen.

Spaziergang an Deck; eine Außenkabine

Fahrgebiete 2007

Die Bellevue ist überwiegend auf der Donau unterwegs. Von April bis Oktober fährt sie ab Passau bis Budapest und bis an das „Eiserne Tor" in Rumänien sowie zum Donaudelta. Im Oktober beginnen ihre Touren von Düsseldorf aus in die Weingebiete an Rhein und Mosel. Die Reisen lassen sich mit unterschiedlichen Landausflügen, Wanderausflügen und Landurlauben kombinieren.

Ausgewählte Reisen

DONAU KLASSISCH

Von Passau nach Budapest und zurück

In Passau legt die Bellevue ab, um am jeweils folgenden Tag in Wien zu ankern. Dort stehen eine Stadtrundfahrt sowie der „Heurige" auf dem Programm. Weiter geht es über Esztergom nach Budapest, von wo aus auch die Puszta erkundet werden kann, und dann wieder flussaufwärts: Am fünften Tag wird die renovierte Altstadt von Bratislava besucht, bevor es über Melk in der Wachau zurückgeht nach Passau. **7 Tage; ab € 469 ab/bis Passau**

INS DONAUDELTA

Von Passau bis Tulcea und zurück

Erster Halt auf der 16-tägigen Reise ab Passau ist Bratislava. Von dort geht es über Belgrad in fünf Tagen nach Tulcea im Donaudelta. Auf dem Rückweg wird Oltenița angelaufen, das Ausgangspunkt für einen Ausflug nach Bukarest ist. Weiter verläuft die Route über Budapest, Wien und Dürnstein zurück nach Passau. **16 Tage; ab € 1.289 ab/bis Passau**

Weitere Schiffe der Flotte

Zur Flussschiff-Flotte von Transocean Tours gehören auch die **Swiss Corona** (Bj. 2004; 150 Gäste; S. 250), die **Swiss Crown** (Bj. 2000; 150 Gäste), die **Swiss Coral** (Bj. 1998, renov. 2004; 86 Gäste), die **Moldavia** (Bj. 1979, renov. 2003; 160 Gäste), die **Griboedov** (Bj. 1982, renov. 2005; 260 Gäste) und die **Yangtze Pearl** (Bj. 1992, renov. 2005; 154 Gäste).

DATEN & FAKTEN

BRZ	k. A.	**Bordsprache**	Deutsch
Länge	135,00 m	**Kabinen**	97 Außenkabinen, davon 92 mit Balkon
Breite	11,40 m		
Tiefgang	1,50 m	**Passagierdecks**	3
Indienststellung	2006	**Restaurants**	2
Passagiere	max. 196	**Bars**	1
Crew-Mitglieder	48	**Geschwindigkeit**	22 km/h

Sport & Wellness	Fitnessraum, Frühsport an Deck, Sonnendeck mit Whirlpool, Shufflebord, Sauna
Info-/Entertainment	Livemusik, Crew-Show, Vorträge
Dresscode	sportlich-leger, festlich zum Kapitänsempfang
Info	Transocean Tours Bremen Tel. (0421) 33 36-182 www.transocean.de
Preis pro Tag	€ 78 bis € 165 Durchschnitt € 162

PROFIL

Info-/Entertainment	⚓⚓⚓
Sport & Wellness	⚓⚓⚓
Gastronomie	⚓⚓⚓
Landausflüge	⚓⚓⚓
Service	⚓⚓⚓⚓

Sommerabend auf der Wolga

Fedin

Russland erleben mit der Fedin oder ihren Schwesterschiffen

Für Flussreisen in Russland ist Nicko Tours, nicht zuletzt wegen seiner gut organisierten Landprogramme, eine verlässliche Größe. Auf der Fedin, die zwischen Moskau und St. Petersburg fährt, wird der Gast von einer herzlichen russischen Crew betreut; deutschsprachige Reiseleiter und ein Bordarzt fahren mit. Die Küche ist landestypisch; die Menüs werden zu zwei Tischzeiten serviert. Die Außenkabinen sind mit zehn Quadratmetern nicht groß, aber zweckmäßig eingerichtet; wer mehr Platz möchte, bucht eine De-luxe-Kabine (30 Quadratmeter) mit separatem Wohn- und Schlafbereich. Die Atmosphäre an Bord ist zwanglos und familär; Bordwährung ist der Rubel.

Das Restaurant und eine Doppelkabine

Fahrgebiete 2007

Die Fedin verkehrt ausschließlich zwischen Moskau und St. Petersburg auf der klassischen Route in Nordrussland, das heißt auf der Wolga, dem Swir und der Newa sowie den karelischen Seen und Kanälen. Die Reisen dauern jeweils zehn Tage, wenn sie von St. Petersburg nach Moskau führen, und 13 Tage in umgekehrter Richtung. Für beide Reisen sind umfangreiche Ausflugspakete zubuchbar.

Ausgewählte Reisen

RUSSISCHE FLÜSSE

Von St. Petersburg nach Moskau

Die Reise startet jeweils sonntags in St. Petersburg. Nach drei Tagen in der Stadt geht es weiter in Richtung Mandrogy, Kischi, Goritzy und Uglitsch, wo jeweils Ausflüge und Besichtigungen gebucht werden können. Drei Tage in Moskau, unter anderem mit einer Stadtrundfahrt und einer Besichtigung des Kremls, runden die Reise ab. **10 Tage; ab € 799, inkl. Flug ab/bis Deutschland**

RUSSISCHE FLÜSSE

Von Moskau nach St. Petersburg

Die Reise zu den großartigen Sehenswürdigkeiten Russlands führt auch zu den alten Schätzen des „Goldenen Rings". Nach drei Tagen in Moskau geht es über Uglitsch weiter nach Jaroslawl und Kostroma. Nicht fehlen dürfen Besichtigungen in Goritzy, Kischi und Mandrogy, bevor die Fahrt in St. Petersburg ausklingt. An den vier Tagen dort können weitere Ausflüge gebucht werden; der Ausflug nach Puschkin mit Besichtigung des legendären Bernsteinzimmers ist im Reisepreis enthalten. **13 Tage; ab € 949, inkl. Flug ab/bis Deutschland**

Weitere Schiffe der Flotte

Dir russichen Schwesterschiffe der Fedin sind die **Simonov** (Bj. 1980; 280 Gäste), die **Tschitscherin** (Bj. 1988; 280 Gäste) und die **Watutin** (Bj. 1988; 280 Gäste).

DATEN & FAKTEN

BRZ	3.500	**Bordsprache**	Deutsch
Länge	125,00 m	**Kabinen**	136 Außenkabinen, davon 6 Suiten
Breite	16,70 m		
Tiefgang	2,90 m	**Passagierdecks**	5
Indienststellung	1980	**Restaurants**	2
Passagiere	max. 240	**Bars**	2
Crew-Mitglieder	ca. 90	**Geschwindigkeit**	26 km/h

Sport & Wellness	Morgengymnastik
Info-/Entertainment	Vorträge über Land und Leute, Russisch-Lektionen, Musik und Tanz, Folklore- und Klassikabende
Dresscode	bequem und leger, zum Abendessen gepflegte Kleidung
Info	nicko tours GmbH Stuttgart Tel. (0711) 24 89 80-0 www.nicko-tours.de
Preis pro Tag	**€ 76 bis € 153** **Durchschnitt € 128**

PROFIL

Info-/Entertainment	⚓ ⚓ ⚓
Sport & Wellness	⚓
Gastronomie	⚓ ⚓
Landausflüge	⚓ ⚓ ⚓ ⚓
Service	⚓ ⚓ ⚓

Am Donaudurchbruch „Eisernes Tor“

Flamenco

Mit dem „Ship Pax Award 2006“ wurde seine innovative Bauweise ausgezeichnet: Europas erster „Twin-Cruiser“ fährt auf der Donau

Als erstes Flussschiff Europas repräsentierte die Flamenco das Twin-Cruiser-Konzept: einen neuartigen Schiffstyp, bei dem Antriebseinheit (hinten) und Passagierbereich (vorn) so voneinander getrennt sind, dass in den Kabinen so gut wie keine Vibrationen mehr wahrzunehmen sind. Diese Bauweise ermöglicht vorn ein über zwei Etagen reichendes, rundum verglastes Panoramadeck – und ein spürbar größeres Platzangebot. Das gilt für das Restaurant (nur Nichtraucher) und die Aussichtslounge ebenso wie für die Kabinen: Sie sind 13 Quadratmeter groß und haben zu 98 Prozent französische Balkone, das heißt bodentiefe Fenster, die sich öffnen lassen und erstklassige Aussichten bieten.

Außenkabine mit französischem Balkon

Fahrgebiete 2007

Die Flamenco ist von April bis November auf der Donau unterwegs. Die klassische Route von Passau nach Budapest und zurück ist mit sechs oder acht Tagen Dauer buchbar; es werden aber auch 15-tägige Fahrten bis ans Schwarze Meer angeboten. Alle Reisen lassen sich mit Verlängerungsprogrammen kombinieren (Passau oder Bad Füssing) und bieten ein vielfältiges Ausflugsprogramm. Ein Bustransfer ab vielen deutschen Städten und ein Haustür-Abholservice sind beim Veranstalter nicko tours ebenfalls zubuchbar.

Ausgewählte Reisen

DONAU-KLASSIKER

Von Passau bis Budapest und zurück

Jeweils montags bricht die Flamenco in Passau auf. Dienstags steht die Besichtigung des Stifts Melk auf dem Programm; der Mittwoch und der Donnerstag gehören den Städten Wien und Budapest mit Stadtrundfahrten. Nach einem Ausflug zum Donauknie bei Esztergom am Freitag folgt am Samstag die Stadtrundfahrt im slowakischen Bratislava. Der Sonntag hält die Schönheiten der Wachau bereit, und am Montag erreicht das Schiff wieder Passau. **8 Tage; ab € 599 ab/bis Passau**

ZUM SCHWARZEN MEER

Auf der Donau ab/bis Passau

Die lange Variante der Donaureise führt binnen zwei Wochen von Passau bis ans Schwarze Meer und zurück. Sie beinhaltet Ausflüge in Wien und der Wachau in Österreich, in Bratislava in der Slowakei, in Budapest, Pécs und Kalocsa in Ungarn, in Belgrad und Novi Sad in Serbien, in Veliko Tarnovo in Bulgarien sowie in Bukarest in Rumänien. Hinzu kommt ein Ganztagsausflug in das rumänische Schwarzmeerbad Constanța, der im Preis enthalten ist; ein Ausflug zum Donaudelta kann an Bord zugebucht werden. Ein Höhepunkt der Reise ist das Durchfahren des „Eisernen Tores", des berühmten Donaudurchbruchs bei Orsova. **15 Tage; ab € 999 ab/bis Passau**

DATEN & FAKTEN

BRZ	k. A.	**Bordsprache**	Deutsch
Länge	135,00 m	**Kabinen**	98 Außenkabinen, davon 96 mit frz. Balkon
Breite	11,40 m		
Tiefgang	ca. 1,60	**Passagierdecks**	4
Indienststellung	2005	**Restaurants**	1
Passagiere	max. 200	**Bars**	1
Crew-Mitglieder	ca. 43	**Geschwindigkeit**	22 km/h

Sport & Wellness	Morgengymnastik, Wellnessbereich mit Fitnessgeräten
Info-/Entertainment	Themenabende, Bingo, Quiz- und Tanzveranstaltungen, Livemusik, Bücher, Brett- und Kartenspiele
Dresscode	bequem und leger, zum Abendessen gepflegte Kleidung
Info	nicko tours GmbH Stuttgart Tel. (0711) 24 89 80 61 www.nicko-tours.de
Preis pro Tag	**€ 92 bis € 178** **Durchschnitt € 134**

PROFIL

Info-/Entertainment	⚓ ⚓ ⚓
Sport & Wellness	⚓ ⚓ ⚓
Gastronomie	⚓ ⚓ ⚓
Landausflüge	⚓ ⚓ ⚓
Service	⚓ ⚓ ⚓ ⚓

In Cochem auf der Mosel

Gloria

Das jüngste von über 50 Schiffen im Phoenix-Programm

Das 2005 in Dienst gestellte Flaggschiff des Bonner Veranstalters Phoenix Reisen ist ein klassischer Flusskreuzfahrer der Baseler Traditionsreederei Scylla Tours, die neben elf weiteren auch die **Swiss Corona** (S. 250) baute. Es fährt unter Schweizer Flagge und ist ein komfortables Schiff der Premium-Klasse: Die Kabinen sind mit 14 bis 17 Quadratmetern großzügig bemessen und auf dem oberen Oriondeck mit französischen Balkonen ausgestattet; in den De-luxe-Kabinen stehen Doppelbetten. Lieblingsplätze am Abend sind die Lido-Bar im Heck und die Panorama-Lounge im Bug. Wichtig für Behinderte: Die beiden oberen der drei Kabinendecks sind per Lift zu errichen.

Freundliche Kabinen; Art déco im Foyer

Gloria

Fahrgebiete 2007

Ende März beginnt die Gloria ihre Saison in Köln und unternimmt Frühjahrsreisen nach Holland und Belgien. Neben einer „Tulpenfahrt“ stehen auch Metropolen wie Rotterdam und Antwerpen auf dem Programm. Auf der Fahrt von Köln nach Passau zeigt sich dem Gast Anfang Mai der „Rhein in Flammen“. Von Mai bis Oktober fährt das Schiff auf der Donau von Passau nach Budapest und bis ins Donaudelta. Romantisch wird es zum Jahresende auf den Adventsreisen auf dem Rhein sowie auf der Weihnachts- und Silvesterkreuzfahrt von Köln nach Holland und Belgien.

Ausgewählte Reisen

HOLLAND UND BELGIEN

Auf Flüssen, Kanälen, Meeresarmen

An verschiedenen Terminen geht es ab Köln auf dem Niederrhein über Hoorn und Volendam/Holland nach Amsterdam und Rotterdam. Weiter führt der Weg nach Gent (Außenhafen) sowie Antwerpen in Belgien. Nach einem Aufenthalt in Nijmegen/Holland nimmt das Schiff dann über die Waal wieder Kurs auf den Rhein. Die Reise endet in Köln. **7 Tage; ab € 399 ohne Ausflüge und An-/Abreise**

RHEIN, MAIN, DONAU

„Rhein in Flammen“

Ab Köln geht es am 4.5. über Bonn nach Linz, wo man am zweiten Reisetag die „Nacht der Bengalfeuer“ erleben kann, und dann weiter durch die Loreley-Passage nach Rüdesheim und Mainz. Danach geht es auf dem Main nach Frankfurt, Miltenberg, Wertheim und Würzburg und weiter nach Bamberg und Nürnberg. Durch den Main-Donau-Kanal führt die Reise schließlich nach Kelheim und Regensburg, ehe sie in Passau endet. **9 Tage; ab € 799 ohne Ausflüge und An-/Abreise**

Weitere Schiffe der Flotte

Siehe unter **Prinzessin Katharina**, Seite 244.

DATEN & FAKTEN

BRZ	k. A.	**Bordsprache**	Deutsch
Länge	110,00 m	**Kabinen**	76 Außenkabinen, z. T. mit franz. Balkon
Breite	11,40 m		
Tiefgang	1,40 m	**Passagierdecks**	4
Indienststellung	2005	**Restaurants**	1
Passagiere	max. 150	**Bars**	2
Crew-Mitglieder	35	**Geschwindigkeit**	18 km/h

Sport & Wellness	Wellnessbereich mit Sauna, Dampfbad, Whirlpool und Solarium, Sonnendeck mit Whirlpool
Info-/Entertainment	Themenabende, Tanzmusik, Livemusik, Bücherecke, Brettspiele, Folkloredarbietungen (je nach Reiseroute)
Dresscode	sportlich-elegant, zum Kapitänsempfang/-dinner festlich-elegant
Info	Phoenix Reisen GmbH Tel. (0228) 92 60-555 www.PhoenixReisen.com
Preis pro Tag	**€ 67 bis € 208** **Durchschnitt € 141**

PROFIL

Info-/Entertainment	⚓⚓⚓
Sport & Wellness	⚓⚓
Gastronomie	⚓⚓⚓
Landausflüge	⚓⚓⚓
Service	⚓⚓⚓⚓

Unterwegs auf dem Rhein

Heidelberg

Rheinfahrten im Grandhotel-Stil: das jüngste Schiff von Deilmann

Sie verfügt über 56 großzügig geschnittene, mit schönen Möbeln und edlen Stoffen ausgestattete Kabinen. Bis auf vier Kabinen im unteren Deck haben alle französische Balkone, die man über breite Flügeltüren betritt, um die Ausblicke auf die Ufer von Mosel, Rhein oder Schelde zu genießen. Erlesen sind die Speisen, gut sortiert ist die Weinkarte im Restaurant; alle 110 Gäste finden hier in einer Sitzung Platz. Im Wellnessbereich stehen eine Sauna, eine Dampfsauna, eine Saftbar sowie ein Massage- und Kosmetiksalon zur Verfügung, und Golfer gehen zum Putten aufs Sonnendeck. Kurzum: Auch die Heidelberg, das jüngste Flussschiff der Deilmann-Flotte, folgt dem klassischen Grandhotel-Anspruch des Hauses.

Gepflegte Kabinen, freundlicher Service

Fahrgebiete 2007

Die Heidelberg befährt den Rhein auf der Strecke von Basel über Straßburg, Mainz und Köln bis nach Amsterdam sowie die Mosel zwischen Koblenz und Trier. Außerdem werden die Seitenarme des Rheindeltas sowie die Schelde und die Leie in den Niederlanden und Belgien zwischen Rotterdam, Dordrecht, Gent und Antwerpen besucht. Neben klassischen Sieben-Tage-Kreuzfahrten gibt es Themenreisen für Golf- und Gartenfreunde sowie für Radwanderer und Literaturliebhaber.

Ausgewählte Reisen

RHEIN UND MOSEL

Von Basel nach Trier

Vom Dreiländereck bei Basel führt diese Reise ab dem 29.9. durch das Markgräflerland, vorbei an Schwarzwald und Kaiserstuhl. Danach besucht das Schiff die elsässische Metropole Straßburg sowie Karlsruhe und erreicht über den Mittelrhein mit Reichsburg, Rüdesheim und der Loreley schließlich die Moselschleifen mit ihren Rebgärten auf den Schiefersteilhängen zwischen Cochem, Bernkastel und Trier. **7 Tage; ab € 1.450, An- und Abreise-Arrangements auf Anfrage**

NIEDERLANDE UND FLANDERN

Rundreise ab Amsterdam

Im Land der Windmühlen und Deiche besucht die Heidelberg auf neun Reisen zwischen dem 24.3. und dem 8.9. zuerst Amsterdam und Rotterdam sowie die historischen Hafenstädtchen Dordrecht und Middelburg am Ijsselmeer. Danach geht es weiter in die Heimat von Rubens, van Dyck und Brueghel, ins belgische Flandern. Dort werden die von mittelalterlichem Flair und vom einstigen Reichtum großer Kaufmannsfamilien geprägten Städte Antwerpen, Gent und Brügge besucht. **7 Tage; ab € 940, An- und Abreise-Arrangements auf Anfrage**

Weitere Schiffe der Flotte

Siehe die Angaben zur **Mozart**, Seite 242.

DATEN & FAKTEN

BRZ	2.055	**Bordsprache**	Dt., Englisch
Länge	110,00 m	**Kabinen**	56 Außenkabinen, davon 52 mit Balkon
Breite	11,40 m		
Tiefgang	1,60 m	**Passagierdecks**	4
Indienststellung	2004	**Restaurants**	1
Passagiere	max. 110	**Bars**	2
Crew-Mitglieder	44	**Geschwindigkeit**	21 km/h

Sport & Wellness	Spa mit Fitnessraum, Massage, Sauna, Dampfsauna; Putting Green
Info-/Entertainment	Livemusik, abendliche Unterhaltungsprogramme, Bordbibliothek, Gesellschaftsspiele, TV- und Videoempfang
Dresscode	sportlich-leger bis elegant
Info	Peter Deilmann Reederei Neustadt in Holstein Tel. (04561) 396-0 www.deilmann.de
Preis pro Tag	**€ 193 bis € 308** **Durchschnitt € 315**

PROFIL

Info-/Entertainment	⚓⚓⚓
Sport & Wellness	⚓⚓⚓
Gastronomie	⚓⚓⚓⚓
Landausflüge	⚓⚓⚓⚓
Service	⚓⚓⚓⚓⚓

Auf der blauen Donau

Mozart

Gemütlich im Dreivierteltakt über die Donau schweben

Sie schmückt sich mit dem Titel „Königin der Donau". Und das schwimmende Fünf-Sterne-Hotel hält, was es verspricht: Dunkle Holzvertäfelung, blank geputztes Messing, lederne Clubsessel – maritimer könnte es nicht sein. Beim Essen, mittags wie abends, geht unter sechs Gängen nichts; elegante Garderobe ist da Pflicht. In Form bleibt nur, wer zum Tanzen in die Lounge geht. Oder das Schwimmbad, das Rudergerät oder die Sauna im Schiffsbauch nutzt, mit Sicht durchs Panoramaglas. Etwas mehr Wellness wäre das i-Tüpfelchen. Die Shows mit Operetten und Musicals sowie ungarischer Folklore sind offenbar für ein älteres Publikum gemacht, das stilvolles Reisen zu schätzen weiß.

Noble Ausstattung in Lobby und Kabinen

Fahrgebiete 2007

Die Mozart fährt 2007 auf der Donau. 2.230 Stromkilometer dieses faszinierenden Flusses gehören zu ihrem Fahrgebiet. Ihre Routen zwischen Passau und dem Schwarzen Meer führen durch neun Länder, in denen sie die Geschichte von Jahrtausenden streift und auch kaiserlich-königliche Metropolen besucht.

Ausgewählte Reisen

DONAU-KLASSIKER

Von Passau nach Budapest und zurück

In der Dreiflüssestadt mit dem bayerisch-barocken Dom beginnt und endet diese Reise (28 Termine ab dem 25.3.). Sie führt durch die Wachau nach Melk zur tausendjährigen Benediktinerabtei und nach Dürnstein mit der Kuenringerburg. In Wien warten dann Demel und Sacher sowie der Stephansdom und Schloss Schönbrunn, stromabwärts schließlich die Städte Bratislava, Ezstergom und Budapest. **7 Tage; ab € 850 ab/bis Passau**

DONAU STROMAUFWÄRTS

Von Tulcea nach Passau

Am 4.7. beginnt in den Schilflandschaften des Donaudeltas die Reise durch die Dobrudscha und die Walachei zur „Eisernen Pforte", dem 150 Kilometer langen Durchbruchstal zwischen den Südkarpaten und dem serbischen Erzgebirge. Weiter geht es nach Bukarest und über Turnu Severin, Belgrad sowie Budapest zum Donauknie. Es folgen Esztergom, Wien, die Weinberge der Wachau und Melk, ehe schließlich Passau erreicht wird. **11 Tage; ab € 1.690, plus Flug Frankfurt–Tulcea € 400**

Weitere Schiffe der Flotte

Die Donau gehört auch zum Fahrgebiet der **Casanova** (Bj. 2001). Zur Flussflotte der Peter Deilmann Reederei zählen außerdem die **Princesse de Provence** (1992), die **Dresden** (1993), die **Königstein** (1997), die **Katharina von Bora** und die **Cézanne** (1999) sowie die **Frédéric Chopin** (2002). Sie verkehren auf insgesamt zehn europäischen Flüssen.

DATEN & FAKTEN

BRZ	3.203	**Bordsprache**	Dt., Englisch
Länge	120,60 m	**Kabinen**	100 (97 außen, 3 innen) davon 2 Suiten
Breite	22,85 m		
Tiefgang	1,60 m	**Passagierdecks**	4
Indienststellung	1993	**Restaurants**	1
Passagiere	max. 207	**Bars**	2
Crew-Mitglieder	71	**Geschwindigkeit**	20 km/h

Sport & Wellness	Spa mit Innenschwimmbad, Whirlpool, Sauna, Ruheraum
Entertainment	Livemusik, abendliche Unterhaltungsprogramme, Bordbibliothek, Gesellschaftsspiele, TV- und Videoempfang
Dresscode	sportlich-leger bis elegant
Info	Peter Deilmann Reederei Neustadt in Holstein Tel. (04561) 396-0 www.deilmann.de
Preis pro Tag	**€ 160 bis € 470** **Durchschnitt € 315**

PROFIL

Entertainment & Info	⚓⚓⚓
Sport & Wellness	⚓⚓⚓
Gastronomie	⚓⚓⚓⚓
Landausflüge	⚓⚓⚓⚓
Service	⚓⚓⚓⚓⚓

Auf dem Rhein bei Xanten

Prinzessin Katharina

Ein Klassiker für Preisbewusste: Die ehemalige Prinzessin von Preußen fährt ganzjährig, auch im Advent, auf der Donau

Bereits 1990 in Dienst gestellt, ist sie zwar nicht mehr die jüngste – wer aber die Donau zwischen Passau und Budapest zu fairen Preisen erleben möchte, liegt mit diesem Schiff richtig. Die russische Crew, aus der viele zuvor auf der **Maxim Gorki** (S. 124) arbeiteten, ist freundlich, die Atmosphäre familiär. Auf Sport oder Wellness muss man zwar verzichten, auf gute Gastronomie aber nicht. Die Kabinen sind (11 Quadratmeter) zwar nicht groß, verfügen aber zum Teil über französische Balkone. Neben Zweibett- gibt es auch Dreibettkabinen mit ausklappbarem Pullman-Bett. Ein Tipp sind die preiswerten Adventsreisen, bei denen die Weihnachtsmärkte längs der Donau besucht werden.

Alle Kabinen des Schiffs liegen außen

Prinzessin Katharina

Fahrgebiete 2007

Die Prinzessin Katharina verkehrt 2007 auf der Donau. Von April bis Oktober unternimmt sie in regelmäßigen Abständen die klassischen Donaureisen von Passau nach Budapest und zurück. Einen stimmungsvollen Winterauftakt bilden die Adventsreisen von Passau nach Wien im November und im Dezember. Als festlicher Jahresabschluss folgt eine elftägige Weihnachts- und Silvesterkreuzfahrt von Passau nach Budapest.

Ausgewählte Reisen

DONAU KLASSISCH

Von Passau bis Budapest und zurück

Ab Passau geht es durch die Schlögener Schlinge stromabwärts nach Bratislava. Am dritten Tag fährt das Schiff Esztergom und Budapest (bis zum vierten Tag) an. Zurück geht es nach Wien (sechster Tag), weiter über Dürnstein und Melk (siebter Tag) und durch die Wachau wieder nach Passau (achter Tag). **7 Tage; ab € 399, ohne Ausflüge und An-/Abreise**

ADVENT AUF DER DONAU

Von Passau bis Budapest und zurück

Diese Donaukreuzfahrt von/bis Passau dauert wahlweise drei oder vier Tage. Angelaufen werden Wien, Dürnstein, Melk und bei der längeren Variante auch für einen Tag Linz (vor dem Halt in Wien). Neben den schönsten Weihnachtsmärkten entlang der Donau können auch Abendkonzerte besucht werden. **3 Tage ab € 99; 4 Tage ab € 149, ohne Ausflüge und An-/Abreise**

Weitere Schiffe der Flotte

Die Prinzessin Katharina ist eines von über 50 Flussschiffen im Programm von Phoenix Reisen (vgl. **Gloria**, Seite 238), die auf der Donau, der Elbe, der Oder, dem Rhein und seinen Nebenflüssen, in Holland, Belgien, Portugal, Russland/Ukraine, Frankreich, Spanien, Kroatien, China, Vietnam/Kambodscha, Myanmar und Indien sowie auf dem Amazonas und dem Nil (bis zu 18 Schiffe) verkehren.

DATEN & FAKTEN

BRZ	1.000	**Bordsprache**	Deutsch
Länge	110,00 m	**Kabinen**	69 Außenkabinen
Breite	11,20 m		
Tiefgang	1,00 m	**Passagierdecks**	3
Indienststellung	1990	**Restaurants**	1
Passagiere	max. 144	**Bars**	2
Crew-Mitglieder	35	**Geschwindigkeit**	15 km/h

Sport & Wellness	Friseursalon; ansonsten kein Angebot
Info-/Entertainment	Brett- und Kartenspiele, Bücherecke, Abendunterhaltung mit Livemusik, Folkloredarbietungen (je nach Reiseroute)
Dresscode	sportlich-leger, zu besonderen Anlässen (Kapitänsempfang/-dinner) festlich-elegant
Info	Phoenix Reisen GmbH Tel. (0228) 92 60-555 www.PhoenixReisen.com
Preis pro Tag	**€ 33 bis € 143** **Durchschnitt € 126**

PROFIL

Info-/Entertainment	⚓ ⚓ ⚓
Sport & Wellness	
Gastronomie	⚓ ⚓ ⚓
Landausflüge	⚓ ⚓
Service	⚓ ⚓ ⚓

Das erste der beiden Schwesterschiffe

River Cloud

Noblesse oblige: Die River Cloud bietet vollendeten Luxus – das betrifft Service und Ausstattung, aber auch die ausgefallenen Landprogramme

Die **River Cloud** und die etwas kürzere **River Cloud II** sind die edelsten Schiffe auf dem Fluss. Wie bei den Hochseeschwestern **Sea Cloud** und **Sea Cloud II** wurden die besten Materialien verarbeitet. Luxus zwischen Mahagoni und Marmor – eleganter kann man auf Europas Flüssen nicht reisen. Auch in kulinarischer Hinsicht lassen die beiden Schiffe keine Wünsche offen: Auf engstem Raum wird auf Sterneniveau gekocht. Der Service ist perfekt, der Kunde ist nicht König, sondern Kaiser. Das Unterhaltungsprogramm ist eher lautlos, man setzt auf Infotainment mit hochkompetenten Lektoren an Bord. Zu nautischen Fragen gibt der Kapitän gern Auskunft, die Brücke steht den Passagieren offen.

Fahrgebiete 2007

Von ihrem Winterquartier in Köln reist die **River Cloud** zunächst auf der klassischen Rheinroute nach Basel. Anschließend geht es flussabwärts nach Belgien und in die Niederlande. Ab Juni kreuzt die River Cloud auf der Donau – wie zuvor schon das 2001 in Dienst gestellte, mit 88 Passagieren etwas kleinere Schwesterschiff **River Cloud II**. Bis November befahren die beiden Flussyachten hier überwiegend die klassische Strecke von Regensburg über Passau, Wien und Bratislava bis nach Budapest. Einzelne Reisen führen auch nach Rumänien bis zum „Eisernen Tor“ und bis ins Donaudelta.

Kabine der Kategorie A

Die Lounge

DATEN & FAKTEN

BRZ	1.714	**Bordsprache**	Deutsch, Engl.
Länge	110,00 m	**Kabinen**	45, davon 6 Junior-Suiten
Breite	11,40 m		
Tiefgang	1,80 m	**Passagierdecks**	3
Indienststellung	1996	**Restaurants**	1
Passagiere	max. 90	**Bars**	2
Crew-Mitglieder	35	**Geschwindigkeit**	23 km/h

Sport & Wellness	Fitness, Sauna, Putting Green, Schachfeld, Shuffleboard
Info-/Entertainment	Pianomusik in der Lounge, Lektorenvorträge zu den Landausflügen
Dresscode	sportlich-elegant, festlich zu besonderen Anlässen
Info	Sea Cloud Cruises Hamburg Tel. (040) 30 95 92 50 www.seacloud.de
Preis pro Tag	**€ 142 bis € 499** **Durchschnitt ca. € 300**

PROFIL

Info-/Entertainment	⚓⚓⚓
Sport & Wellness	⚓⚓⚓
Gastronomie	⚓⚓⚓⚓⚓
Landausflüge	⚓⚓⚓⚓⚓
Service	⚓⚓⚓⚓⚓

Ausgewählte Reisen

„SCHOKOLADENREISE"

Von Amsterdam nach Arnheim

Eine im Wortsinn süße Flussreise führt mit der River Cloud vom 19. bis zum 26.5. nach Belgien und Holland, beides Länder, die berühmt sind für ihre Pralinen und Schokoladen. Zahlreiche Verkostungen und Einführungen in die Welt der süßen Versuchungen stehen auf dem Programm. Die Route führt von Amsterdam über Dordrecht, Antwerpen und Gent nach Arnheim. **8 Tage, ab € 1.795 ohne Anreise, inkl. Landausflügen**

KULINARISCHE REISE

Von Nürnberg nach Basel

Eine kleine Kochschulung und eine exklusive Einladung in Sternekoch Johann Lafers Restaurant „Stromburg": Dies sind die Höhepunkte einer kulinarischen River-Cloud-Reise von Nürnberg nach Basel vom 30.6. bis zum 7.7. **8 Tage; ab € 1.495 ohne Anreise**

40°

Am Ufer des Ayeyarwady

0°

Road To Mandalay

Vom Rhein zum Ayeyarwady: Im Stil einer längst versunkenen Epoche fährt dieses Schiff durch Myanmar, das alte Burma

Was für eine Karriere: Nach 30 Jahren als Ausflugsdampfer der Köln-Düsseldorfer Rheinflotte und einem aufwendigen Umbau fährt die Road To Mandalay seit 1996 auf einem der magischen Ströme Asiens durch Myanmar, ein Land voller Kontraste und Probleme. Der Name des Schiffs ist einem Gedicht von Rudyard Kipling entliehen, und auch die Ausstattung und der Reisestil erinnern an die Ära des British Empire, die Kipling besungen hat. Die Passagiere sitzen in Korbstühlen auf dem Aussichtsdeck, während Palmen und Pagoden, Alltag und Abenteuer vorbeigleiten. Nirgendwo lassen sich die zeitlose Stille und die große Kultur dieses faszinierenden Landes so komfortabel miteinander verbinden.

40°

Große Fenster – denn es gibt viel zu sehen

Road To Mandalay

Fahrgebiete 2007

Die Road To Mandalay folgt dem im Himalaya entspringenden Ayeyarwady, der Hauptverkehrsader Myanmars (früher: Burma), auf dem Abschnitt zwischen Bagan und Mandalay. Passagiere können komplette Arrangements ab/bis Deutschland buchen oder nur die drei- bis siebentägige Kreuzfahrt bzw. die Bhamo-Kreuzfahrt, die je nach Wunsch auch zwei Übernachtungen in Yangon, Flüge ab Bangkok und Inlandsflüge in Myanmar vom und zum Schiff umfassen.

Der Veranstalter Orient-Express betreibt keine weiteren Schiffe – dafür aber mit dem **Eastern & Oriental Express** einen nostalgischen Luxuszug. Eine Fahrt mit diesem Zug ist die perfekte Ergänzung zu einer Flussreise in Myanmar. Er verkehrt wöchentlich von Singapur nach Bangkok (und umgekehrt) über die malayische Halbinsel, mit Stopps u. a. in Penang, Kuala Lumpur und am River Kwai.

Ausgewählte Reisen

AYEYARWADY

Mandalay-Bagan-Mandalay

Diese Flusskreuzfahrt – Start ist jeweils mittwochs in Mandalay – bietet ein umfassendes Ausflugsprogramm: Neben den auf den Teilstrecken angebotenen Exkursionen nach Mandalay, Sagaing, Bagan und Mingun steht ein beeindruckender Ausflug zum heiligen Ort Mount Popa sowie zur ehemaligen Königsstadt Ava auf dem Programm. **8 Tage; ab € 2.115 ab/bis Mandalay, inkl. Ausflügen**

AYEYARWADY

Zur chinesischen Grenze nach Bhamo

Auch im Jahr 2007 wird die Fahrt von Mandalay ins fast an der chinesischen Grenze gelegene Bhamo und zurück nach Bagan angeboten. Abfahrt ist am 8.8. und am 22.8. sowie am 5.9.2007 (jeweils mittwochs). Diese Reise war anfangs, vor fünf Jahren, noch eine Expeditionsfahrt; inzwischen hat sie sich zur Premium-Kreuzfahrt der Road To Mandalay entwickelt. **12 Tage; ab € 2.000 ab/bis Yangon/Myanmar, inkl. Ausflügen**

DATEN & FAKTEN

BRZ	k. A.	**Bordsprache**	Englisch, Deutsch, Franz., Span., Ital.
Länge	101,60 m	**Kabinen**	56 Außenkabinen
Breite	11,60 m	**Passagierdecks**	4
Tiefgang	1,40 m	**Restaurants**	1
Indienststellung	1995	**Bars**	2
Passagiere	max. 108	**Geschwindigkeit**	20 km/h
Crew-Mitglieder	80		

Sport & Wellness	Swimmingpool, Fitnessbereich, Beauty Spa
Info-/Entertainment	Pianomusik in der Hauptbar, landestypische Darbietungen, z. B. burmesisches Marionettentheater, Tänze und Akrobatik, landeskundliche Vorträge, Bibliothek
Dresscode	leger bis sportlich-elegant
Info	Venice Simplon-Orient-Express Deutschland GmbH, Köln Tel. (0221) 338 03 00 www.orient-express.com
Preis pro Tag	**keine Angaben**

PROFIL

Info-/Entertainment	⚓⚓⚓
Sport & Wellness	⚓⚓
Gastronomie	⚓⚓⚓⚓
Landausflüge	⚓⚓⚓⚓
Service	⚓⚓⚓⚓⚓

Auf der Donau bei Dürnstein

Swiss Corona

Wie auf allen Transocean-Schiffen ist auch auf der Swiss Corona das große Plus der Service. Man kümmert sich gern um die Gäste

Die Swiss Corona ist ein schönes, klassisches Schiff. Die Reisenden sind vor allem Senioren, dementsprechend ist auch das Programm gestaltet: Bingoabende dürfen ebenso wenig fehlen wie die Vormittagsbouillon. Wer das Plätschern des Flusses hören möchte, sollte auf dem Diamantdeck wohnen; dort haben die Kabinen einen französischen Balkon, dessen Türen sich öffnen lassen. Die großen Kabinenfenster auf dem Rubindeck lassen sich ebenfalls öffnen. Außenplätze gibt es auf dem großzügigen Sonnendeck, auf dem man auch im Whirlpool relaxen kann, und auf der kleinen Lidoterrasse mit der Außenbar. Da die Swiss Corona einen Fahrstuhl hat, ist sie auch für behinderte Gäste geeignet.

Fahrgebiete 2007

Die Swiss Corona kreuzt hauptsächlich auf dem Rhein. Zwischen Mai und August befährt sie von Düsseldorf aus die niederländischen Gewässer bis ans Ijsselmeer und folgt dann weiter ihrer Route über Gent, Antwerpen, Rüdesheim und Straßburg bis nach Basel. Von Juni bis Oktober ist sie zumeist auf der Mosel, dem Rhein und dem Main zwischen Trier und Würzburg unterwegs. Die Reisen lassen sich mit Land- und Wanderausflügen sowie mit Landurlauben kombinieren.

Weitere Schiffe der Flotte

Siehe die Angaben zur **Bellevue**, Seite 232.

In der Pianobar

Whirlpool an Deck

Ausgewählte Reisen

RHEIN-MAIN-MOSEL

Von Trier nach Würzburg

In Trier, der ältesten Stadt Deutschlands, startet die Swiss Corona an insgesamt elf Terminen zwischen Juni und Oktober ihre Fahrt nach Würzburg. Unter anderem werden die Weinstädte Cochem und Rüdesheim sowie Aschaffenburg und Marktheidenfeld am Main angesteuert. **7 Tage, ab € 519 ohne Anreise**

NIEDERLANDE & BELGIEN

Flussreise zum Ijsselmeer

In den Grachten Amsterdams beginnt an drei Terminen im Juli und im August die Reise der Swiss Corona nach Enkhuizen am Ijsselmeer. Die nächste Etappe führt über Rotterdam (mit Ausflug nach Den Haag) nach Willemstad. Von dort geht es nach Belgien in die flandrischen Kunststädte Gent und Antwerpen. **8 Tage; ab € 759 ohne Anreise**

DATEN & FAKTEN

BRZ	k. A.	**Bordsprache**	Deutsch
Länge	110,00 m	**Kabinen**	75 Außenkabinen (32 mit Balkon, 6 Suiten)
Breite	11,40 m	**Passagierdecks**	3
Tiefgang	1,35 m	**Restaurants**	1
Indienststellung	2004	**Bars**	2
Passagiere	max. 150	**Geschwindigkeit**	23 km/h
Crew-Mitglieder	31		

Sport & Wellness	Sonnendeck mit Whirlpool, Wellnessbereich mit Lichtsauna, Dampfbad und Solarium
Info-/Entertainment	Livemusik, Crew-Show, Vortrage
Dresscode	sportlich-leger, festlich zum Kapitänsempfang
Info	Transocean Tours Bremen Tel. (0421) 33 36-182 www.transocean.de
Preis pro Tag	**€ 87 bis € 209** **Durchschnitt € 183**

PROFIL

Info-/Entertainment	⚓⚓⚓
Sport & Wellness	⚓⚓⚓
Gastronomie	⚓⚓⚓
Landausflüge	⚓⚓⚓⚓
Service	⚓⚓⚓⚓

Auf dem Yangzi bei Chongqing

Victoria Anna

Neuer Luxus in altem Gewässer: Das Flaggschiff der Victoria Cruises befährt seit Anfang des Jahres Chinas längsten Fluss

Puren Komfort bietet die Victoria Anna ihren bis zu 308 Fahrgästen seit Frühjahr 2006 auf dem Yangzi. Sie ist das größte und neueste Schiff der Victoria Cruises – und das größte und neueste des gesamten Flusses. Jede Kabine verfügt über einen eigenen Außenbalkon, ein eigenes Bad mit Dusche und Badewanne, eine Klimaanlage sowie einen Fernseher mit englischsprachigen Programmen wie BBC und HBO. Wer auf die Kommunikation mit der Heimat nicht verzichten möchte, für den gibt es im bordeigenen Business-Center einen Internetzugang. Ferner befinden sich auf dem Schiff eine Bibliothek, ein kleiner Fitnessbereich, ein Souvenirladen sowie ein Schönheitssalon.

Opulent möbliert: die 22 Suiten

Fahrgebiete 2007

Die Victoria Anna ist im Jahr 2007 ausschließlich auf dem Yangzi in China im Einsatz. Sie befährt von Ende März bis November den klassischen Abschnitt zwischen Yichang und Chongqing mit dem Drei-Schluchten-Staudamm in beiden Richtungen (jeweils vier oder fünf Tage). Alle Fahrten lassen sich mit unterschiedlichen Ausflügen sowie Vor- und Nachprogrammen (z. B. Shanghai) kombinieren.

Ausgewählte Reisen

YANGZI FLUSSABWÄRTS

Von Chongqing nach Yichang

Jeweils dienstags bricht die Victoria Anna in Chongqing auf, mittwochs steht ein Ausflug nach Shibaozhai auf dem Programm. Donnerstags werden die drei Schluchten des Yangzi durchfahren, mit Abstechern in die Seitenarme. Freitags wird der weltgrößte Staudamm besichtigt, bevor das Schiff gegen Mittag Yichang erreicht. **4 Tage; ab € 610, ohne Ausflüge und An-/Abreise**

YANGZI FLUSSAUFWÄRTS

Von Yichang nach Chongqing

Freitags fährt die Victoria Anna in Yichang ab und erreicht samstags den weltgrößten Staudamm; von dort weiter durch drei Yangzi-Schluchten. Sonntags folgen Exkursionen auf dem Shennong-Fluss, montags in die Tempelstadt Fengdu. Ankunft und Ausschiffung: dienstagmorgens in Chongqing. **5 Tage; ab € 610, ohne Ausflüge, An-/Abreise**

Weitere Schiffe der Flotte

Baugleich mit der Victoria Anna ist die **Victoria Katarina** (Baujahr 2004; 266 Gäste). Zur Flotte gehören außerdem die **Victoria Empress** (Bj. 1996; 198 Gäste), die **Victoria Prince** (Bj. 1994; 206 Gäste), die **Victoria Queen** (Bj. 1995; 206 Gäste) und die **Victoria Rose** (Bj. 1992; 130 Gäste). Alle Schiffe verkehren auf dem Yangzi, sowohl auf dem klassischen Abschnitt zwischen Yichang und Chongqing als auch ab Shanghai.

DATEN & FAKTEN

BRZ	6.200	**Bordsprache**	Englisch
Länge	106,00 m	**Kabinen**	154 Außenkabinen m. Balkon, davon 22 Suiten
Breite	16,60 m		
Tiefgang	2,60 m	**Passagierdecks**	5
Indienststellung	2006	**Restaurants**	2
Passagiere	max. 308	**Bars**	2
Crew-Mitglieder	138	**Geschwindigkeit**	28 km/h

Sport& Wellness	Fitnessraum, Massage
Info-/Entertainment	Vorträge über China, Show mit regionalen Trachten, Karaoke, Tanz
Dresscode	ungezwungen
Info	Victoria Cruises Inc., New York Tel. +1 212 818-16 80 www.victoriacruises.de
Buchung	Im Reisebüro oder über GeBeCo (www.gebeco.de), Ikarus Tours (www.ikarus.com), Studiosus (www.studiosus.com) u. v. a.
Preis pro Tag	**€ 121 bis € 335,60** **Durchschnitt € 228**

PROFIL

Info-/Entertainment	⚓⚓⚓
Sport & Wellness	⚓⚓
Gastronomie	⚓⚓⚓⚓
Landausflüge	⚓⚓⚓⚓
Service	⚓⚓⚓⚓

Das längste Passagierschiff auf dem Rhein

Viking Helvetia

Rhein-Gigant mit Herz – auf ein Fitnesscenter wird in Anbetracht der kulturinteressierten „50plus"-Klientel bewusst verzichtet

Die Viking Helvetia ist das längste Schiff, das den Rhein zwischen Amsterdam und Basel befährt. Ihr zweistöckiges Foyer ist verschwenderisch großzügig und in skandinavischen Holzfarben sowie mit echtem Teppich ausgestattet. Auch die Lounge präsentiert sich in hellen Farben – ein Hauch von Retroschick erinnert an die 50er – und hat große Panoramafenster. Vor der Lounge gibt es eine Kaffee- und Teestation, die schnell zum Treffpunkt für ein Schwätzchen wird; mittags avanciert sie zum Light-Lunch-Buffet. Achtern befindet sich eine Bibliothek, in der man allerdings während der Fahrt Vibrationen spürt. Die Kabinen sind klassisch ausgestattet, mit Doppelbett, Nasszelle und TV-Gerät. Das Essen ist erstklassig.

Die Außenkabinen haben große Fenster

Viking Helvetia

Fahrgebiete 2007

Die Viking Helvetia ist ausschließlich auf dem Rhein im Einsatz. Sie fährt von März bis November zwischen Amsterdam und Basel in beiden Richtungen (jeweils acht Tage) und an ausgewählten Terminen zusätzlich auf der kürzeren Strecke zwischen Basel und Düsseldorf (vier bzw. fünf Tage). Auf allen Fahrten besteht die Möglichkeit, zwischen klassischen und alternativen Ausflügen zu wählen. Sämtliche Reisen lassen sich mit Vor- und Nachprogrammen (Amsterdam, Basel) kombinieren.

Ausgewählte Reisen

RHEIN FLUSSABWÄRTS

Von Basel nach Amsterdam

Die Fahrt beginnt in Basel, am zweiten Tag wird Straßburg besucht. Anschließend geht es weiter nach Speyer mit Ausflugsmöglichkeiten nach Heidelberg und Worms. Die nächsten Landausflüge finden in Rüdesheim, Braubach und Koblenz statt. Am fünften Tag wird Köln besichtigt, bevor das Schiff Düsseldorf erreicht. Die letzten Etappen sind Arnheim und Amsterdam. **8 Tage; ab € 890, ohne Ausflüge und An-/Abreise**

RHEIN FLUSSAUFWÄRTS

Von Düsseldorf nach Basel

Die Fahrt beginnt in Düsseldorf, am zweiten Tag steht ein Stadtrundgang in Köln auf dem Programm. Abends folgt eine Moselweinprobe in Koblenz, ehe die Panoramafahrt durch das Mittelrheintal beginnt. Am dritten Tag kann man von Nierstein aus wahlweise Heidelberg oder Worms besuchen. Danach geht es weiter nach Straßburg, bevor das Schiff am letzten Tag Basel erreicht. **5 Tage; ab € 540, ohne Ausflüge und An-/Abreise**

Weitere Schiffe der Flotte

Zur europäischen Viking-Flotte gehören zehn Schiffe, die Platz für 130 (**Mövenpick Royal Lotus**, Bj. 2005) bis 306 Passagiere bieten (**Viking Century Sun**, Bj. 2004). Die Helvetia ist das jüngste Schiff von Viking.

DATEN & FAKTEN

BRZ	1.555	**Bordsprache**	Deutsch
Länge	131,80 m	**Kabinen**	99 Außenkabinen
Breite	11,40 m	**Passagierdecks**	4
Tiefgang	1,70 m	**Restaurants**	1
Indienststellung	2006	**Bars**	1
Passagiere	max. 198	**Geschwindigkeit**	22 km/h
Crew-Mitglieder	44		

Sport & Wellness	kein spezielles Sportangebot, stattdessen lockere Frühgymnastik
Info-/Entertainment	Vorträge über Land und Leute, tägliche musikalische Unterhaltung, verschiedenste abendliche Shows
Dresscode	leger, kein Garderobenzwang
Info	Viking Flusskreuzfahrten GmbH Köln, Tel. (0221) 25 86-209 www.vikingrivercruises.de
Preis pro Tag	**€ 89 bis € 248 Durchschnitt ca. € 200**

PROFIL

Info-/Entertainment	⚓⚓
Sport & Wellness	⚓
Gastronomie	⚓⚓⚓⚓
Landausflüge	⚓⚓⚓⚓
Service	⚓⚓⚓⚓

Die blaue Donau

Kein Fluss hat so viele Anrainerstaaten: Von ihrer Quelle im Schwarzwald bis ans Schwarze Meer durchquert sie zehn Länder

Nach der Wolga ist die Donau mit 2.888 Kilometern der zweitlängste Strom Europas. Anders als bei anderen Flüssen werden die Stromkilometer hier von der Mündung bis zur Quelle gezählt, also von „Null" im Delta am Schwarzen Meer bis zu Kilometer 2.888 bei der Breg-Quelle im Schwarzwald. Durch den Main-Donau-Kanal ist der Fluss seit 1992 auch mit dem Rhein verbunden, so dass manche Schiffe die Reviere wechseln können. Einige der derzeit 120 Donauschiffe fahren bis ins Delta ans Schwarze Meer, die klassische Strecke aber ist der Abschnitt zwischen Passau und Budapest. Ausgangspunkt ist in der Regel das bayerische Passau. Wegen der guten Fluganbindung wird aber auch Wien immer öfter zum Startpunkt einer Donaureise. Die übliche Reisezeit ist von Mai bis Mitte Oktober; stimmungsvoll sind aber auch Advents- und Weihnachtsreisen.

In der Wachau

★ HÖHEPUNKTE

Passau, die Dreiflüssestadt an Donau, Inn und Ilz, ist mehr als nur ein An- und Abreisehafen. Die gut erhaltene Altstadt wird überragt vom Dom St. Stephan mit Europas größter Orgel. Aufgrund der Engpässe an den Kaimauern wurde in Lindau vor den Toren der Stadt ein neuer Anleger gebaut. Leider sind es von dort vier Kilometer bis in die Innenstadt.

Zwischen Linz und Wien „frisst" sich der Strom auf einer Länge von 30 Kilometern durch die **Wachau**, den landschaftlich schönsten Flussabschnitt. Er beginnt kurz hinter der Stadt **Melk** mit ihrer berühmten Stiftskirche; malerisch ist auch das Weinstädtchen **Dürnstein** (UNESCO-Welterbe). In **Wien** hält man etwas außerhalb am Anleger Nußdorf oder am zentraleren Handelskai. Von dort lässt sich Wien gut auf eigene Faust erkunden. Wenn das Schiff über Nacht bleibt, gibt es meist einen abendlichen Heurigen-Ausflug nach Grinzing.

Bratislava, Hauptstadt der Slowakei, ist für viele die Überraschung. Das ehemalige Pressburg hat seine Altstadt bestens restauriert. Beliebte Treffpunkte sind der Hauptplatz und die abzweigenden Gassen mit ihren Bars und Cafés. Vom Anleger kommt man zu Fuß in wenigen Minuten in die Altstadt.

Höhepunkte in Ungarn sind die nachts angestrahlte Basilika von **Esztergom** und das Donauknie bei Visegrád. In **Budapest** legen die Schiffe auf der Pester Seite an. Von dort sind es nur wenige Minuten in die Fußgängerzone Váci Utca. Lohnend ist auch der Besuch im Gellert-Bad auf der anderen Seite der Donau. Stadtrundfahrten sind zu empfehlen, da vor allem der Stadtteil Buda sehr hügelig ist.

Bratislava

Budapest

Rheinterrassen in Düsseldorf

Vater Rhein

Die Loreley kämmt ihr goldenes Haar, und auf dem Flussgrund ruht der Nibelungenschatz: Der „deutscheste" aller Flüsse ist der Rhein

Mit 1.320 Kilometern Länge ist der Rhein der größte deutsche und der verkehrsreichste europäische Strom. Alte Städte wie Basel, Strasbourg, Mainz und Köln säumen seine Ufer, und an den Hängen, vor allem an denen der pittoresken Nebenflüsse (Ahr, Nahe, Mosel), gedeiht der Wein, den der römische Soldatenkaiser Probus hier schon um 300 nach Christus heimisch machte. Dieses romantische Ambiente mag an Orten wie der Rüdesheimer Drosselgasse ein wenig überstrapaziert wirken – nicht nur deutsche Kreuzfahrtgäste, sondern auch Amerikaner, Engländer oder Japaner lieben es. Objektiv betrachtet sind der Mittelrhein mit seinen auf schroffen Felsen thronenden Burgruinen oder die Mosel mit ihren dramatischen Flussscheifen und schmucken Winzerdörfern aber schon etwas Besonderes. Dass man am besten im Herbst reist, zur Zeit der Weinfeste, versteht sich von selbst.

Mosel bei Bernkastel

Rhein

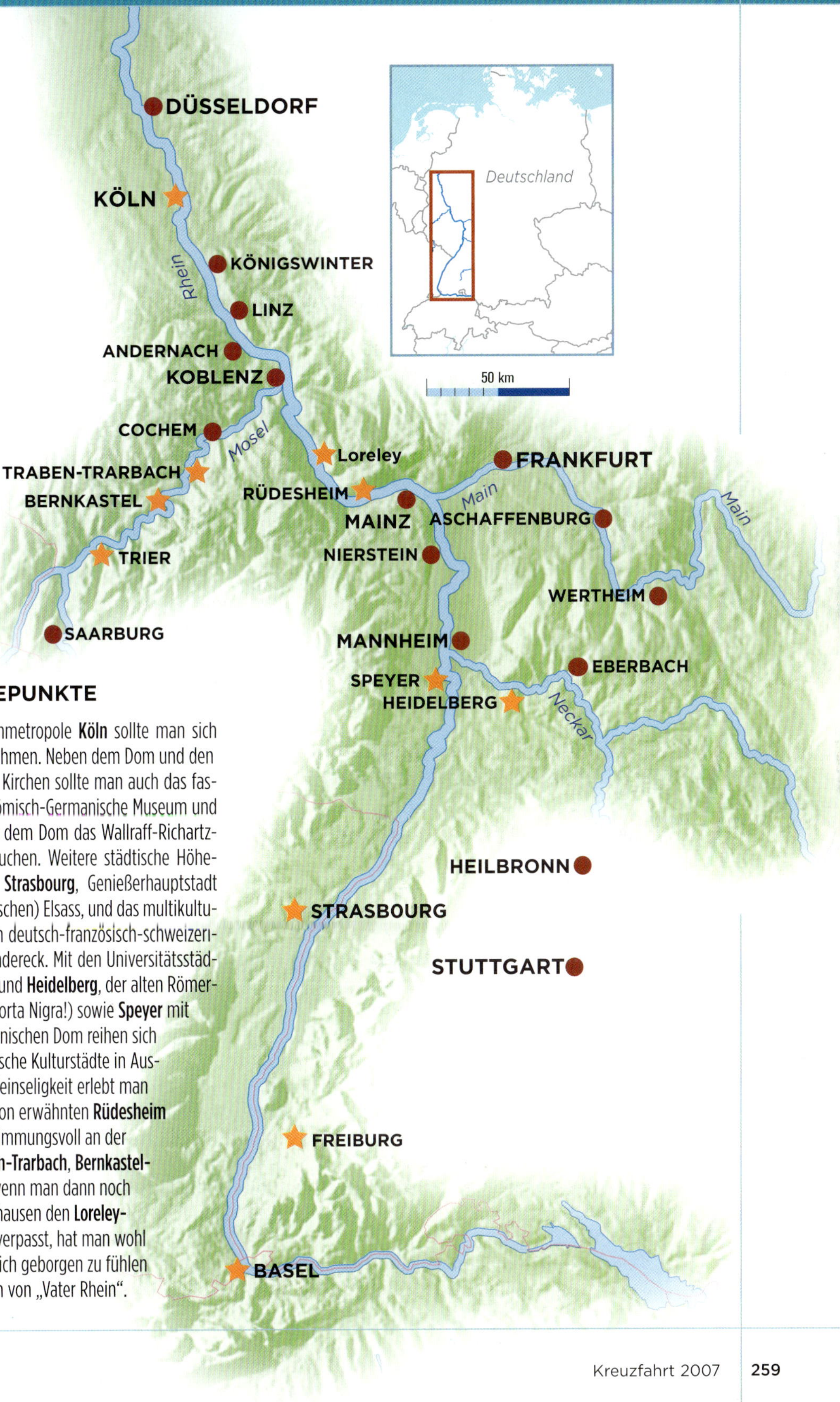

★ HÖHEPUNKTE

Für die Rheinmetropole **Köln** sollte man sich etwas Zeit nehmen. Neben dem Dom und den romanischen Kirchen sollte man auch das faszinierende Römisch-Germanische Museum und gleich neben dem Dom das Wallraff-Richartz-Museum besuchen. Weitere städtische Höhepunkte sind **Strasbourg**, Genießerhauptstadt des (französischen) Elsass, und das multikulturelle **Basel** im deutsch-französisch-schweizerischen Dreiländereck. Mit den Universitätsstädten **Freiburg** und **Heidelberg**, der alten Römerstadt **Trier** (Porta Nigra!) sowie **Speyer** mit seinem romanischen Dom reihen sich zudem klassische Kulturstädte in Ausflugsnähe. Weinseligkeit erlebt man außer im schon erwähnten **Rüdesheim** besonders stimmungsvoll an der Mosel (**Traben-Trarbach**, **Bernkastel-Kues**). Und wenn man dann noch bei St. Goarshausen den **Loreley-Felsen** nicht verpasst, hat man wohl alles Recht, sich geborgen zu fühlen in den Armen von „Vater Rhein".

Im Elbsandsteingebirge; der Hradschin in Prag

Von Hamburg abwärts

Für Seefahrer endet die Reise in Hamburg – Flussfahrer starten hier erst. Über Meißen und Dresden führt ihr Weg bis nach Prag

Seit Jahrhunderten zählt der große Strom zu den wichtigen Verkehrsadern Mitteleuropas. Einzig in den Jahrzehnten der deutschen Teilung war es ruhiger um ihn: Wo er Grenzfluss war, erlaubte man es ihm, in die Auen überzufließen – so konnte der Naturpark Elbtalaue entstehen, der sich heute von Hitzacker bis Bleckede erstreckt. Die Zeiten, in denen sich Ost und West gegenseitig die Schuld für die Verschmutzung des Flusses zuwiesen, scheinen vorbei zu sein. An manchen Stellen hat die Elbe heute fast Trinkwasserqualität. Früher tummelten sich in ihren Fluten sogar Lachse – und bald, so meinen Experten, kann man dort wieder welche aussetzen.

Der Fluss, der auf Tschechisch „Labe" heißt, entspringt im südlichen Riesengebirge. Er hat eine Länge von 1.165 Kilometern, von denen 940 schiffbar sind – zur Freude der Flussreisenden, die vor allem die schönsten Abschnitte zwischen Prag und Meißen befahren wie zu Zeiten Augusts des Starken. Der Kurfürst von Sachsen liebte den Strom und erbaute an seinem Ufer Dresden, das barocke „Elbflorenz". Es ist, neben dem „goldenen" Prag am unteren und der Hansestadt Hamburg am oberen Ende des Stroms, das sehenswerteste Etappenziel auf der Elbe. Und natürlich neben Potsdam und Berlin, die von der Elbe aus über die Havel angesteuert werden können.

★ HÖHEPUNKTE

Hamburg, das „Tor zur Welt", hat viel zu bieten: Opern und Musicals, den Michel, den Hafen ... und die neue HafenCity, die mit der historischen Speicherstadt um die Gunst des Publikums konkurriert. Viel neuen Glanz hat **Dresden** erhalten – mit der restaurierten Semperoper, der wiedererrichteten Frauenkirche und dem wiedereröffneten Grünen Gewölbe des Zwingers mit seinen überwältigenden Kunstschätzen. Auch **Meißen**, die „Wiege Sachsens", sollte keiner auslassen. In der Talstraße gilt es, die Porzellanmanufaktur zu besuchen; die Exponate sind atemberaubend. Landschaftserlebnisse bieten das **Elbsandsteingebirge** und – in kultivierter Form – der **Wörlitzer Park** bei Wittenberg. Krönender Abschluss ist **Prag**. Schon von fern sieht man den Hradschin, die Prager Burg. In der Altstadt wandelt man auf den Spuren Franz Kafkas. Und in der Bierschwemme „U Kalicha" begegnet man noch heute dem Geist des braven Soldaten Schwejk.

Lyon: Stadt an zwei Flüssen

Auf Rhône und Saône

Auf der Donau fahren zehnmal so viele Schiffe. Dennoch sind Frankreichs schönste Flüsse schon lange kein Geheimtipp mehr

Die Rhône entspringt in der Schweiz am Fuß des St. Gotthard, fließt durch den Genfer See und erreicht bei Pougny Frankreich. Nach 812 Kilometern mündet sie in einem Delta südlich von Arles ins Mittelmeer. Flussschiffe befahren die Rhône in der Regel ab Lyon, Frankreichs drittgrößter Stadt, bei der auch die aus den Vogesen kommende Saône in die Rhône mündet. Beide Flüsse waren von der Antike bis zum 19. Jahrhundert viel befahrene Handelswege; von 1855 bis 1905 wurde die Rhône zwischen Lyon und dem Mittelmeer sogar künstlich begradigt. Die Zahl der hier verkehrenden Passagierschiffe macht gerade einmal ein Zehntel der Flotte aus, die auf der Donau fährt. Sie passieren auf der Saône drei und auf der Rhône zwölf Schleusen; die mit 23 Metern höchste ist die Schleuse Bollène. Bekannt ist das Rhônetal als „Einflugschneise" für den Mistral. Der „Schönwetterwind" weht von Norden durch das Flusstal über die Provence bis hinab zum Mittelmeer, bei blauem und wolkenlosem Himmel. Neben dem Frühjahr und dem Sommer ist der Herbst als Reisezeit zu empfehlen – die Zeit der Weinlese.

Arles – und das Blau der Provence

★ HÖHEPUNKTE

In **Lyon,** Ausgangspunkt der meisten Reisen, lohnt sich besonders das Altstadtviertel Vieux-Lyon unterhalb des Fourvière-Hügels für Ausflüge auf eigene Faust. Seine aufwendig restaurierten Renaissance-Häuser gehören zum Weltkulturerbe der UNESCO. Eines der beliebtesten Ausflugsziele Frankreichs ist die ehemalige Papstresidenz in **Avignon**. Berühmt geworden durch die besungene St-Bénézet-Brücke („Sur le pont d'Avignon ..."), versprüht die Stadt trotz der vielen Touristen mittelalterlichen Charme. Reste einer 4,3 Kilometer langen Mauer umgeben die Altstadt. Eine Entdeckung dürfte für viele Reisende **Arles** sein. Der kulturelle Mittelpunkt dort ist eine römische Arena, deren Ursprünge auf das Jahr 90 nach Christus zurückgehen und vor deren prächtiger Kulisse Stierkämpfe stattfinden – sowohl spanische als auch die „unblutigen" aus der Camargue, jener Naturlandschaft im Mündungsdelta, die für ihre wilden weißen Pferde berühmt ist. Der interessanteste Ort an der Saône ist das idyllische Städtchen **Chalon-sur-Saône.** Der im Mittelalter bedeutende Handelsplatz versprüht noch heute ein besonderes Flair, speziell am Marktplatz, der Place St-Vincent.

Wunder aus Holz: Insel Kischi

Russlands Seele

In Moskau schlägt Russlands Herz, in St. Petersburg lebt seine Seele. Eine Reise auf Seen, Flüssen und Kanälen verbindet beides miteinander

Schon Peter der Große träumte von einem Wasserweg zwischen Moskau und St. Petersburg. Doch erst im 20. Jahrhundert wurde die Passage von der Wolga zur Newa dank des Moskau-Wolga-Kanals und des Wolga-Baltik-Kanals möglich. Auf dieser Route, zu der auch die Fahrt über die beiden größten Binnengewässer Europas gehört (Ladogasee und Onegasee), verkehrt heute eine ganze Flotte komfortabler Schiffe der mittleren bis gehobenen Kategorie. Sie werden von russischen Reedereien betrieben (einige von ihnen sind einstige Rhein- oder Donaudampfer) und von Veranstaltern wie Nicko Tours, Phoenix, Viking oder Transocean gechartert. Die Passage wird in beiden Richtungen angeboten, meist ergänzt durch ausführliche Vor- und Nachprogramme in den beiden Metropolen sowie mit zusätzlichen Ausflügen, etwa zum Kloster Zagorsk bei Moskau oder zur alten Hansestadt Nowgorod von St. Petersburg aus. – Die beste Reisezeit beginnt Ende Mai. Bei Wetterglück schön ist auch der Herbst bis Mitte Oktober.

★ HÖHEPUNKTE

Moskau, mit zehn Millionen Einwohnern Europas größte Stadt, ist eine Weltmetropole im Wandel und ein gewaltiges Museum zugleich. Der Rote Platz mit der Basiliuskathedrale, der Kreml, das Kaufhaus GUM und eine Fahrt mit der Metro gehören bei einem Besuch zum Mindestprogramm. Ein Highlight ist der Ausflug zum Dreifaltigkeitskloster **Zagorsk** in Sergijew Possad, dem wichtigsten Kloster der russisch-orthodoxen Kirche. Zum „Goldenen Ring" altrussischer Städte um Moskau zählen **Uglitsch** und **Jaroslawl** an der Wolga; beide bieten prachtvolle Klosterbauten und schöne Altstadtbilder. Naturerlebnisse prägen die Reise durch die endlose Seenlandschaft Kareliens; besonders beeindruckend ist die Fahrt auf dem schmalen Fluss **Svir** durch unberührtes Land. Und auf keiner Passage sollte die Insel **Kischi** fehlen, das „Juwel im Onegasee": Dort befindet sich ein zum UNESCO-Welterbe zählendes Freilichtmuseum mit faszinierenden Schindelholzkirchen inmitten des Sees. – Zu **St. Petersburg** siehe Seite 183.

Die Basiliuskathedrale in Moskau

Nilschiff bei Luxor

Lebensader Afrikas

Fast das gesamte Leben in Ägypten spielt sich an den Ufern des Nils ab. Kaum ein Strom ist deshalb für Flussreisen besser geeignet

Mit 6.671 Kilometern ist er Afrikas längster Strom, und an seinen Ufern reihen sich die Zeugnisse einer fünf Jahrtausende alten Kultur. In entsprechender Stärke präsentiert sich die Flotte, die die Lebensader Afrikas befährt: Rund 250 Flussschiffe verkehren derzeit auf dem Nil. Nicht selten liegen an den Anlegern so viele Schiffe nebeneinander, dass man sein eigenes nur erreicht, indem man die Decks mehrerer anderer Schiffe überquert.

Seit Sommer 2006 kann der Nil auch zwischen Kairo und Luxor befahren werden, doch die klassische Route ist und bleibt die Strecke von Luxor bis Assuan im Süden Ägyptens. In fünf bis sieben Tagen werden die Attraktionen dieses Flussabschnitts erkundet. Vorprogramme in Kairo (mit Gizeh, oft auch Sakkara und Memphis) sowie ein Ausflug nach Abu Simbel (280 km südlich von Assuan) werden von den meisten Veranstaltern ebenso angeboten wie ein anschließender Badeaufenthalt am Roten Meer.

Beste Reisezeit: Ägypten ist ganzjährig bereisbar, doch im Sommer sehr heiß. Angenehmer sind die Monate von Oktober bis März.

Gizeh (o.) und Abu Simbel

★ HÖHEPUNKTE

Für **Kairo**, die größte Stadt Afrikas, braucht man Zeit – und für das Chaos des Verkehrs und der Basare dort gute Nerven. Doch das Ägyptische Museum muss man gesehen haben, wenn man die Kultur der Pharaonen verstehen will. Und die Sphinx und die Pyramiden von **Gizeh** an Kairos Stadtrand sowieso: Ohne sie ist eine Ägypten-Reise ihren Namen nicht wert.

Dann die Schiffsreise ab Luxor (meist per Inlandsflug angesteuert): Hier steht gleich zu Beginn mit den Tempeln von **Luxor** und **Karnak** sowie dem **Tal der Könige** und dem Hatschepsut-Tempel in Theben-West Weltkultur auf dem Programm. Das gilt auch für **Assuan**, die Stadt am Nasser-Stausee, die neben imposanten Altertümern auch ein reizvolles Stadtbild bietet – durchaus ein Tipp für ein paar Tage Anschlussaufenthalt. Nicht versäumen sollte man auch **Abu Simbel**: Der Tempel wurde in den 1960er Jahren, als der Stausee geflutet wurde, in 1.036 Einzelteile zerlegt und 180 Meter landeinwärts sowie 64 Meter höher wieder aufgebaut.

Tagesausflug auf dem Daning-Fluss

Schleusenmanöver

Der lange Fluss

Schluchten, Geisterstädte und Staudämme – entlang des Yangzi-Flusses sind Attraktionen aus zwei Jahrtausenden zu bestaunen

Den Chang Jiang (Langer Fluss), wie die Chinesen den Yangzi üblicherweise nennen, besucht man am besten von Mitte März bis Juni oder von Anfang September bis Ende Oktober. Dann sind Temperaturen und Luftfeuchtigkeit entlang des 6.300 Kilometer langen Flusses am erträglichsten. Dies ist gerade bei den Ausflügen nach Fengdu oder an den Drei-Schluchten-Staudamm ein wichtiger Punkt. Mehr als 30 Kreuzfahrtschiffe befahren derzeit den Yangzi. Angeboten werden in der Regel zwei Routen, von denen die kurze von Yichang nach Chongqing (oder umgekehrt) führt und die längere von Chongqing nach Shanghai (oder umgekehrt). Wichtig für China-Besuche: Ausländer benötigen ein Visum!

Neu und nobel: die Victoria Anna

Eingang zur Hexenschlucht

★ HÖHEPUNKTE

In Deutschland ist **Chongqing** kaum bekannt, in China gehört die 800 Jahre alte Bergstadt mit ihrem Einzugsgebiet von über 30 Millionen Menschen zu den größten des Landes. Weniger quirlig, dafür aber mystisch ist die Geisterstadt **Fengdu** mit ihrem 1.600 Jahre alten Tempel des Höllenkönigs. Als Perle des Yangzi gilt die in den Fels gebaute zwölfstöckige Holzpagode von **Shibaozhai**, der „Edelsteinfestung" am Südufer. Mit über 2.300 Metern Länge und 185 Metern Höhe ist der **Drei-Schluchten-Staudamm** das größte Wasserkraftwerk der Welt. Rund 1,3 Millionen Menschen mussten im Zuge seines Baus umgesiedelt werden, über 30 Milliarden Euro soll das Projekt gekostet haben.

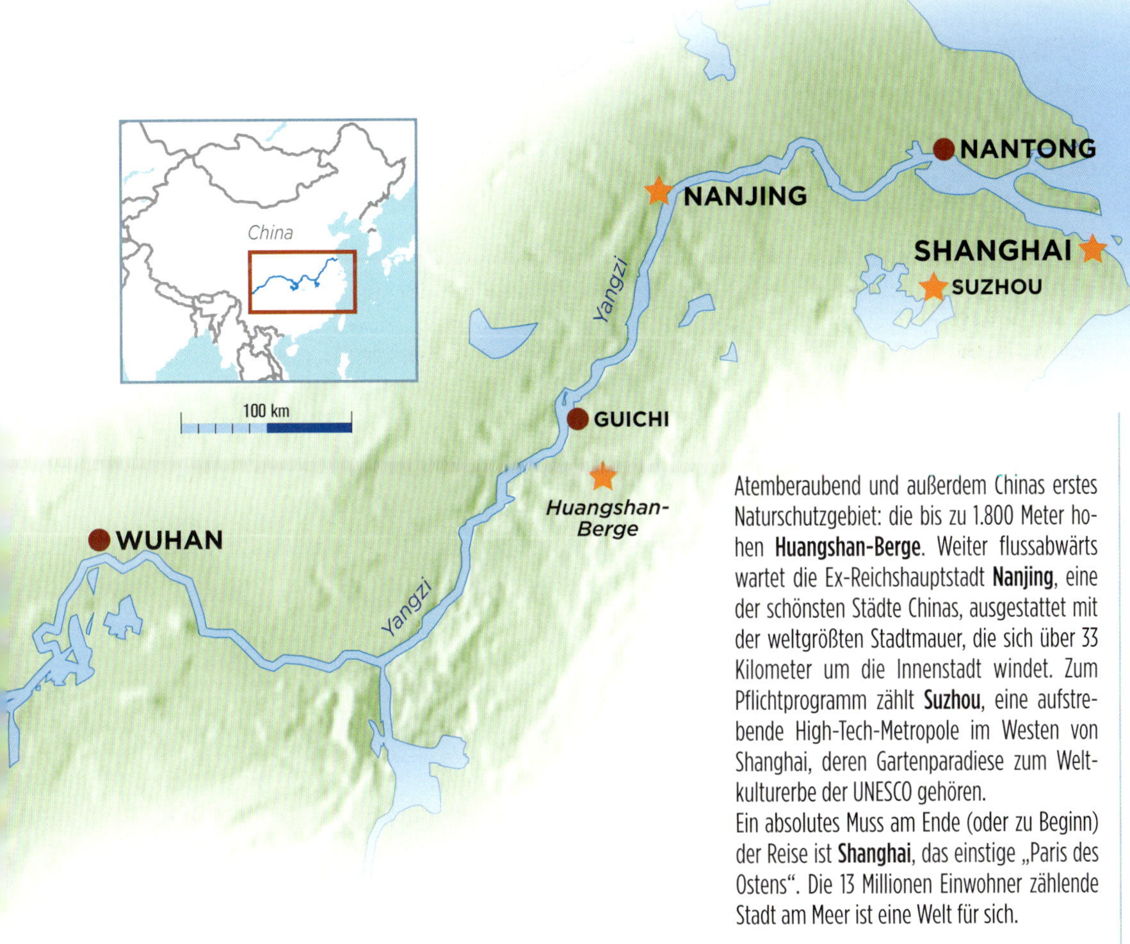

Atemberaubend und außerdem Chinas erstes Naturschutzgebiet: die bis zu 1.800 Meter hohen **Huangshan-Berge**. Weiter flussabwärts wartet die Ex-Reichshauptstadt **Nanjing**, eine der schönsten Städte Chinas, ausgestattet mit der weltgrößten Stadtmauer, die sich über 33 Kilometer um die Innenstadt windet. Zum Pflichtprogramm zählt **Suzhou**, eine aufstrebende High-Tech-Metropole im Westen von Shanghai, deren Gartenparadiese zum Weltkulturerbe der UNESCO gehören.
Ein absolutes Muss am Ende (oder zu Beginn) der Reise ist **Shanghai**, das einstige „Paris des Ostens". Die 13 Millionen Einwohner zählende Stadt am Meer ist eine Welt für sich.

Adressen

Reiseveranstalter

Einige der großen Reiseveranstalter haben eigene Kreuzfahrtprogramme, zum Teil mit speziellen Katalogen. Sie haben immer mehrere Schiffe verschiedener Reedereien im Programm und bieten auf ihren Internetseiten gute Erstinformationen sowie zum Teil auch Buchungs- und Katalogbestellservices.

Air-Maritime Seereisen
Friedenstr. 32, 81671 München
Tel. 01805 38 42 20
Fax (089) 25 25 53 01
www.air-maritime.de

Airtours International
Service Center Bremen
Otto-Lilienthal-Str. 17
28199 Bremen
Tel. 01805 98 82 88
Fax 01805 98 82 89
www.airtours.de

Aviation & Tourism International
Wasserloser Str. 3a
63755 Alzenau
Tel. (06023) 91 71 50
Fax (06131) 88 25 51
www.atiworld.de

DER Reisebüro
Tel. 01804 32 03 20
www.der.de

Gebeco Reisen
Holzkoppelweg 19, 24118 Kiel
Tel. (0431) 54 46-0
Fax (0431) 54 46-111
www.gebeco.de

Kuoni Reisen AG
Neue Hard 7, CH-8010 Zürich
Tel. +41 (0)44 277 41 00
Fax +41 (0)44 277 41 85
www.kuoni.ch

Mare Reisen
Schlachte 32, 28195 Bremen
Tel. (0421) 16 21 62
Fax (0421) 162 16 66
www.mare-reisen.de

SeaTravel HAM
House of Cruises
Bergstedter Chaussee 104
22395 Hamburg
Tel. (040) 37 41 23 55
Fax (040) 37 41 23 67
www.seatravel.de

Studiosus Reisen
Riesstr. 25
80992 München
Tel. (089) 500 60-0
Fax (089) 500 60-100
www.studiosus.com

Thomas Cook
Zimmersmühlenweg 55
61440 Oberursel
Tel. 01803 60 70 90
Fax (06171) 65 21 25
www.thomascook.de

UC Unlimited Cruises
Verdener Str. 2
27243 Harpstedt
Tel. (04244) 96 62 59
Fax (04244) 96 57 09
www.unlimited-cruises.com

Vista Travel
Am Sandtorkai 77
20457 Hamburg
Tel. (040) 30 97 98 40
Fax (040) 30 97 98 41

Vivamare Urlaubsreisen
Hauptstr. 19
82402 Seeshaupt
Tel. (08801) 90 65 0
Fax (08801) 90 64 44
www.vivamare.de

Windrose
Neue Grünstr. 28, 10179 Berlin
Tel. (030) 20 17 21-0
Fax (030) 20 17 21-17
www.windrose.de

Spezialisierte Reisebüros

Hanseat Reisebüro
Langenstr. 16
28195 Bremen
Tel. (0421) 16 06 06

Horner Reisebüro
Horner Landstr. 148
22111 Hamburg
Tel. (040) 650 06 74

Reisebüro Koch Übersee
Georgsplatz 1
20099 Hamburg
Tel. (040) 300 55-0

Lipsia Tours
Grimmaische Str. 21
04109 Leipzig
Tel. (03431) 211 09 99

ReiseArt Lufthansa City Center
Harsewinkelgasse 1–4
48143 Münster
Tel. (0251) 41 44 8-0

tbs Reisestudio
Taunusstr. 45, Haus 4
80807 München
Tel. (089) 35 65 19 78

Buchtipps

Auch die Papierschiff-Flotte wächst jedes Jahr. Vier ausgewählte Titel aus der Vielzahl der Veröffentlichungen

Ein echter Augenschmaus: Bilder aus der Zeit von Titanic & Co.

Legendäre Ozeanreisen

Dieses wunderschön gestaltete Buch der französischen Autorin **Catherine Donzel** lässt die glanzvolle Äre der Luxusliner wieder lebendig werden. Mit herrlich nostalgischen Schwarzweißfotos, alten Schiffsprospekten und Menükarten.
Frederking & Thaler, München 2006, 192 Seiten,€ 39,90

Die Geschichte der deutschen Kreuzfahrt in allen Details

Vergnügungsreisen zur See

Wer sich für die Geschichte der deutschen Hochseekreuzfahrten interessiert, kommt an dem Schifffahrtshistoriker **Arnold Kludas** nicht vorbei. Seine zwei Bände sind das Standardwerk.
Convent Verlag, Hamburg 2001 und 2003,
2 Bände, zusammen 444 Seiten, je € 49,90

Neue Schiffe, neue Ziele – im Magazinformat

Welcome Aboard

Dieses Jahrbuch im Magazinformat, herausgegeben von **Peter Tönnishoff**, erscheint alljährlich im Herbst. Mit Fahrberichten zu Kreuzfahrtschiffen, Frachtern und Fähren. Für Fans gibt es zusätzlich einen großformatigen Kalender. **Augustdorf 2006, € 7,– (mit Kalender € 25,–), www.welcome-aboard.de**

Bilder und Reportagen aus der Welt der Kreuzfahrt

Zeit für Kreuzfahrten

Informativ, opulent bebildert und rundum lesenswert: 25 Geschichten zu den bekanntesten Kreuzfahrtschiffen und den größten Reedereien der Welt, geschrieben von dem Schweizer Kreuzfahrtexperten **Kurt Ulrich**. Eine ideale Einstimmung.
Bucher Verlag München, 2005, 192 Seiten,€ 29,90

40°
0°
40°

SCHIFFE

REEDEREIEN & VERANSTALTER

Impressum

BELLEVUE AND MORE

Uwe Bahn, Johannes Bohmann
Kreuzfahrt-Guide 2007

Autoren Uwe Bahn, Dr. Johannes Bohmann (Hauptautoren), Gerrit Aust, Frank Behling, Uta Buhr, Marie Fink, Fred Friedrich, Claus-Peter Haller, Sven Heinen, Dörte Kiehnlein, Christine von Pahlen, Heiko Reuter, Bernd Schiller, Maike Schiller, Oliver Schmidt, Anja Schmutte, Georg J. Schulz

Chefredaktion Claus-Peter Haller
Redaktion Dr. Johannes Bohmann
Mitarbeit Bettina Gerhards, Dörthe Hellwege
Grafik Susanne Huber
Litho Profi Repro Andreas Bentfeld
Bildredaktion Christian Oldendorf
Schlussredaktion Oliver Holzweißig, Jan Möller (frei)
Karten Axel Kock, www.AxelKock.de

Verlag
BELLEVUE AND MORE GmbH
Alsterufer 1, 20354 Hamburg
Tel. +49 (0)40 44 11-76 41
Fax +49 (0)40 44 11-79 50
E-Mail info@bellevue.de
Internet www.kreuzfahrtguide.com

Geschäftsführung Andrea Ringeling
Anzeigenleitung Sebastian Schurz
Anzeigendisposition Andreas Schröder

Herstellung Thomas Freese (frei)
Druck Neef + Stumme GmbH & Co. KG, Hamburg

Vertrieb
GEO CENTER Touristik
+ Medienservice GmbH
Schockenriedstr. 44
70565 Stuttgart
Tel. +49 (0)711 78 19 46 10

DPV Network GmbH
Postfach 57 04 12,
22773 Hamburg
Tel. +49 (0)40 378 45 0

Fotonachweis
Wir bedanken uns für die freundliche Genehmigung zum Abdruck der Fotos aus den Archiven der Reedereien, Veranstalter und Fremdenverkehrsämter. Von ihnen oder aus dem Archiv des BELLEVUE AND MORE Verlags stammen, soweit nicht anders vermerkt, sämtliche Fotos in diesem Band außer den folgenden: S. 4 kl. Foto Mitte: TV-yesterday; S. 117 Mitte o. und u.: U. Bahn; S. 211 o.: U. Bahn; S. 258 o.: Laif/P. Bialobrzeski; S. 262 kl. Foto: StockFood/M. Urban; S. 264 kl. Foto: Mauritius/K.-G. Dumrath; S. 266 o.: Andia/G. Perret; S. 267 o.: Bildagentur Huber/Simeone; S. 267 Mitte: U. Bahn; S. 268 l.: Getty Images/W. Bibikow.

1. Auflage 2006
ISBN 3-9810991-1-7
Pressecode 73486